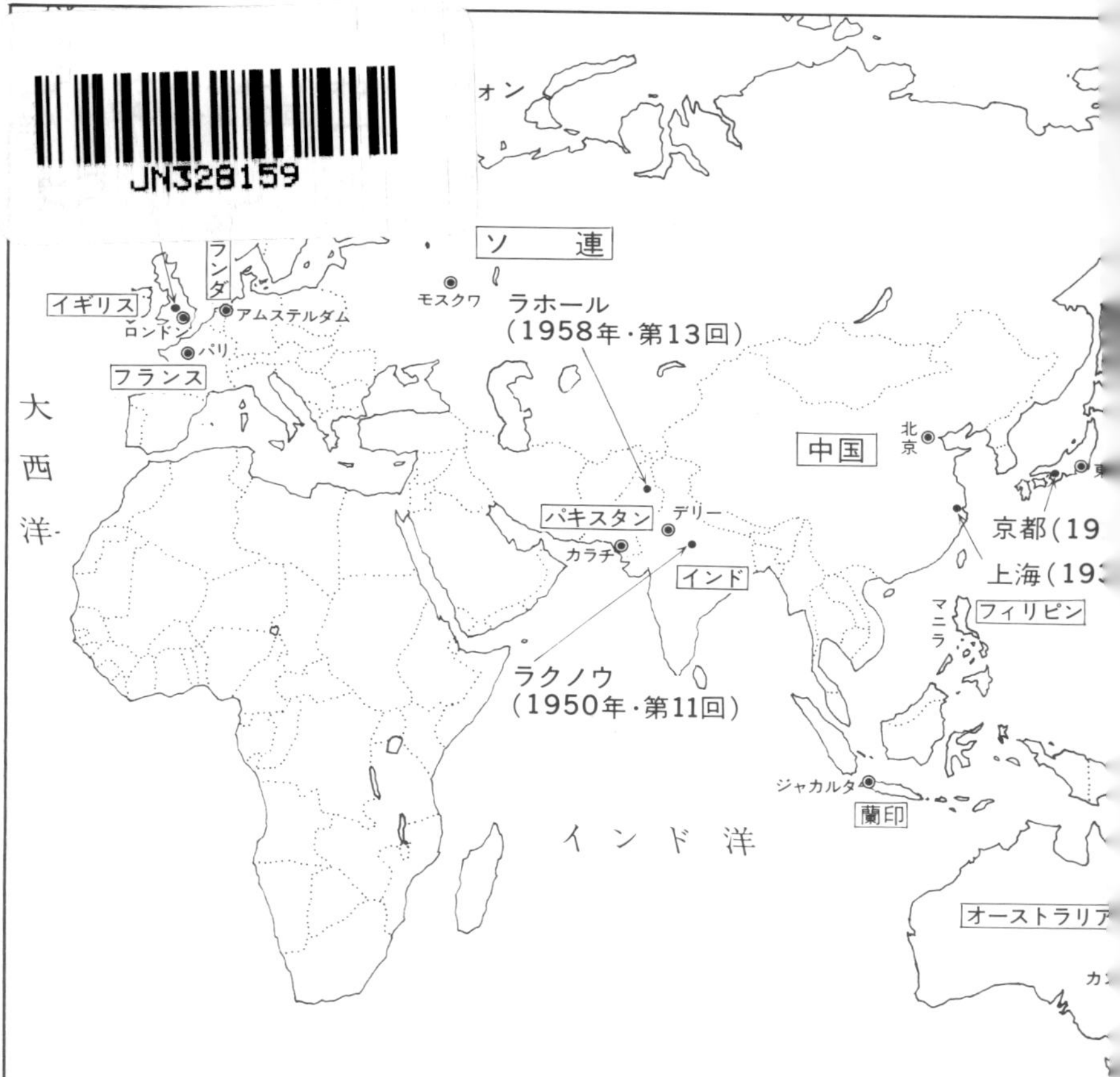

太平洋問題調査会(IPR)加盟国と国際会議開催地

	(開催年)	(開催地)
第1回	1925年	ホノルル
第2回	1927年	ホノルル
第3回	1929年	京都
第4回	1931年	上海
第5回	1933年	バンフ
第6回	1936年	ヨセミテ

UP Collection

増補新装版

未完の占領改革

アメリカ知識人と捨てられた日本民主化構想

油井大三郎

東京大学出版会

目　次

第3章　日本人は変わりうるのか？――118

＊引用文献の出典については本文中のカッコ内に、邦語文献（邦訳も含む）の場合は日本語で、英語文献の場合は英文で、著者名を示した上で、該当ページ数を明示した。なお、同一著者に複数の著作がある場合には、出版年かタイトルを合せて表示した。

＊引用文献のタイトル、出版社、出版年などの詳しいデータについては、巻末の引用文献目録に非公刊史料と出版物を区別して掲載した。その際、非公刊史料については、目録の通し番号（Ａ－ｉなど）を本文中に明示した。出版物は邦文・英文の別なく著者名のアルファベット順に配列した。

第1章　パール・ハーバーの衝撃

1　日米開戦と太平洋問題調査会

不意打ち

一九四一年一二月七日午前七時四九分（ハワイ時間）、日本の戦闘機が突然ハワイの米国海軍基地を襲撃した。パール・ハーバー攻撃である。

ちょうどその日、米国の太平洋問題調査会（Institute of Pacific Relations. 以下IPRと略記）はオハイオ州クリーヴランドで地方研究会議を開催中であった。戦後、国際IPRの事務総長となるウィリアム・ホランドは、当時を回想して、つぎのように語っている。

「私ははっきり憶えています。何故なら、一二月七日、日曜日の朝の討論は、大部分、日本に関する様々な、いわゆる権威者による専門的な見解表明に費やされていたからです。皆、

図1　日本軍のパール・ハーバー奇襲をうけ沈没する米軍艦アリゾナ

日本の国内的な弱さを示す証拠は余りにも明らかであるので、日本が戦争に、それも合衆国との戦争に突入することなど全く問題外である、と主張していました。午後のセッションの冒頭で、議長をしていたカーター（当時の国際IPRの事務総長、引用者注）が、日本軍がパール・ハーバーを攻撃したとの一報が入ったので議題を変更する必要がある、と発言しました。部屋にいたものは誰も彼の発言を信用しませんでした。皆、それを手のこんだ冗談と受け取りました。そのためカーターは、パール・ハーバー攻撃についてのニュースを皆に聞かせるためラジオを持ってこなければなりませんでした。」(Holland, IPR Memoirs, Activities, 1939–1946〔巻末文献目録A-viii参照〕, 2〜3)

IPRとは、一九二五年に学術・文化の交流を通じて太平洋に関係する諸国間の友好促進を目指してハワイで結成された、民間の国際研究団体であった。そしてその米国支部である米国IPRはその中心的存在であり、一九四〇年四月現在で一六七〇人余を数えた会員の中には、日本研究者も含め、多くのアジア専門家やアジアに関心のある実業家・宗教家・弁護士などが参加していた。このクリーヴランドの会議にも一〇〇人弱の会員・招待者が出席していたが、その中には、後に国務省に入って対日政策の立案にあたることになるコロンビア大学のヒュー・ボートンを始め、タイム・マガジン社のセオドア・ホワイト、シンシナティ大学のハロルド・ヴァイナックなどのアジア専門家のほか、下院議員のフランシス・ボルトンやカール・ムント、さらに、多くの実業家、弁護士も参加していた。そうした彼らにとって、パール・ハーバーは青天の霹靂であっただけでなく、学術・文化の力で太平洋を「平和の海(Mare Pacificum)」にしようという彼らの理想の挫折をも意味した(A-iii: Univ. of Hawaii, IPR Collection, A-123)。

「平和の海」の理想

元来IPRは、一九二一年にハワイのYMCA関係者が中心となって進めていた、汎太平洋YMCA会議の計画が発端となっていた。しかし、一九二四年には米国で排日移民法が制定され、日米間の対立が激化したり、辛亥革命後の中国で治外法権の撤廃や関税自主権の回復を求める民族主義的運動の高まりがみられるなど、太平洋地域の政治情勢が激動の様相を呈し始めたため、ハワイの実業家フランク・アサートンらが中心となって、宗教に限定せず、太平洋地域が直面する政治・経済・教育などの多面的問題を検討しうる国際会議の開催が目指されていった。また、米国本土でも呼応した動きが始まり、スタンフォード大学総長のレイ・ウィルバーを委員長とし、クラーク大学教授で日本専門家のジョージ・ブレイクスリーを副委員長とする準備委員会が組織された。こうして、一九二五年七月に太平洋問題調査会（IPR）名によるハワイ会議が開催され、二週間にわたって人種問題・移民問題・中国の不平等条約撤廃問題、さらには、朝鮮やフィリピンの独立問題などをめぐって、活発な討議がたたかわされた。このハワイ会議の成功によってIPRは恒常的組織として存続してゆくことになった（詳しくは、片桐、九三〜一〇二）。

当初、各国のIPRは、米国・日本・中国・オーストラリア・ニュージーランド・カナダの六ヵ国で組織され、ついで、イギリス（通称チャタム・ハウスの名で知られる王立国際問題研究所が参加）・フランス・オランダなど太平洋地域に植民地を保有する国でも関連団体が組織された。また、まだ植民地状態に置かれていた朝鮮（日本IPRの「一国一組織」の主張で、一九二九年の京都会議で正式参加を否認されるまで）やフィリピンからも、さらに、米国政府のソ連承認を受けて、一九三六年の第六回会議からはソ連も加わって、文字通り、太平洋地域に関心を持つ主要な国々を糾合した組織に成長した。機構的には、加盟国のそれぞれにかなりの自立性をもつ各国支部（正式には各国評議会National Council）が置かれた上に、国際的な調整機関として中央理事会（Pacific Council）が設置され、初代の理事長には米国ＩＰＲのウィルバーが就任し、各国支部から理事が派遣された。

また、日常的事務を担当する機関として国際事務局（International Secretariat）が設置され、その総括責任者として事務総長（Secretary-General）が置かれたが、初代の事務総長には、ハワイＹＭＣＡ会長のマール・デイヴィスが就任した。さらに、中央理事会の諮問機関として評議員会が置かれたほか、常置の委員会として国際調査委員会、国際プログラム委員会、国際財務委員会が設置された。財政的には、個人の会費や寄付ならびに各国支部からの分担金で賄《まかな》われる建前であったが、実際にはロックフェラーやカーネギー財団などの米国側の寄付に多くを依存していたため、中国革命後のマッカーシー旋風による〝赤狩り〟に直面すると、深刻な財政危機に見舞われることになる。

他方、一九二六年四月に設立された日本ＩＰＲの役員には、評議員会会長に渋沢栄一、理事長に日銀総裁の井上準之助（一九二九年七月に井上が浜口内閣の蔵相に就任した後は、新渡戸稲造に交代）、理事には、澤柳政太郎、阪谷芳郎、斎藤惣一、高木八尺、高柳賢三、鶴見祐輔が就任した。また、五五名の評議員には、カリフォルニア州での日系移民排斥運動の高まりを憂慮して一九一五年に渋沢らを中心に発足していた日米委員会のメンバー全員が参加したことが示すように、日本ＩＰＲの指導層は、日米関係の安定に第一の関心をもつ実業家や知識人からなっていた（片桐、一〇

四〜一〇七、原、一八一〜一八六、二三八、緒方、三〇九〜三一三）。

国際主義者の苦闘

このような設立経過から明らかな通り、ＩＰＲは、日系移民問題や中国の不平等条約問題などをめぐって対立が表面化し始めていた一九二〇年代半ばの太平洋地域を背景として、民間団体による学術・文化交流を通じて太平洋地域に関係する諸民族間の友好を促進しようとする国際主義的な理念に主導されて誕生したものであった。それは、第一次世界大戦の反省を踏まえて国際連盟の設立によって国際平和を実現しようとしたウィルソンの国際主義にも一脈通じるものであった。また、一九二〇年代後半の軍縮ムードの高まりを背景として「ヨーロッパ合衆国」の建設によって積年の独仏対立の克服を目指そうとしたヨーロッパの政治家や知識人の運動とも、その発想において共通するものがあった。しかし、太平洋地域の場合には、当時のヨーロッパ諸国間の場合のように、主権国家間の水平的な利害対立の調整だけでなく、植民地宗主国と植民地間の垂直的な対立の調整や、徐々に台頭しつつあった革命的な民族運動への対応という異質な問題にも直面することになるだけに、ＩＰＲのめざす国際主義の前途は多難なものであった。

ＩＰＲの具体的な活動は、ほぼ隔年ごとの国際会議（太平洋会議と呼ばれた）の開催を軸として、その他、雑誌『パシフィック・アフェアーズ』や調査報告書の刊行に重点が置かれていた。その際、ＩＰＲは、「非党派的な研究団体」という基本的組織原則に立脚して、政治的には、リベラルのみならず、保守からラディカルにも門戸を開き、多様な見解の間で自由な討論ができるよう配慮していた。そのため、国際会議の場では、意識的に時事的なテーマが取り上げられたものの、事前に提出されたペーパーをもとに非公開の円卓会議の場で自由な討論をかわす形式を重視して、特定の政治的決議は行なわないこととしていた。つまり、IPRは、通常の学会とは違って、民族や党派を異にする様々な人々の間で太平洋地域が直面するホットな時事的問題をめぐって活発な論議をかわすことにその存在意義を求めたわけであった。このような運営方針をめぐっては、米国IPRの内部にも対立があり、創設を主導したハワイ・グループの場合は、事務総長のデイヴィスを中心として政治問題より地道な文化・経済問題に重点を置くよう主張していた。それに対して、同じくYMCAの出身ながら、ニューヨークで活動し、一九二六年から米国IPRの事務局長になったエドワード・カーターは、活動の規模を拡大するためには、財団などからの寄付の獲得が不可欠であり、そのためには、本部をニューヨークに移すとともに、時事・政治問題を積極的に取り上げるよう主張した。

結局、両者の対立は、一九二九年の京都会議の直前に頂点に達し、デイヴィスが事務総長を辞任するにいたった。そして、以後、IPRの中心はニューヨークに移り、時事問題にも積極的に取り組むことになった。さらに、この傾向は、一九三三年にエドワード・カーターが国際IPRの二代目の事務総長に就任すると、いっそう強化されてゆく（Thomas, 5~7）。確かに、政治問題も含め現状分析に積極的に取り組む運営方針はIPRの活性化におおいに役立ったが、他方、太平洋地域の政治情勢がますます厳しさを増す中で、各国のＩＰＲをして政治問題の自由な論議だけにとどまらず、ある種の政治路線の選択を余儀なくさせることにもなった。このような矛盾はＩＰＲの国際会議で取り上げるテーマの変遷にもあらわれており、第二回の国際会議は、一九二七年にホノルルで開催され、当初は「人口・食糧問題」や「日米不戦条約」が議題に予定されていたが、実際には中国の不平等条約問題が中心的議題となった。

満州問題とＩＰＲ

第三回の国際会議は一九二九年に京都で開催されたが、当時、国際的関心の焦点になりつつあった「満州問題」が主要議題となったため、日本側は、新渡戸稲造を団長とし、松岡洋右、前田多門、鶴見祐輔、高柳賢三、蠟山政道、松田竹千代、那須皓などを団員とする強力な代表団を送りこんだ。また、イギリスからは、まだ新進の歴史家であったアーノルド・トインビーが参加していた。中国側は余日章を団長とする代表団を派遣し、満州が中国固有の領土であることを強く主張したが、日本側は、松岡洋右が代表する形で、満蒙の経済権益が日本にとって死活の重要性を持つこと、中国における革命的ナショナリズムの高まりの中で中国側の治安維持能力にむしろ問題があることなどを主張したため、議論は平行線に終わった。

このように、問題が重大な国家的利害に関係していた場合、日本代表は、日本政府の公式見解と変わるところのない主張に終始したため、民間団体間の自由な討議を通じて現実的な妥協点を

図 2　IPR 第 3 回京都会議参加者（智恩院大門前）

探ろうとするＩＰＲの精神は生かされなかった。その後、日本側では、松本重治・浦松佐美太郎などの若手ジャーナリストや牛場友彦・蠟山政道を中心として一九三〇年春に東京政治経済研究所が組織され、京都会議での争点について継続的な検討が加えられてゆくが、このグループは後に近衛文麿のブレーンとなってゆく（原、一九八一〜一九八二、緒方、三二三〜三二四）。

ＩＰＲの内部でのこのような科学と政治との矛盾は、「満州事変」勃発直後の一九三一年一〇月に上海で開催された第四回の国際会議の場でいっそう尖鋭になった。中国における反日運動の高まりの中で会議は、当初予定された杭州では日本代表団の安全が保障できないとして、急遽場所を上海の国際租界に移してようやく開催にこぎつけた。当然のことながら、日本以外の代表団は、満州での日本の行動に極めて批判的であったが、日本代表団側は、民間代表でありながら、日本政府の姿勢と一線を画すことができず、かえって、IPRが全体として「政治的」になり始めたとの不満を抱くにいたった。その上、日本国内での右翼的風潮の高まりの中で、日本IPRの指導者の一人であった井上準之助が暗殺される事件が発生し、自由な言論の機会はますます狭められつつあった。

ついで、第五回の国際会議は一九三三年にカナダのバンフで開かれ、大恐慌下で激化していた日米間の経済対立を憂慮して、「太平洋における経済競争の統制」というテーマが設定された。当時日本政府が、「満州事変」に対する国際連盟の姿勢を不満として連盟脱退の意向を表明していた状況を踏まえて、日本代表団の一員であった高木八尺と横田喜三郎は「太平洋地域安全保障条約」構想を提案したが、既に対日不信は根強く、好意的反響は得られなかった。そして、一九三五年一二月、日本IPRは、日本の連盟脱退後に日本国際協会と改称するに至った国際連盟協会と合体して、日本国際協会太平洋問題調査部となった。

さらに、第六回の国際会議は一九三六年に米国カリフォルニア州のヨセミテで開催され、「太平洋諸国における経済政策ならびに社会政策の目的と結果」を議題として、主として米・日・中・ソ四ヵ国の経済・社会政策の比較が試みられた。しかし、満州支配の既成事実化を進める日本への批判は止むはずもなく、中国代表の胡適から厳しい日本批判が出されたのも当然であった。それに対して日本側は、米国のモンロー宣言とのアナロジーで満州に接する華北地方への関心を米国に認めさせようとしたり、中国政府の統治能力や反日的姿勢に問題があると主張したが、対日不信がおさまる気配はなかった（原、一九二一～一九六、緒方、三三四）。

日中戦争の勃発と日本IPRの孤立

一九三七年七月、日本が中国本土にも侵略を拡大すると、日本IPRの孤立は決定的になった。とりわけ、国際事務局が日中戦争の原因を学問的に検討するため「調査（Inquiry）シリーズ」の刊行を計画すると、日本側は、日本を「侵略者」と決めつける新たなリットン調査団報告書のようなものになる可能性が強いと受けとめ、猛反対した。既に、国際IPRの機関誌『パシフィク・アフェアーズ』誌上には、日本の中国侵略を批判する論文が多出し、中には、国際事務局の事務局員がそうした論文を寄せていたため、いっそう反発をつのらせていた。

しかも、日本側からすれば、IPRは本来「非政治的団体」であり、日中戦争後の「極東平和会議の如きものを予想して準備を行ふこと、又は日支事変の如き現実の具体的問題の国際的調整を行はんとする如きは、本来の使命に反するものであって、IPRを『太平洋の国際連盟』化するものである」と受けとめていた（中見、一一三～一一四、A－vi：高木コレクション、ファイル一〇三）。

しかし、翌年一二月、IPRの中央理事会はこのシリーズを国際事務局の下に刊行してゆくことを決定した。そのため、日本IPR側は、このシリーズへの不参加を決定するとともに、ヨーロッパで戦争が勃発した直後の一九三九年一一月にヴァージニア・ビーチで「極東戦争の世界的意義」をテーマとして招集された第七回会議にも代表を派遣しなかった。さらに、国際ＩＰＲの「調査シリーズ」に対抗して『現代日本と東亜新秩序』と題した著作を日英両文で刊行することとした。それは、全部で九章からなる論文集であったが、執筆者の顔ぶれは豪華であった。まず、三木清が「日支文化関係の回顧」を、細川嘉六が「欧米勢力の東洋進出と日支関係」を、笠信太郎が「現代日本の経済的金融的発展」を、尾崎秀実が「最近の日支関係」を、そして蠟山政道が「東亜新秩序と日本外交政策」を担当していた。これらの表題からも明らかな通り、日本ＩＰＲは、ますます、当時の日本政府や軍部が推進していた「大東亜共栄圏」構想に傾斜し始めており、国際ＩＰＲの路線との乖離はおおい難かった。つまり、国際ＩＰＲの方針を「政治的」と非難しながら、自らは日本の侵略「政治」にますます同調していったのであった。

日本ＩＰＲの解体

すでに見たように、日本ＩＰＲの中心的指導者は、新渡戸稲造と一高校長時代の彼に多大の影響を受けた高木八尺、高柳賢三、那須皓、前田多門、鶴見祐輔などであった。彼らの多くは、大正デモクラシーを支持し、キリスト教的人格主義やウィルソン流の国際主義に共鳴した戦前の代表的リベラルであった。また、彼らの中には、大学教授として何らかの形で米国研究にかかわり、知米派として知られた知識人も含まれていた。それだけに、何故、日本のＩＰＲが日本の侵略政治に抵抗できなかったのか、または、抵抗はできなかったとしても、何故一線を画すことができなかったのか、が問われるであろう。その点について、高木八尺は、一九四〇年一〇月に来日した米国IPRメンバーに苦しい胸の内を打ち明けている。つまり、「IPRのような国際組織は、緊急体制下の国家ではスパイ行為を行う可能性を疑われがちで、その活動には非常に危険を伴うものなのだ」（中見、一一五から再引用）と。

確かに、治安維持法と軍部専制の体制下、思想の自由や言論の自由がいっさい否定されていた状況の下で、政府の政策を公然と批判したり、部分的にせよ、その修正を求めることは至難の業であった。公然と批判した人々はなお獄中にあったし、出獄を許された人々は転向を余儀なくされるか、沈黙を強いられていた。そうした中で日本IPRの指導部が選択した道は、沈黙によって自らの良心を守る道ではなく、政府の中枢との連絡を保って政策の修正をめざす道であった。とりわけ、日米対立が激化する中で、知米派の知識人として何とか日米戦争を回避すべく、近衛内閣に協力してゆくことになった。

もともと日本IPRは、その設立当初より、外務省と密接な関係にあり、国際会議への渡航費用の援助から提出ペーパー作成への助言まで受けていた。また、外務省側も、国際連盟脱退後には、日本の主張を対外的に宣伝する機会としてIPRの国際会議を重視し、一九三六年のヨセミテ会議には元外相の芳沢謙吉が日本IPRの一員に加わった程であった（中見、一一六）。また、日本IPRの指導層には近衛文麿などの宮廷グループのブレーン的な役割を果たしていた人々もあった。このように、日本IPRは、国際IPRが本来目指していた政府から自立した民間団体としての基盤を欠いていた。それは、日本IPRの指導層の多くが、政府の政策を「善導」しようという使命感にかられた知的エリートであったこと、また、それ以上に、「リベラル」な欧米思想の先駆的な紹介者でありながらも、明治以来の国家主義的精神風土から自由でなかったことが決定的であった。それ故に、彼らは、軍部専制を憂慮し、対米関係の安定には腐心しながらも、他方、アジア・モンロー主義を主張して「満州事変」や「日支事変」における日本政府の立場を擁護して止まなかったのであった。つまり、彼らは、自らの自由主義思想とアジアへの日本の領土膨張主義とを矛盾するものとは受け取らない対米協調的な「リベラル・ナショナリスト」の系譜を引いていた。しかし、近衛内閣も含めて当時の日本政府や軍部が強行していった中国侵略や「大東亜共栄圏」構想に抵抗せずに、日米戦争だけを回避しようとする道、つまり、日本史上、しばしば「協調的帝国主義」の道と特徴づけられるその路線は、米国が中国問題や東南アジア市場に死活の関心を抱き始めた一九三〇年代末の情勢では、極めて実現困難な道であった。

事実、日米会談が中国問題をめぐって行き詰まり、日本政府側が秘かに対米開戦を決断していた一九四一年一一月末の時点で日本IPRは、その協議員会の議題として、「中央理事会との関係を絶縁し、専ら当部独自の立場に立ち其の責任に於て新事業を企画実行すること」を提案し、具体的には、定款二六条の「太平洋諸国民の相互関係改善の目的」を「太平洋諸国民特に大東亜共栄圏内部の諸国民の相互関係を改善し其の連繋を強化する目的」に改訂するように提案するにいたった。そして、この方針は、開戦後の一二月二四日と翌年一月一六日の協議員会において承認されるにいたる。このように、日本ＩＰＲは太平洋戦争の勃発という最悪の状況に直面する中で、ますます「大東亜共栄圏」構想に協力する形で延命を計ろうとしていったが、それは、本来のＩＰＲの理想と全く矛盾するものであった。そして戦局の拡大につれ、「鬼畜米英」的な風潮が横溢する中で、この矛盾はさらに激化し、一九四二年七月には、日本ＩＰＲの親組織である日本国際協会が日本外政協会に改編され、その目的も「帝国外交ノ目的達成ニ協力」することへと改められた。それでも、一九四三年七月にいたると、外務省から「敵性調査機関」と認定され、解散を余儀なくされるにいたるのである（原、一九七、二三九〜二四〇、Ａ-vi：高木コレクション、ファイル一〇三）。

ここに日本ＩＰＲは、太平洋戦争の激動の中で解体を余儀なくされるにいたった。それは確かに悲劇的な出来事ではあった。しかし、その悲劇性は、単に、学問・文化の交流を通じて太平洋を「平和の海」としようと願った戦前の日本におけるリベラルな知識層の理想が、軍部の専制政治によって踏みにじられたという他律的な面のみならず、彼ら自身が日本の侵略政治の拡大に十分抵抗できなかったという主体的な面にも見出される。その意味で、日本ＩＰＲの解体は、戦前の日本におけるリベラル知識層の思想的・政治的限界を象徴する出来事と言わざるをえない。

2　日本の中国侵略と米国太平洋問題調査会

米国IPRの多様な顔ぶれ

米国IPRの理事長や米国IPRを代表して中央理事会の理事長に就任した歴代の顔ぶれを見ると、そのポストが当時の米国における学界のみならず、官界や経済界の代表的人物によって占められていたことが分かる。まず、初代の理事長には、スタンフォード大学総長のレイ・L・ウィルバーが就任したが、彼が一九二九年にフーヴァー政権の内務長官に任命された後には、IPRの民間団体としての性格を守るため、ロックフェラー財団の理事であり、リー・ヒギンソン商会の幹部でもあったジェローム・D・グリーンが後任として選出された。ついで、一九三五年には第一次大戦期の陸軍長官であったニュートン・D・ベイカーが中央理事会の理事長を勤めた。さらに、日米開戦直前の時期の中央理事会理事長には、コロンビア大学の国際法教授であったフィリップ・C・ジェサップが就任し、開戦後の米国IPR理事長には、カリフォルニア大学の学長であったロバート・G・スプロールが就任した。

つまり、米国IPRは、民主党政権の陸軍長官や共和党政権の内務長官に任命されるような人物がその代表に就任したことが示すように、学術団体でありながら、同時に人脈的には政界や財界の中枢とも太いパイプを持ち、それ故に、いわゆるエスタブリシュメントに近い世俗的にも極めて権威ある団体であった。と同時に、その会員の顔ぶれが、研究者だけに限られず、極めて多様であったことも特徴の一つであった。たとえば、一九三六年にカリフォルニア州のヨセミテ公園で開催された第六回国際会議への米国代表団三八名の顔ぶれをみると、大学関係や民間の研究所（外交政策協会など）の研究者が一五名と半分近くを占めたものの、『ニューヨーク・タイムズ』の論説委員などのジャーナリストが五名、さらに、ジェネラル・モーターズ輸出会社の副社長やロックフェラー財団などの実業界からも七名の参加者があった。その他、YMCAなどの宗教関係者、全国婦人有権者連盟などの社会活動家、労働組合関係者など、その顔ぶれは多彩であった。

さらに、会員の居住地域も多様であり、一九四〇年四月時点での一七〇〇人弱の会員中、最多はカリフォルニア州の住民で三〇%にのぼり、ついで、ニューヨーク州が二〇%、ハワイが一一%を記録した。その他、マサチュセッツ、首都ワシントン、イリノイ、ワシントン州の順であった。そして、これらの様々な地域に分散した会員は、全国数ヵ所に設置された地方支部に組織されたが、各地方支部とニューヨーク本部間の方針対立、とりわけ、ハワイと西海岸支部が主張した文化・経済問題中心の路線とニューヨーク本部の提唱した時事・政治問題をも積極的に取り上げる路線の対立は、第二次大戦後にまで尾をひくことになる。

事務総長エドワード・カーター

既にみたように、IPRが時事・政治問題を積極的に取り上げる方針を決定する上で、米国I

PRの事務局長から一九三三年に国際IPRの二代目事務総長となり、第二次大戦直後までの一三年間にわたってその地位にあったエドワード・カーターの影響が決定的であった。

カーターは、一九〇〇年にハーヴァード大学を卒業後、通算一二年間の長きにわたってインドでYMCA活動に従事し、第一次大戦中とその直後の時期には、パリやロンドンでやはりYMCAの活動に関わった国際人であった。一九二二年に帰国した後には、ニューヨークにあって『インクワイアリー（調査）』という雑誌を刊行しながら、キリスト教精神にもとづく人種・国際問題の調査・分析に従事していた。この時期に彼は、討論を巧みに組織し、会議をとりまとめる技術を身につけたという。また同じころ、中国における大衆教育運動に関心をもち、それへの援助運動を組織する中で募金活動の技術をも修得し、これらの経験が彼をして後にIPRの名事務総長たらしめる基礎を築いたという（A-viii: Holland, IPR Memoirs, Activities, 1939-1946, 1~2）。

つまり、カーターは、大学卒業後の二〇年余りもの長期間、外国にあって主として青少年に対するキリスト教の布教活動に従事する中で、幅広い国際感覚を身につけた人物であったが、とりわけ、一二年間のインド生活を通じてアジアへの、それもアジアの民衆への関心を強く抱くにいたった。彼が、中国の大衆教育運動を熱心に支援したのもそれ故であった。カーターの後任として第二次大戦後に国際IPRの事務総長となるホランドも、カーターのことを「中国、日本、そして、とりわけ彼がインドYMCAでの活動を通じて早くから強い絆を持っていた、インドの普通の人々に対して誠実な関心を抱いていた古いタイプのキリスト教的リベラル」と特徴づけている（A-viii: Holland, IPR Memoirs, Ideology in the IPR, 6）。このアジアの民衆への共感という心的特徴は、一九三四年に弱冠三三歳の若さで国際IPRの機関誌『パシフィック・アフェアーズ』の編集長に招聘されたオーエン・ラティモアの場合にも共通していた。

在野の学者オーエン・ラティモア

一九〇一年、ラティモアの父は、まだ一歳にもならない息子を連れて、義和団事件での敗北後に積極的に西洋式教育の導入をはかり始めた清朝の招きで、教師になるべく中国に渡った。以来、彼は、一二歳まで北京で少年時代を過ごした後、スイスで二年間、イギリスで五年間の中等教育を受けたが、経済的理由から大学に進むことができず、一九一九年に父の待つ中国に戻った。その後は天津の英字新聞社に一年、さらに、イギリス系の商社に六年間勤務した。その時の商用で内蒙古を旅したラティモアは、「隊商についてその終点までいき、そこに何があるか見てやろう」という衝動にかられ、商社を辞めて、中国研究を志すに至る。そして、一九二六年三月から翌年一〇月までの約一年半をかけて、内蒙古の帰綏（フフホト）からタクラマカン砂漠や天山山脈を経て、インドのカシミールをめざす壮大なラクダの旅を完遂し、その体験を『トルキスタンへの砂漠の道』と題して一九二八年に刊行した。ラティモアの処女作であ

図3　オーエン・ラティモア

る。また、新婚間もない妻のエレノアも途中から彼と合流し、その体験を『トルキスタンでの再会』と題して公刊した(ラティモア「私の中国研究の歩み」上、六〜八、毛里、二〜三)。

一九二八年、長期にわたる冒険旅行で金を使い果たしたラティモアは、一旦、米国に戻り、引きつづき中国で調査・研究を継続できる方途を求めたが、正規の大学教育を受けていない彼が多額の研究資金を得る道は容易ではなかった。そのような折に、ラティモアは、博士号の保持を応募条件としていた社会科学研究協議会の奨学金に応募したが、その審査委員の一人であったアメリカ地理学会会長のアイゼイア・ボーマンに見出され、「中国からインドへの旅は博士号に匹敵する」との特別の計らいによって、奨学金を授与されることになった。また、同時に、ハーヴァード大学の人類学大学院で人類学や地理学を学ぶ機会も与えられ、研究者としての道を歩み始めることができた。ついで、一九二九年から三二年にかけては、ちょうど日本の圧迫が強まる満州や内蒙古にあって、モンゴル人の調査に没頭した。その成果は『満州——紛争の発生地』(一九三二年)、『満州のモンゴル人』(一九三四年)などとして続々公刊された(ラティモア「私の中国研究の歩み」上、八、長尾、五〜六)。

編集長ラティモア

つまり、ラティモアは、在野の、しかも伝統的な文献学より、フィールド・ワークを重視する「足」で描く中国学者としてユニークな道を歩み始めていた。その上彼の関心が、満州にあって漢人の圧迫をも受けるモンゴル人という中国史のいわば「周辺」ないし「境界」の部分にそそがれていたという点においても、独自の世界を形づくりつつあった。さらに、三〇歳前後という研究者として最も多感な時期に、中国にいて日本の満州侵略を目の当たりにしたことは、当然のことながら、彼の中国研究のその後の方向を大きく規定することになった。ラティモアがカーターに注目されて、弱冠三三歳の若さで国際IPRの機関誌『パシフィック・アフェアーズ』の編集長に抜擢されたのは、ちょうどこのころ、一九三四年のことであった。

編集長としてのラティモアは、コメントと意見の欄を設けるなどして『パシフィック・アフェアーズ』を意識的に論争的な雑誌に作りかえた。満州事変から日中戦争へ日本の中国侵略が拡大する中で日本の極東政策を批判的に分析するラディカル派の論文をたびたび掲載し、日本IPRの反発を招いたこともあった。また、当時はまだ謎につつまれていた部分の多かった中国共産党に関する記事をニム・ウェールズやアンナ・L・ストロングなどの筆によって紹介し、蔣介石政権寄りのメンバーの多い中国IPRから抗議されることもあった（Thomas, 15~17）。

確かに、彼のこのような編集方針は、非党派的な国際的学術団体としてのIPRの性格と矛盾する側面もあった。しかし、当時の米国における リベラルな民間団体の多くが、いかにして外国の紛争に米国が巻き込まれずに済むかに主たる関心を寄せ、外国の紛争に関心を払う場合でも、それはまずヨーロッパの問題であった、という状況を考慮すれば、むしろ米国の世論にアジアの事態を啓蒙する先駆的な意味を持った。日中戦争勃発後の米国では、元陸軍長官のヘンリー・スティムソンを名誉会長として「日本の侵略に加担しないアメリカ委員会」が結成され、中国への支援、日本への禁輸などを主張して運動していた。会員には、中国で布教活動をしたことのある宣教師も多かったが、委員長となったロジャー・グリーンは一五年間も中国にあってロックフェラー財団の仕事をした人物で、国際ＩＰＲの理事長を勤めたジェローム・グリーンの弟であった。その因縁もあって、カーターはじめ多くのＩＰＲ関係者が個人的に運動に協力していた（Ｗ・コーエン、三七六〜三八四）。

つまり、ＩＰＲは、アジア問題への関心が低調であった一九三〇年代の米国にあって、早くから日本の中国侵略に警鐘を鳴らし、中国における抗日運動の実態を積極的に紹介してきた先駆的な役割を果たしていたが、ラティモアはその中心的存在であった。それ故、一九四〇年代にはいり、とりわけ、日・独・伊三国同盟が成立し、ヨーロッパの戦争とアジアの戦争が一体不可分の関係になると、米国内でも中国問題への関心は飛躍的に高まり、中国専門家としてのラティモアの声望も急速に高まった。事実、一九四一年七月にはローズヴェルト大統領から蔣介石総統の私的政治顧問に任命され、編集長を辞して重慶に赴くことになった。それは、ほぼ独学で鍛え上げた在野の研究者が、米国政府から中国問題の権威と認定されたことを意味した。しかし、彼のこのような栄光が、一〇年後に彼がマッカーシー旋風という赤狩りの標的とされる遠因となることなど、当時の彼は知るよしもなかった。

ラディカルな米国IPRの事務局長

後に「赤い百万長者」と揶揄《やゆ》されたフレデリック・ヴァンダービルト・フィールドも、後に赤狩りの犠牲となった一人であった。彼は、鉄道王として知られたコモドア・ヴァンダービルトの孫娘を母として一九〇五年に生まれ、文字通り「銀のスプーンをくわえて育った」が、ハーヴァード大学入学後には、キャンパス紙『ハーヴァード・クリムゾン』の編集長を勤めたり、全国学生連盟の副委員長に選出されるなど、政治的・社会的関心を強めていった。とりわけ、ロンドン・スクール・オブ・エコノミックス留学中にフィールドは、ハロルド・ラスキなどの影響で社会主義思想に関心を持ち始めるとともに、J・A・ホブスンやレーニンの『帝国主義論』を研究し始めた。彼が帰国した一九二八年は、大統領選挙の年にあたり、フィールドは社会党への入党を決意して、社会党の選挙運動に積極的に参加した。百万長者の子供が社会党に入党したこと自体が当時のマスコミの注目を浴び、『ニューヨーク・ワールド』紙は、「フーヴァー（当時の共和党大統領候補）を支持する彼の親戚たちは、彼のことを家族の中の黒い羊と見るかもしれないが、どんな保守的ないし批判的な人物でも、この非常に正直で、若いトーマス（社会党の大統領候補者ノーマン・トーマスのこと、引用者注）の熱狂的支持者のことをアカとは呼ばないだろう」と報道した（Field, 61, 72~75, 143）。

確かに、この頃の社会党は、最盛期を過ぎたものの、一九二〇年の大統領選挙ではユージン・V・デブスを候補者として戦い、九二万票近くを集めた最有力の第三政党としての実績を持っていたし、ロシア革命の影響で米国にも共産党が結成されてからはむしろ穏健なイメージさえ持たれていた。しかし、いずれにせよ、イギリスから帰国後、急速にラディカル化しつつあったフィールドがＩＰＲに関係するようになったのは、カーターに頼まれて中国の大衆教育運動を支援するための募金運動を手伝ったためであった。その手伝いに一区切りがついた一九二九年、フィールドは正式にＩＰＲの事務局にカーターの秘書として勤めるようになった。働かなくても暮らしてゆける境遇にあり、ビジネス・レターの書き方も知らなかったものの、初めて職についた感動から二四歳のフィールドは米国ＩＰＲの仕事に没頭していった。

ちょうど、その年は、京都でＩＰＲの国際会議が予定されており、結婚したてのフィールドは、新婚旅行を兼ねて、米国ＩＰＲ代表団の事務局員として参加した。奇しくも石油王の直系、ジョン・Ｄ・ロックフェラー三世も同じく事務局員として参加していた。この時、米国代表団は、ソ連に国際ＩＰＲへの参加を促すため、革命後間もなく、米国とはまだ外交関係を持っていなかったソ連を訪問し、シベリア鉄道経由で中国を経て京都に乗り込んだ。フィールドも、それに同行したが、モスクワではレーニン夫人のクループスカヤなどに会って、革命の息吹に接した。また、満州では父親を爆殺で失ったばかりの張学良とも会談し、当時の満州の緊迫した空気に触れることになった。その上、京都会議の終了後も、中国やフィリピンを旅行し、アジアへの関心を深めてゆく。そして、帰国後、国際ＩＰＲの国際研究委員会からの依頼により米国の対中借款についての研究を始め、一九三一年の秋に『米国の対中借款団への参加』と題する著作をシカゴ大学出版部から刊行し、米中関係の研究者としても地歩を固めていった（Field, 85〜94, 143）。

『アメレジア』の発刊

一九三三年にカーターが国際ＩＰＲの事務総長に就任してからは、フィールドが米国ＩＰＲの事務局長的役割を担うようになるが、ちょうどその頃は、彼の思想がいっそう急進化してゆく時期でもあった。研究面では、米・日・中三国ＩＰＲの合作による六八九頁もの大作『太平洋地域の経済ハンドブック』の編集に従事した。これは、太平洋地域の人口、天然資源、農業、工業などの基礎的な経済情報を網羅的に収録したもので、日本からは松方三郎、米国からはフィールドが参加して、中国も含めた共同作業の成果として一九三四年に出版された。

他方、「満州事変」以降、フィールドは中国に同情的姿勢を強めるとともに、日本の侵略に対する徹底的な抵抗を主張していた中国共産党の主張に共鳴するようになった。当時の米国で中国共産党の支援を組織的に行なっていたのは米国共産党であった関係で、フィールドも彼らに接近していった。しかも、当時の米国は大恐慌下に喘《あえ》いでいた上、ソ連は世界恐慌の影響を全く受けなかったため、米国の知識人の間で共産主義の影響が著しく強まり、社会党ぐらいでは〝きのぬけたビール〟のように感じられたという時代であった。フィールドもその例外ではなく、彼はこの時期に、哲学者のシドニー・フックやコーリス・ラモントの手ほどきを受けて、マルクスやレーニンの著作に熱中していった。その結果、フィールドは、共産党への正式な入党手続きはとらなかったものの、自らは「特定支部に所属しない党員」と自認する心境になった。フィールドにいわせれば、それは「不可避的で、抗しがたいもの」の如くに思われたという。そして一九三四年七月から、彼は共産党系のアメリカ中国人民友の会の機関誌『チャイナ・トゥデイ』の編集委員会に加わっていった。アジアの民衆との関係の自覚を高めることなしに、米国のラディカル運動の発展はありえない、というのが彼の哲学であった (Field, 153~159, 165~169)。

政治的関心の旺盛な若きフィールドとしては、非党派的な学術活動に限定されたIPRの活動だけではあきたらなかったのは事実であるが、しかしだからといって、中国革命後の米国議会で追及されたように、米国IPRを自らの政治路線に同調させようとしたわけではなかったという。たとえば、日中戦争前夜の一九三七年三月、彼が、一緒に『チャイナ・トゥデイ』の編集部にいたフィリップ・J・ジャッフェ、トマース・A・ビッソン、冀朝鼎とともに雑誌『アメレジア』を創刊したのも、学術団体としてのIPRの機関誌では自らの政治的主張を明確に展開できないと考えたが故であった。とりわけ、中国共産党を中心とする革命的抗日運動に共鳴していた彼らにとって、蔣介石政権への批判は不可避の論調であったが、蔣政権に近いメンバーの多い中国IPRとの関係を考慮すると、それを国際IPRの機関誌『パシフィック・アフェアーズ』はもとより、米国IPRの機関誌『ファー・イースタン・サーヴェイ』で行なうことも躊躇されたのであった。他方、運動体の機関誌『チャイナ・トゥデイ』では読者が限定されているとの判断もあり、新たに『アメレジア』の刊行が決意されたのであった。しかも、創刊号には、国務省の極東課長をしていたスタンレー・ホーンベックが個人の資格で巻頭論文を寄せたり、『ニューヨーク・タイムズ』がその創刊を報道するなど、最高で二〇〇〇部程度の発行部数ではあったものの、極めて影響力のある雑誌となった（Field, 128~129, Jaffe, "Introduction", *Amerasia* (Reprint Ed.) I）。

ラティモアも、『チャイナ・トゥデイ』の編集への関与は断わったが、この『アメレジア』の編集部には参加したため、ますますＩＰＲの顔ぶれとの重複が印象づけられたが、フィールドやラティモアにすれば、それはあくまでＩＰＲとは別個の個人的営みとされた。しかも、フィールドは、米国の欧州戦争への参戦に反対する平和運動に専念するため、一九四〇年には米国ＩＰＲの事務局長を辞任し、その後は一理事としてとどまったが、親蔣介石派の会員から反対を受けて一九四七年には理事も辞任するにいたる。また、ラティモアの場合も、すでに述べたように、一九四一年にはローズヴェルトの任命で重慶に派遣されたため、『パシフィック・アフェアーズ』の編集長を辞任した。そのため、米国ＩＰＲが米国政府との関係を密にしていった日米戦争期には、ラティモアもフィールドも共に、米国ＩＰＲの指導的地位からは離れていたが、中国革命後の米国議会で始まった赤狩りの際には、ラティモアやフィールドなどの「ラディカル」がＩＰＲを通じて米国政府の中国政策を中国共産党に有利な方向に誘導した、と追及されることになる。

若きアジア研究者の登竜門

米国における中国研究の草分け的人物の一人であるジョン・Ｋ・フェアバンクは、回想録の中でIPRについて、つぎのように語っている。

「戦間期には旅行は船で行なわれ、真に国際的といえる会議なぞはほとんどなく、海外の現状を研究するシンク・タンクや大学の研究センターもなかったことを想像してごらんなさい。IPRだけが、国際問題や国益をめぐる二週間もの討議のために実業家や学者、そして（一九四一年以降は）政府の役人を二年ないし三年ごとに集めていたのです。経済学者のビル・ホランドが、各国の代表団を招集し、研究成果を刊行するという複雑な仕事をする上でカーターの右腕となっていました。

私の世代にとってIPRは偉大な機関でした。その会議は魅惑的な環境の中で開催されました。会議のスタッフには、バーバラ・ワートハイム（後のタックマン）やマリアン・キャノン（のちのシュレシンジャー）のような若き才媛がいました。ですから、一九四七年に米国IPRの理事になるについては喜んで同意したのです。」(Fairbank, 323)

周知のように、フェアバンクもマッカーシィズムの旋風が吹き荒れた一九五〇年代にはIPRとの関わりから赤狩りの対象とされ、ラティモアのように米国の大学を追われることはなかったが、一時マスコミから全く無視されるという苦い経験を持った人物であった。そのような経験の後でもなお彼は、晩年の回想録の中でIPRを、懐かしさをこめつつ、高く評価している。このことが示すように、米国のアジア研究がまだ草創期にあり、アジア研究の講座を持つ大学もわずかしかなかった時代にあって、アジア研究を志す若き学徒にとって、IPRはアジア研究専門のほとんど唯一の学会であるとともに、調査や出版の助成をも得られる貴重な場であった。

それ故、米国におけるアジア研究の草分け的世代に属する研究者は、多かれ少なかれ、IPRに関係していたが、中でも関係の深かった人物には、中国研究では、バーバラ・タックマン、ドロシー・ボーグがいる。日本研究では、のちに国務省で対日政策の立案にあたることになるヒュー・ボートン、戦争中に財閥研究で注目され、日本の占領改革にも参加することになるトーマス・A・ビッソン、農業問題を研究し、占領にも関わったA・J・グラジダンツェフなどを挙げることができる。また、日中戦争の原因と影響の学問的解明を意図して企画された国際IPRの基礎的出版事業であった「調査シリーズ」は、企画そのものに反対した日本IPRからの参加は得られなかったものの、米国以外の各国IPRからも、現状分析を中心とする成果が寄せられた結果、一九四〇年から刊行が開始され、全部で二四冊にものぼるシリーズとなった。その中には、当時、既に五〇歳に達し、コロンビア大学の国際関係論の助教授であったナサニエル・ペッファーが書いた『極東平和の前提条件』も含まれていたが、多くは新進の研究者によるものであった。

IPRに集う若き日本研究者たち

たとえば、熱心なクェーカー教徒であったボートンの場合は、布教のためも含めて、通算四年も日本に滞在し、オランダのライデン大学から博士号を取得した後、一九三七年九月よりコロンビア大学の講師に就任した。さらに、一九三八年にはIPRの研究員になっているが、このシリーズには、「満州事変」以降の日本の政治・社会史について分析した『一九三一年以降の日本』を発表した。当時三七歳であった。また、のちにカナダの外交官であるとともに日本史家としても著名となるE・ハーバード・ノーマンの処女作も含まれていた。それは、彼がハーヴァード大学に提出した博士論文に基づいて刊行した名著『日本における近代国家の成立』であった。

周知のように、E・H・ノーマンは、父親がカナダ・メソジスト教会から派遣されて日本で宣教活動に従事していた関係で、一九〇九年に軽井沢で生まれ、トロント大学に留学するまでほとんど日本で育った。トロント大学卒業後は、イギリスのケンブリッジ大学に留学し、一九三六年から三八年にかけてはロックフェラー財団のフェローシップを得て、ハーヴァード大学の燕京研究所で日本史の研究に従事した。ついで、一九三八年からは、IPRの国際事務局の研究員となっていた縁で、必ずしも現状分析的ではなかった彼の博士論文もこのシリーズに加えられることになった。この間、ノーマンはイギリス留学中にマルクス主義の影響を受け、一九三六年にカナダに一時帰国していた折には、日本の中国侵略に反対し、中国を支援する目的で結成された「カナダ中国人民友の会」の活動に関係したり、創刊直後の『アメレジア』にも投稿するなど、反ファシズムの政治運動にも強い関心を示していた。その後、ノーマンは、欧州戦争の勃発直前にカナダ外務省の外交官となったが、引きつづき熱心な会員の一人としてIPRとの密接な関係を維持した。また、一九四〇年五月からは駐日カナダ公使館付語学官として太平洋戦争の勃発まで日本に駐在したため、日本IPRの人々とも親密な関係を持ち、日本の占領期には、日本にあって、日本IPRの再建を援助することになる（詳しくは、大窪、五五三〜五八五）。

「調査シリーズ」の第一巻として『アメリカの極東政策―一九三一〜一九四〇―』を刊行したトーマス・ビッソンの場合は、中国研究から出発して、徐々に日本の中国侵略を批判する必要から日本研究に移行していった研究者であった。一九〇〇年にニューヨークで生まれた彼は、ラトガース大学を卒業後、コロンビア大学で神学修士を取得、その後、長老派教会の宣教師として中国に渡り、三年間、安徽省の中学や燕京大学で教鞭をとり、一九二八年に帰国した。帰国後は外交政策協会に勤務して、アジア問題の研究に従事していたが、大恐慌の影響で急速に社会主義思想に接近するとともに、「満州事変」以降は積極的に中国を支援するようになり、一九三三年には中国人友の会に参加、翌年一〇月には『チャイナ・トゥデイ』の編集に関与した。

一九三七年には、フレデリック・フィールドらとともに、『アメレジア』の創刊に加わり、ついでロックフェラー財団の奨学金を得て、日本・朝鮮・中国を旅行したが、その折、ラティモアの誘いを受けて、エドガー・スノーやフィリップ・ジャッフェ夫妻とともに、中国共産党の本拠地、延安に隠密旅行し、若き日の毛沢東と会見する貴重な機会を得た。それはちょうど、日中戦争勃発の前夜にあたり、中国共産党の徹底した抗日姿勢に強い印象をうけ、戦争勃発後には、『中国における日本』を刊行し、日本の侵略を厳しく批判した。この間、ビッソンは、IPRの国際会議に何度か出席し、IPRとの関係を深めていたが、「調査シリーズ」への参加により、その関係はいっそう深まり、一九四三年から終戦の年までIPRの研究員をつとめることになる

（ビッソン『日本占領回想記』訳者解説、三二六〜三二八）。

「調査シリーズ」には執筆してはいないものの、一九三八年から大戦中にかけてＩＰＲの研究員をしていたユニークな人物としてアンドリュー・Ｊ・グラジダンツェフ（のちに米国市民となってからはグラッドと名乗った）をここであげておく必要があるだろう。彼は、一八九九年にシベリアで生まれたロシア市民であり、のちに満州に移住し、一九二八年にハルビン法経学校を卒業した。そして六年後に修士号を取得した後、一九三七年まで南開大学で教え、その後、米国に移住して、カリフォルニア大学で修士号を取得した頃にカーターと知り合い、ＩＰＲの研究員となった。この時期に彼は、朝鮮問題とともに、日本の農業問題を研究し、徹底した農地改革論を展開するようになった。

また、「シリーズ」に『戦後日本の貿易拡大問題』を書いているミリアム・Ｓ・ファーレイの場合は、コロンビア大学で一九三四年に修士号を取得した後、米国ＩＰＲの事務局で働くようになり、主としてパンフレットの刊行を担当した。彼女もまた、日本の占領改革にかかわることになる。

米国ＩＰＲの連合的性格

確かに、米国ＩＰＲの顔ぶれは多様であった。理事会メンバーの中には極めて保守的な実業家が含まれていた反面、事務局や編集部には、リベラルのみならず、若手を中心として極めてラディカルな人々が存在した。ＩＰＲが元来、政治運動団体ではなく、学術団体であったことを考えれば、思想的に多様な人々が参加していたこと自体はむしろ当然のことであった。ただし、学会の日常的運営にあたる事務局や編集部にかなりラディカルな人々がいたことは、日本ＩＰＲには見られない特徴であった。それは、長期の不況下にあった一九三〇年代の米国において一般的に革新的風潮が高まっていたこと、また、当時の米国では第一次大戦への参戦を否定的に受けとめ、今後は外国の紛争に巻き込まれるのを避けようとする中立志向の世論が全体的に強く、「満州事変」以降もアジアの紛争への無関心が続いていた中で、日本の中国侵略を早くから批判し、中国民衆の支援活動を積極的に推進していたのが主としてラディカルな人々であったことの影響も大きかった。

さらに、当時の米国の大学にはアジア研究専門の講座は少なく、先駆的アジア研究は、大学の研究者だけでなく、オーエン・ラティモアに象徴されるような、大学外の、むしろ現地に長期滞在した経験を持つ人々によっても担われていた。このような大学外で育ったアジア研究者の場合は、留学目的で現地にいったのではなく、親の仕事の関係で幼少年期を現地で過ごしたり、宣教活動など自分の仕事のため現地に赴任したケースが多かった。それ故、彼らは現地の民衆と直接交流する機会が多く、現地のエリートに対してよりも、民衆に対して強い共感を持つ傾向にあり、中国の場合であれば、蔣介石政権には極めて批判的で、中国共産党に期待する心情を抱くことになった。

つまり、一九三〇年代を通じて米国ＩＰＲが全体として親中的姿勢を強めていったといっても、その中には、蔣介石政権を中心とする現地の寡頭支配層に期待する、いわば「エリート派」と中国共産党を中心とする民衆運動に期待する、いわば「民衆派」との対立が存在した。この二グループの対立は、中国問題だけでなく、日本の戦後構想や植民地問題をめぐっても表面化することになる基本的な対立であり、この後者の「民衆派」が雑誌『アメレジア』に結集していったと言えるだろう。

周知のように、中国革命後の米国で吹き荒れたマッカーシィズムの赤狩り旋風の中で、この「民衆派」に属する人々は「共産主義者」とか「ソ連のスパイ」とかのレッテルを貼られ、政治的・社会的に排斥されることになるが、それは問題をあまりにもイデオロギー的ないし東西関係偏重に捉える冷戦的思考の産物であった。むしろ、この「民衆派」に共通した思想の特徴は、植民地や従属状態に置かれたアジアの民衆への共感であり、それ故に、厳しく日本のアジア侵略を批判したのであった。つまり、南北関係を重視する思考に彼らの特徴があった。

この「民衆派」が米国ＩＰＲの中でかなり強い影響力を行使できたのは、彼らの多くが長期の現地滞在の経験を持つアジア通であったことが決定的だが、それに加えて、事務総長のカーターが多様な立場の間の自由な討論を何よりも重視したキリスト教的寛容精神の持ち主であり、さらに、自らもインドに延べ一二年間も滞在した経験をもち、それ故、この「民衆派」の心情に共感する面を持っていた点が重要であった。このカーターに代表されるリベラルこそが、米国ＩＰＲ

の多様性を支える接着剤の役割を果たしていた。

それに対して、日本ＩＰＲの場合は、戦前型のいわゆる「オールド・リベラル」の大学教授や実業家によって指導された、同質性の高い集団であった。それは、日本の場合、治安維持法と軍部専制の強まりの中で、左翼的知識人が自由に学問活動を行ない得る条件がすでに奪われており、彼らが日本ＩＰＲに参加する余地がなかったこと、また右翼の場合は、あまりに国粋主義的であり、太平洋諸国間の文化交流などという国際主義的理念には関心がないどころか、むしろ敵対的であったためであった。

その上、日本ＩＰＲの指導部を担った「オールド・リベラル」たちは、すでに見たように、「アジア・モンロー主義」を標榜して日本の中国侵略を肯定し、中国の犠牲の上に、日米関係の安定を計ろうとする傾向があった。つまり、彼ら自身が戦前の日本のエリート層を構成していた上、その関心は日米関係を中心とする北北関係の調整に集中していた。それ故、「満州事変」以降、米国ＩＰＲの中で「民衆派」の影響が高まり、対日批判が強まると、米国ＩＰＲが「政治化」し始めたと反発してゆくことになるが、そこには、既に見た日米両ＩＰＲの体質の相違とそこから由来する基本的関心のズレが存在していた。しかし、太平洋に関係した諸国間の学術・文化の交流を通じて太平洋を「平和の海」にしようというＩＰＲの基本理念に照らして、中国や植民地の犠牲の上に日米間の「平和」だけを維持しようとした日本ＩＰＲの道は、他国のＩＰＲの共感を得られるものではなかった。

3 〝ジャップはジャップだ〟

のように演説した。

米国議会の対日宣戦決議

一九四一年一二月八日、米国議会の上下両院合同会議に臨んでローズヴェルト大統領は、つぎのように演説した。

「昨日、一九四一年一二月七日、アメリカ合衆国は突然かつ謀略的に日本帝国の海・空軍によって襲撃された。この日は今後屈辱の中に記憶されるだろう。……

日本からハワイまでの距離を考えると、この襲撃は何日も、何週間も前から謀略的に計画されていたことは明らかであり、そのことは記録されるべきであろう。その間、日本政府は、平和の継続を希望するかのような虚偽の声明や言動によって合衆国を欺いてきた。……我々は、我々に加えられたこの猛攻の性格を決して忘れないだろう。

この計画的な侵略を打破するのにどれ程長期間を要しようとも、アメリカ国民は正義の力をもって完全勝利に至るまで戦いぬくだろう。……

私は、議会に対して、一二月七日、日曜日に、日本がいわれのない、卑怯な攻撃をしかけてきたため、合衆国と日本帝国との間に戦争状態が存在することを宣言するよう求めるものである。」(U. S., *Congressional Records*, 1941, 9504〜9505)

ローズヴェルト大統領のこの提案を受けて、上院は直ちに日本に対する宣戦布告決議案の審議に入った。与党の民主党側は討議を省略して、すぐに採決に入るよう求めたが、野党の共和党を代表してヴァンデンバーグ上院議員が特に発言を求めて、つぎのように語った。

「議長、日本は、日曜日の平穏な大気を破って、一言の警告もなく、ワシントンでの平和交渉において友好を装うという破廉恥な裏切りで煙幕をはりながら、我々の国土を侵犯し、我々の市民を殺害し、我々の領土を攻撃し、我々の主権を侵害した。それは、不誠実さや血ぬられた野望に満ち満ちた目的の典型例を我々にさらけだしたものである。……

……私は、不必要な戦争に導くと思われるあらゆる傾向と戦ってきた。しかし、戦争が勃発した今、とりわけ、戦争が夜陰に乗じた暴漢のようなやり方で始められた今、私は、我々の全力をもって最も素早く、最も手ごわい対応ができるように、わが国の最高司令官を支持する。……」(*Ibid.*, 9505)

ミシガン州出身のヴァンデンバーグは、中西部や極西部を中心として両大戦間期の米国政治に根強い影響力を持っていた、いわゆる孤立主義者のオピニオン・リーダーであり、それまでローズヴェルト政権の親連合国的政策を厳しく批判し、米国が外国の紛争に巻き込まれないように、あくまで中立法を強化するよう主張してきた。そのヴァンデンバーグが、パール・ハーバー攻撃後には、一転してローズヴェルト政権の戦争遂行に支持を表明したのであり、それは、以後、第二次大戦後にまでつづくことになる、いわゆる「超党派外交」の始まりを意味した。事実、上院本会議は満場一致で宣戦決議案を採択した。

つまり、パール・ハーバー攻撃は、単に奇襲であっただけでなく、一方で、日米間の平和会談の継続を装いながらの奇襲であったため、米国人には「だまし打ち」との強烈な印象を与え、それまで分裂していた国論を「リメンバー・パール・ハーバー」という合言葉の下に一挙に統一させ、この戦争を自衛のための正義の戦争と意識させる効果をもった。しかも当初は、パール・ハーバー攻撃自体の形容として使われていた「背信的（treacherous）」とか、「卑劣な（dastardy）」という感情的な表現が、日本や日本人全体にも適用されるようになり、人種戦争的様相をつよめていった。また、「異教徒（pagan）、神を恐れぬ（godless）日本」との戦いとか、文明対野蛮の戦いといった近代西洋の膨張以来動員されてきた西洋文明の十字軍的使命感に訴えるような論調も、強まっていった。

日系人の強制隔離

戦時には、一般的にいかなる国でもナショナリズムが極端に発揚され、交戦相手国の国民に対する敵対感情が噴出させられるものであるが、政治・経済・文化のすべてが戦争に動員させられた第二次大戦のような全面戦争下では、その傾向はいっそう強まった。米国もその例外ではなく、大戦中には外国人＝スパイとみなすような風潮が高まり、「チョットのおしゃべりが軍艦一隻の沈没をもたらす」とか、「敵の機関がいつもそばにいる。君がしゃべらなければ、彼らには聞かれない」といったポスターが軍需工場や海岸地帯に貼り出されたという(Polenberg, 43)。その上、米国のような移民起源の社会では、敵対国からの移民もその内部に抱えるという特殊な困難にも直面していた。第二次大戦下では、ドイツ系、イタリア系、日系がそれに該当したが、前二者はほとんど特別な制限を受けなかったのに対して、西海岸に居住していた約一一万人の日系人の場合には、山岳地帯に強制隔離させられたのは余りにも有名な事実である。

パール・ハーバー攻撃の直後、指導的な日系一世は拘留され、預金は凍結された。また、フランク・ノックス海軍長官が、パール・ハーバー基地の被害状況を視察した帰途、ロスアンジェルスでの記者会見の席上、日本軍の奇襲成功の背後にはハワイ在住日系人の「第五列的協力」があったと主張した。この発言は、事実に基づくというより、日本軍の奇襲を許した米国海軍責任者としての責任転嫁ないし弁明的性格のものであったが、西海岸の日系人が、市民権を持っていた二世も含めて、全体としてスパイ視される風潮に油をそそぐ効果をもった。翌年一月末に公表された最高裁判事オーエン・ロバーツによるパール・ハーバーの被害原因に関する報告書では、ハワイの日本領事館によるスパイ活動については明示的に指摘されたものの、ハワイ在住日系人の活動についてはあいまいな記述に終わっていた。それにも拘らず、日系人への疑惑はおさまらなかった。

その上、一二月末には、司法省の命令で敵性外国人の家宅捜査が実施された結果、日系人の家からラジオ、カメラ、猟銃、ダイナマイトなどの「禁制品」が押収されたとの報道が流された。

それらはすべて個人用ないし農作業用のものであったが、新聞は日系人への疑惑をいっそうかき立てていった。とりわけ、パール・ハーバー攻撃後の日本軍の進撃はめざましく、一二月九日にはバンコックが占領され、同二五日には香港が陥落し、翌年一月二日にはマニラが占領された。そして二月一五日にはシンガポールが陥落した。そのため、日本軍が西海岸を攻撃する危険が、軍事専門家は否定していたにも拘らず、新聞や伝聞を通じてまことしやかに喧伝されていった（ウィルソン／ホソカワ、一九五～二〇七）。

こうした状況の中で、西部防衛司令部を中心として日系人の集団立ち退き案が浮上してきた。当初、陸軍省の一部や司法省の内部には、米国市民権を持つ二世をも一緒に強制隔離する計画には疑問も出されたが、西部防衛司令部の司令官であったジョン・L・ドウィット中将は、「ジャップはジャップだ。アメリカ市民であろうが、なかろうが、ジャップに変わりはない。彼らは不必要であり、……危険分子だ」と主張した（白井、五五）。西海岸においてかつてアジア系移民の排斥を推進した団体や日系人と経済的に競争関係にあったグループもこれに呼応し、西海岸選出の議員たちも賛同した。その結果、当初消極的だったスティムソン陸軍長官も同意し、ローズヴェルト大統領の了解を得て、西海岸を戦略地区に指定し、そこから特定住民の強制隔離を命令した行政命令第九〇六六号が発せられた。

なぜ日系人だけが？

この行政命令第九〇六六号に基づいて陸軍省から出された指令の対象の中には、外国籍のドイツ人やイタリア人は含まれず、日系人の場合は、米国籍をもつものも含めてその全体が対象とされた。特に、西海岸においてかなりの比重を占めたイタリア系の場合は、スティムソンからのつぎのような指示で、実際上、対象外となった。

「この組織のもとで君たちの任務を遂行するにあたり、軍当局の許す限り西海岸防衛のために君たちの使命を遂行する上でたしかに危険、あるいは望ましくないと判断した場合を除いては、少なくとも当分の間、イタリア系外国人やイタリア系アメリカ人はそっとしておいてほしい。私はそのような人びとは全体として他の国の人びとよりも危険が少ないと考えるので、君たちもイタリア系の人びとに関しては今述べたような処置をとるようお願いする。イタリア人の数や彼らの扱いに費やす軍隊や施設を考慮すると、一般計画にイタリア人を含めることはわれわれのもつ能力に過度な負担をかけることになるであろう。」（ウィルソン／ホソカワ、二〇三〜二〇四）

ローズヴェルト大統領も、ドイツ系やイタリア系を含めると、「国民の戦意に悪い影響を与えかねない」との理由で反対した。そして、イタリア系移民がこぞって祝う一九四二年のコロンブス・デイには、フランシス・ビドゥル司法長官がイタリア系住民を「敵国籍の外国人」とはみなさないとの声明を発表した（Polenberg, 42, 61）。つまり、米国政府首脳は、人口の多いドイツ系やイタリア系移民を含めることの政治的リスクを強く意識していたわけであるが、それだけでなく、彼らは「より危険が少ない」という判断にも立脚していた。

こうして強制隔離の対象は日系人だけに限定されていったが、それでも、米国籍のある日系二世をも対象に含めることには、当時から、憲法上の疑義が出されていた。この行政命令が出された直後にカリフォルニア州で開催された連邦議会のトーラン委員会による公聴会でも、その点が問題になったが、当時、カリフォルニア州の司法長官で、後に米国最高裁判所長官となるアール・ウォーレンは、明らかに人種主義的な理由で、日系人全体を対象とすることに賛成した。つまり、「白人種をとり扱う時、その忠誠心を試す方法がある。だから我々はドイツ人やイタリア人を扱う時には、共同社会での彼らの暮らし方を知っているし長いこと住んでいるので、かなり正しい結論を出すことができると信じている。しかし日系人を扱うのは全くちがった分野であり、我々が正しいと信じる見解を示すことはできない」(ウィルソン/ホソカワ、二〇六)。

周知のように、このアール・ウォーレンは、一九五四年に最高裁判所長官として公立学校における人種隔離を違憲とする画期的な判決を主導することになるが、その一二年前の時点では、日系アメリカ人の強制隔離を違憲とみなす人権感覚は示さなかった。戦時下の反日感情が彼の人権意識を曇らせたのであろうか。それとも、同年秋のカリフォルニア州知事選を目指していた彼の政治的野心が州の世論に迎合させたのか。いずれにせよ、米国籍を持つ日系二世をも含め、日系人全体を強制隔離の対象とする主張には、日系人に対する異和感や人種主義的偏見に根ざすものが多かった。強制隔離の実施責任者となった西部防衛司令官のドウィット中将の場合は、「ジャップはジャップだ」という発言に象徴されるように、その典型であった。日系人の隔離に関する陸軍省の報告書の中でも、彼はつぎのように主張している。

「現在、我々が従事している戦争においては人種的帰属関係は移民した後も切断されない。日本人は敵性人種である。……もし、そのように結論しないとしたら、日本の地で白人の両親から生まれた子供達が、あらゆる人種的帰属関係を切断し、自分の両親の国に敵対する戦争において日本のために戦い、必要なら日本のために死ぬ覚悟がある日本の忠実な臣民となりうることを想定することになる。」(Polenberg, 62)

図 4　「ジャップはもう帰ってくるな」とのプレートをはるケント市の市長

対日偏見の高まり

収容所に送られる準備をしていた日系人に対しても、排斥的な行動や言辞が容赦なく加えられた。当時、スタンフォード大学で研究していたある日系人は、収容所入りの準備のため大学を出ると急に反日や排日的雰囲気に接した体験をこう語っている。

「ある日のこと、収容所入りに必要なダフルバッグ（信玄袋を長くしたような丈夫な木綿袋）を買いに白人の商店に入ったところ、べらぼうに高い値段を吹きかけられた。私が、それは高いではないか、まけろと言ったところ、『嫌なら買うな！　スティンキー・ジャップ！（くそたれジャップという意味）』とののしって、大きな灰皿を投げつけてきた。ほうほうの体で店を飛び出すと、そこはそこで、『リメンバー・パール・ハーバー（真珠湾を覚えてろ）』とか、『ミーチュ・アット・トーキョウ（東京進駐で会おう）』という合言葉を書いたバッジを胸につけた白人に出会う。白人でないものはまた別に、『抗日』、『私は中国人です』とか、『私は朝鮮人です』――といった類のバッジを胸につけて日系人とまちがえられないようにしていた。」（白井、五四）

戦時中の米国で日本や日本人に対する反感や偏見が著しく強まった原因は様々であるが、歴史的前提として、一九世紀末以来の日系移民の流入に対して起こった排斥運動の中で培われた蔑視感に加え、日露戦争での日本の勝利以来強まっていた、白人優越主義の裏返しとしての「イエロー・ペリル（黄禍）論」の存在を無視できない。このような心理的前提の上に、パール・ハーバー攻撃が起こったのであり、それは「背信」とか、「卑怯」と受けとめられただけでなく、それまで見下していた相手から予想外の敗北を喫したことによる衝撃と反発を生み出していた。たとえば、パール・ハーバー攻撃直後の『タイム』はこう報じている。

「アメリカおよびその歴史について、未解答の大きな問いがあった。すなわち、一億三千二百万の国民が最大の重要事件に直面したときに発する言葉は何か。その答えが出た。そのうちの何万という者たちが発した言葉は『まさか、あの黄色いやつら（yellow bastards）が』だった。」（ダワー、四五）

その後、戦闘の激化に対応して、日本軍による非戦闘員の大量殺戮や米兵捕虜の虐待、さらに、投降を拒否して玉砕する日本兵や神風特攻隊などの報道が米国本土にも続々入ってくるにつれて、日本および日本人に対する反感と偏見が増幅されていった。たとえば、日本本土を爆撃した米軍のドゥーリットル航空隊の飛行士八名が不時着して捕えられ、日本側の軍法会議にかけられて、うち三名が死刑になったとの発表が、一九四三年四月に米国政府からなされると、米国世論は戦時国際法に違反した捕虜の虐待として激高した。その事件を報道した『ニューヨーク・タイムズ』には、胸に「アメリカ人飛行士の殺害者」と書かれたゴリラの頭部に「文明」と書かれた拳銃が突き付けられている挿絵が描かれていた（ダワー、六〇〜六一、一一一）。

図5　ヒトラーと並んだ日本の戦争指導者を猿に擬した新聞マンガ

また、硫黄島の激戦を報道した『タイム』の記事の中には、「理性を欠いた、普通のジャップは無知である。彼は多分人間であろう。……それと分かるものは何もないが」と書かれていた(Wittner, 105)。日本兵が時に想像を絶する程の抵抗力を示したり、疾風のように占領地を拡大した場合には、「超人(スーパー・ヒューマン)」的イメージも流されたが、それとても、異常さが強調され、むしろ非人間性の特徴とみなされた。戦時中の米国の新聞や雑誌の報道で、日本兵や日本人が描かれる時には、「猿」や「ねずみ」や「害虫」に擬されることが多く、いずれにせよ、非人間性や劣等性が強調されていた。

しかもこのような人種偏見は、軍の首脳部によって助長されていた面すらあった。のちに南太平洋方面司令官となったウィリアム・ハルゼー海軍大将は、「ジャップを殺せ、ジャップを殺せ、もっと多くのジャップを殺せ」というスローガンで兵士の士気を高めたというが、彼は、ニューズ映画の中で「我々は太平洋のいたる所で凶暴な猿(bestial apes)を溺死させ、焼死させている。彼らを溺死させるのは、焼死させるのと同じ位楽しいことである」と語った。また、ワシントンで開かれたオフ・レコの晩餐会の席上でハルゼーは、新聞記者を前にして、「私は、ジャップを憎んでいる。私はあんたたちに言うが、もし、私が妊娠している日本人の女に会ったら、その女の腹を蹴ってやるだろう」とさえ言い放ったという(Wittner, 105)。

戦時下の世論調査――「変わらざる日本人」イメージの強調

確かに、戦争は交戦相手国に対する敵対感情を極限的に高めるのが常であり、その戦闘が長期化し、激烈なものになればなる程、敵対感情も激高するのが一般的であろう。しかし、同じ敵対感情でも、対独・伊と対日の場合では明らかに表われ方に相違があった。それは、敵対関係になっても、独・伊との場合には、宗教や文化面での同質性があったため、「良きドイツ人」とナチスを区別するような発想が生じ得たためであった。それに対して、対日の場合には、宗教や文化面での異質性が対立感情をいっそう助長した上に、近代ヨーロッパの膨張以来、何世紀にもわたって培われてきた白人優越主義的な人種意識が敵対感情をさらにかきたてた面も否定できない。

それは、たとえば、ギャラップ調査の名で知られるアメリカ世論調査研究所（AIPO）が一九四五年五月に行なったドイツ人と日本人の残虐性を比較する世論調査の結果、ドイツ人の方がより残虐と答えたものが一三％であったのに対して、日本人の方と答えたものが五一％、両者同等と答えたものが三三％であったことにも表われている（Cantril, 501）。同様の傾向は、全国世論調査研究センター（NORC）が一九四二年から四三年にかけて行なった調査の結果（表1）にも表われている。

表1　ドイツ人と日本人の好戦性に関する全国世論調査研究センターの調査結果

		1942. 2.	1942. 9.	1943. 6.
いつでも好戦的	ドイツ人	23%	25%	22%
	日本人	48	58	62
簡単に動員されやすい	ドイツ人	32	39	46
	日本人	31	26	27
戦争を好まず	ドイツ人	45	36	32
	日本人	21	16	11

この調査結果では、日本人が好戦的であるとのイメージをもつものが五〜六割を占めたのに対してドイツ人が好戦的とみるものは二割台にすぎなかった。

同じような傾向は、米国との戦後の友好関係が日・独どちらと樹立しやすいかをギャラップが一九四三年六月に聞いた結果にも表われており、ドイツと答えたものは六七％にも達したのに対して、日本と答えたものは八％にすぎず、無回答が二五％であった。また、日・独・伊三国の国民が戦後にどのような統治形態を望むと思うか、を調査したNORCの調査（表2）も、日本と独・伊との間に対照的なイメージの差があることを示していた。

表2　1942年8月時点における全国世論調査研究センターによる日・独・伊3国の戦後の統治形態に関するアメリカ人のイメージ

	日本	ドイツ	イタリア
現在の統治形態のまま	41%	19%	20%
民主主義的形態	18	41	34
民主主義的形態以外のもの	3	8	10
無回答	38	32	36

つまり、戦時中のアメリカ人のかなりの部分は、ドイツ人やイタリア人は戦後に民主的政治体制を選ぶだろうが、日本人の場合は、むしろ戦前・戦中の政治体制の継続を望むと予想していたのであり、「変わらざる日本人」のイメージが強固にしみついていたことがわかる。

このイメージの落差の背後に、どの程度の人種主義的発想の影響があるかは、これらの調査結果だけでは即断できないが、日系人の強制隔離決定の直後にその是非を問うたNORCの調査結果からは、ある程度それがうかがえる。つまり、市民権をもたない日系人の隔離を正当としたものは、九三%にも達したのに対して、市民権をもつ日系人の隔離をも正当としたものは、五九%であり、正当でないとしたものは、二五%であった (Cantril, 380)。アメリカ国籍の日系人の強制隔離を肯定した六割近い回答者の考え方の中に人種主義の影響を読みとることはそれほど不当ではあるまい。

また、一九四二年七月の時点で世論調査局が行なった、日本人の特徴を表わす言葉の調査結果を見ると、ここにも日本人に対する誤解や無知、人種偏見の跡がうかがえる。この調査では、日本人を説明するのに最も適当な言葉を好きなだけ選択させているが、最多が「背信的 (treacherous)」で七三%、ついで「陰険 (sly)」が六三%、「残虐 (cruel)」が五六%、「好戦的 (warlike)」が四六%と、上位四位までを否定的イメージが占めており、ようやく、五位に「勤勉 (hardworking)」がはいって三九%、つぎに「傲慢 (conceited)」が二七%、「知性的 (intelligent)」が二五%、「勇敢 (brave)」が二四%という結果であった (Cantril, 501)。

このように戦時中のアメリカ人の日本人イメージは、日本との熾烈な戦闘体験に規定された極めて否定的なものであったが、それは、同じ交戦国であったドイツやイタリアに対するものとは著しく異なり、日本人は一様に「好戦的」で、民主化され難い国民というイメージが牢固にしみわたっていた。つまり、日本人に対する無知と偏見に色濃く縁どられた「変わらざる日本人」というステロタイプ的なイメージがそれであった。米国の政策決定者やアジア専門家が戦後の日本民主化構想を立案するにあたっては、米国国民のこのような意識状況が無視しえぬ制約条件となった。

第2章 「平和の海」はいかにして？

1 戦時下米国のアジア研究

米国ＩＰＲの戦争協力声明

既にみたように、日米戦争の勃発は、学術・文化の交流を通じて太平洋を「平和の海」にしようと目指してきた米国ＩＰＲにとって、単に青天の霹靂であっただけでなく、その理想の挫折をも意味した。しかし、ひとたび戦争が現実のものとなってしまった後には、むしろ、米国政府をはじめ、連合国側の戦争遂行に積極的に協力することで、戦後の太平洋を「平和の海」とする機会として生かそうという姿勢に転換していった。パール・ハーバー攻撃から一〇日たった一九四一年一二月一七日、米国ＩＰＲの理事長ウィルバーの名でつぎの声明が発表された。

「太平洋における全面戦争という我々のすべてが避けたいと願ってきた悲劇的状態がとうと

う発生してしまった。……

こうした状況の下で、ＩＰＲのアメリカ評議会は、緊急事態の中で追求する進路を明確にしなければならない。当評議会の理事および事務局員は慎重にこの問題を検討してきた。戦争状態は、当評議会の諸目的を無効にするどころか、焦点となっている問題の研究や広範囲な討論という当評議会の課題に新たな、かつ決定的な重要性を課し、そのような活動は、事実、民主主義的戦争の遂行にとって不可欠の部分を構成すると信じる。

アメリカ国民の緊急の課題は、その敗北が極東その他の地域における平和的調整の前提となる、日本およびその他の枢軸諸国の軍事的帝国主義に反対する戦争の遂行にある。ＩＰＲの伝統はこの問題に関して『中立』であることを許さない。逆に、他の民族の権利の完全な無視である軍事侵略は、ＩＰＲがそのために戦ってきたあらゆる目的と矛盾するものである。

……当評議会は、社会教育と討論の独立したセンターとしての機能を拡充する一方で、ワシントンの政府諸機関からの要請に応えるべくその能力の限界まで協力してゆく。当評議会は、長年の努力を通じて極東の広汎な理解を可能にする一連の知識と一団の人材を養成してきたが、それは今やこの緊急事態にあってユニークな貢献を可能にすると信じる。……

日本が悲劇的にもその運命を委ねた枢軸諸国が敗北した暁には、究極的に、太平洋に純粋に新しい秩序を樹立する機会が訪れるであろう。この目的のために、わが国政府の政策は、どの民主主義国におけると同様に、その国民の理解がそうであるように先見の明のある、知性的なものであらねばならない。

ここにもまた、アメリカ評議会が、ＩＰＲの他の友好的な評議会と協力して、正義ある平和の最終的な達成のために働く新たな機会がある。」（A-iii: Univ. of Hawaii, IPR Collection, A 124）

つまり、米国ＩＰＲとしては、アジア研究の知識と人材を活用して、米国政府の戦争遂行に積極的に協力するだけでなく、英・加・豪・中などの他のＩＰＲ支部と協力して、連合国側の太平洋戦線におけるブレーン・トラストになるべく決意を固めたのであった。それは、「満州事変」から日中戦争にいたる過程で、日本の侵略を批判してきた過去の経緯からも、また、日米戦争が日本側の奇襲から始まったことからしても、ファシズムや軍国主義に反対する正義の戦争への協力という当然の決断と受けとめられた。

戦時下米国ＩＰＲの指導者たち

ＩＰＲは、元来、各国支部間の自由な討論を保障するために非政府組織としての組織原理を守るよう努力してきた。既にみたように、米国ＩＰＲの初代理事長のレイ・ウィルバーがフーヴァー政権の内務長官に就任した際に理事長を交代したのも、それ故であった。しかし、戦争の勃発による挙国一致的ナショナリズムの高まりの中で、米国ＩＰＲは、積極的に政府の戦争遂行に協力するため、その組織原則をゆるめてゆくことになった。具体的には、国際会議への政府・軍代表の参加の助長、政府・軍からの委託研究の推進、さらに政府・軍への人材の派遣を行なってゆく。

それは、太平洋戦線における反ファシズム戦争の遂行という大義に殉じる行動として、当時は当然のことと受けとめられた。ただしそこには、この戦争を、戦後に米国中心の世界秩序を樹立する好機ととらえる覇権主義的立場と、逆にアジアの民衆の解放の好機ととらえる立場とが混在していたが、この時点では同床異夢の関係にあり、矛盾は戦後になって顕在化することになる。

一九四二年四月に開かれた米国IPRの理事会では理事の改選が行なわれ、新たな理事長にカリフォルニア大学学長であったロバート・G・スプロールが選ばれた。副理事長には、大学関係からウィルバーのほか、コロンビア大学公法学教授のジョセフ・P・チェンバレイン、ラドクリフ大学学長のエイダ・L・コムストックが選ばれ、実業界からは、スタンダード・ヴァキューム石油会社のフィロ・W・パーカーと国際ジェネラル・エレクトリック社副社長のウィリアム・R・ヘロッドが就任した。

また、米国IPRの事務局長には、フレデリック・V・フィールドの後任として、正式にウィリアム・W・ロックウッドが選ばれた。彼は、一九〇六年に上海で生まれ、一九二九年にハーヴァード大学で修士号を取得した後、ボードアン大学助教授を経て、一九三五年から米国IPRの研究事務を担当していた。『アメレジア』の編集委員会にも参加していたが、一九四三年には戦略局（OSS）の極東部調査分析課に転出したため、後任として、ソ連専門家で「IPR調査シリーズ」の中で『ソ連の極東政策』を執筆していたハリエット・L・ムーアが、事務局長代理を勤めた。さらに、一九四四年春からは、ハーヴァード大学の講師を経て、戦争中は連合国救済復興機関（UNRRA）に勤めていたレイモンド・デネットが、一九四五年まで事務局長代理になった。

このように、太平洋戦争の長期化につれて、多くのアジア専門家が政府や軍に動員されていったため、IPRは逆に事務局スタッフの不足に悩まされることになった。国際IPRの機関誌『パシフィック・アフェアーズ』の場合も、ラティモアが一九四二年に重慶から帰国後、戦時情報局（OWI）のサンフランシスコ事務所長として対日宣伝活動に従事していたため、編集長は国際事務局の事務総長であったカーターや、一九三三年以来国際研究委員会の幹事であったウィリアム・L・ホランドが兼務し、トーマス・ビッソンが補佐する形で埋め合わせていた。

この一九四二年の時点で選出された常任理事には、スプロール理事長、ロックウッド事務局長に加えて、実業界を代表するヘロッドやパーカーのほか、カーターやムーア、そして前事務局長のフィールドも選ばれていた。戦争中のフィールドは、米国共産党の機関紙『デイリー・ワーカー』の記者を勤めるなどいっそう旗幟を鮮明にしていたが、彼が引きつづきIPRへの高額寄付者であったことに加え、第二次大戦が米ソ提携をも含む反ファシズム大連合の下で遂行されていた状況では、米国IPRの中でも幅広い連合が維持されたのも不思議なことではなかった。

さらに、理事は、ボストン・シカゴ・ハワイ・ニューヨーク・北西太平洋・サンフランシスコ・南カリフォルニアの各地区ごとの代表と全国単位の代表から選出されたが、後者の中には、「満州事変」の調査にあたったリットン調査団の米国代表で、戦後には極東委員会の議長を勤めることになるフランク・R・マッコイ将軍や一九三〇年代の後半に太平洋艦隊司令官を勤めたハリー・E・ヤーネル提督の名前もみられた。

希少価値のアジア研究者

戦時下で欧米研究が抑圧された日本とは対照的に、戦時下の米国ではむしろ戦争遂行の必要性からも、敵国や解放地域を地域研究として包括的に分析しようとする新しい潮流が急速に成長した。とりわけ、非ヨーロッパ圏の研究に力が入れられたが、アジア研究はその中でも飛躍的に発達した分野であった。しかし、日米戦争が始まるまでは、アジア研究の講座を持つ大学はごくわずかであり、大学外のアジア研究者を含めても、開戦後に一挙に高まった政府や軍からの需要にすぐには対応しきれない状況であった。

たとえば、エドワード・カーターが、一九二八年にアメリカ学術団体評議会（ACLS）と米国IPRの後援を受けて、全米の大学における中国・日本関係のカリキュラムの実態調査を実施したが、その結果、当時、回答を寄せた全米の高等教育機関の中の六〇％以上が、東アジアに関する講義をわずか一つだけ置いているに過ぎなかった。また、ハーヴァードやコロンビア大学では中国研究の授業は比較的充実していたが、日本に関する授業は皆無であった。さらに、一年以上の日本語コースを開設していた大学は、ワシントン大学・カリフォルニア大学バークレー校・スタンフォード大学という西海岸の三校のみであった（ボートン、五五二〜五五三）。

元来、日本関係の講座の開設は、古くは一九〇六年にイェール大学で朝河貫一が日本史を教え始め、カリフォルニア大学では一九一一年にヨシ・S・クノが日本語および日本史の授業を始めた。また、スタンフォード大学では、一九二一年以来、渋沢栄一らの日本の財界人による寄付講座として日本史の講義が開設され、イチハシ・ヤマトが担当していた。さらに、一九二八年になると、ハーヴァード大学に燕京研究所が設置され、ロシア人の日本研究者セルジュ・エリセーエフが招請された結果、大学院レベルの日本史研究者の養成が活発化してゆく。たとえば、一九三二年からハーヴァード大学の夏期セミナーで日本語コースが開設され、日本史研究を志したばかりのヒュー・ボートンやエドウィン・O・ライシャワーが参加していた。また、一九三一年からコロンビア大学に日本研究センターが開設され、角田柳作が日本関係の講義を担当していた（ボートン、五四五〜五六一）。

このように、米国の大学における日本研究・教育への関心は、一九三〇年代初めまでには、中国に対するそれに比べると、ずっと遅れていたものの、かなりの高まりを見せ始めていた。しかし、それでも、一九三四年に高木八尺がＩＰＲの依頼で全米の日本研究者の実態調査を実施した段階では、「日本語を相当程度理解し、日本語の文献を利用して、日本研究を進めている」日本研究者は、全米でわずか一三人しかいなかったという（細谷、三四）。

つまり、本格的な日本研究者の養成という面ではまだまだ遅れをとっており、当時の米国における日本に関する教育は日系人やヨーロッパ人に多くを依存していたし、日本研究を志すアメリカ人が西ヨーロッパに留学することもしばしばであった。このような状況から脱却する上で、一九三三年からACLSがロックフェラー財団の寄付を基に始めた、中国と日本に関する研究を行なう博士号候補者に対する留学制度の発足は、大きな意味を持った。コロンビア大学のヒュー・ボートン、ハーヴァード大学のエドウィン・ライシャワー、ノース・ウェスタン大学のチャールズ・ファーズなどが、この制度によってオランダのライデン大学やパリ大学に留学し、さらに、一九三五年にそろって日本に留学してきたのはその先駆けであった。そして、この世代の研究者が、その後、米国における日本研究の第一世代を形成してゆくことになる（ボートン、五六三）。

開戦前の民間研究団体

このように、一九三〇年代の後半期は、米国の大学においてアジア研究者の養成がようやく始まった時期にあたっていたのであり、太平洋戦争の勃発で一挙に高まったアジアへの関心に対して、大学の研究者だけでは応えきれないのが実状であった。そのため、IPRとか、外交政策協会（FPA）、外交関係協議会（CFR）などの民間の研究団体の活動にも多くの期待が寄せられることになった。それらの民間団体は、元来、時事的問題に主たる関心を寄せていたため、なおさらであった。

ＣＦＲは、第一次大戦直後の米国において国際問題に関心のある金融・産業・教育・政界関係者の意見を交換し、政府や国際機関に影響を与えて行くことを目的として一九二一年に正式に発足していた。具体的な活動としては、雑誌『フォーリン・アフェアーズ』の刊行をはじめとして、国際問題に関連した資料集、専門書の刊行、内外の要人を招待しての講演会の開催、特定テーマに関する専門家会議の組織化などを行なってきた。初代の名誉会長には、ウォール街の弁護士で、セオドア・ローズヴェルト政権時の国務長官を勤めたエリュウ・ルートが就任し、会長にはニューヨークの弁護士のリンゼイ・ラッセルが、財務委員長にはギャランティー・トラスト銀行の会長であったアレクザンダー・ヘムフィルが就任するなど、実業界とそれとの関係の深い法曹界のトップ・エリートが主導する形で発足した（Shoup & Minter, 14〜15; 五百旗頭、上、一三〜一九）。

つまり、ＣＦＲは、第一次大戦の結果、米国が急速に世界経済における比重を高めながら、他方で、米国の議会が国際連盟への加入を拒否したことが示すように、国内世論が自国中心的な状態に留まっていることに危機感を抱いた実業界のエリートが中心になって始まった研究団体であった。その国際主義的志向性においてＩＰＲとも共通する面があったが、ＩＰＲが国際的研究団体に発展していったのに対して、ＣＦＲの場合は、あくまで米国の民間研究組織として米国の国益を追求する姿勢が強かった。この差は、ＩＰＲの場合、発足の主導性が宗教者や学者によって発揮されたのに対して、ＣＦＲの場合は、実業界のエリートによっていたことの帰結とも評価できるであろう。

国際問題に関心をもつもう一つの民間研究団体として外交政策協会が挙げられるが、この団体も第一次大戦直後に生まれた点では、CFRと共通している。しかし、この団体の場合は、外交問題に関する世論の啓発に主たる関心があり、討論資料用のパンフレットを多数刊行するなどして、草の根のレベルから国際問題への国民の関心を高めようとしてきた。それによって、外交政策の決定過程の民主化を計ろうと意図していたのであり、極めてリベラルな志向性の強い団体であった。この点は、少数の専門家、とりわけ、政治的、経済的に影響力のあるエリート間の意見交換を通じて政府の外交政策決定に実質的な影響を行使しようと意図していたCFRとは、対照的であった。また、IPRの場合は、国際問題一般ではなく、太平洋地域の問題に集中した上で、大衆の啓蒙と政策決定への影響力の行使の両面を意図していたと言えるだろう。

外交関係協議会のアジア研究グループ

CFRは、一九二三年以来、毎年重要なテーマ別に研究グループを発足させ、日米開戦までに延べ六三の研究グループが組織された中で一五が極東関係であった。一九四一〜四二年にはクラーク大学のジョージ・H・ブレイクスリーを議長として「日米間に真の平和の基礎は存在するか?」をテーマにグループが組織された。メンバー四一名の顔ぶれを見ると、大学教授が一七名で半分近くをしめ、ついで実業家七名、軍人五名、民間研究所五名、ジャーナリスト四名、元外交官などの政府関係者三名という構成であった(A-xii: CFR, Record, 1941-42: 五百旗頭、上、二〇一)。

実業家の中には、ジョン・D・ロックフェラー三世のほか、IPRの副理事長ともなる国際ジェネラル・エレクトリック社のウィリアム・ヘロッドやスタンダード・ヴァキューム石油会社のフィロ・パーカーも参加していた。軍関係者はいずれも退役者であったが、IPRの理事でもあったフランク・マッコイ将軍やハリー・ヤーネル提督のほか、海軍軍学校校長を勤め、退役後『ニューズ・ウィーク』に関係していたウィリアム・V・プラット提督なども加わっていた。政府関係では、当時、国務省の政治問題顧問であったスタンリー・K・ホーンベックが現職ながら時折顔を見せていた。また、「日本の侵略に加担しないアメリカ委員会」の中心人物で中国駐在外交官の経験も持つロジャー・グリーンも参加していた。ジャーナリストでは、『タイム』や『フォーチュン』の創始者であるヘンリー・ルースや『ニューヨーク・タイムズ』の中国特派員であったハレット・アベンドの顔が見られ、民間研究所の関係では、米国IPRから事務局長のロックウッドが参加し、CFRからは、エドガー・P・ディーンやパーシー・ビドウェルが加わっていた。

これらのメンバーの中で三分の二ほどの人々が、同時にIPRにも加わっていたが、とりわけ大学教授の場合は、ほとんどすべてがIPR会員であった。それは当時、アジア・太平洋地域に関心のある研究者のほとんどすべてが、IPRに糾合されていたことの反映であった。このグループで議長を勤めたブレイクスリーは、IPR創設時の中心人物であったし、議事録の作成などの補佐役をつとめたヒュー・ボートンも、博士論文では徳川時代の百姓一揆を研究しながら、I

ＰＲの研究員時代を通じて現状分析に関心を持ち、「ＩＰＲ調査シリーズ」から『一九三一年以来の日本』を刊行したことがきっかけとなって、ＣＦＲの極東研究グループにも招聘されることになった新進の日本史研究者であった。この二人は、後に国務省に移って、対日占領政策の立案に従事することになる。

「強い日本」の主張

ＣＦＲの極東研究グループの第一回会合は、日米開戦の約一ヵ月前の一一月三日に開催され、プリンストン大学で国際関係論を担当したことがあり、『ジョン・ヘイ伝』でピュリッツァー賞を受賞していたタイラー・デネットが報告した。彼は、一九〇八年にユニオン神学校卒業後、二度ほどアジアを旅行した結果、ウィルソン流の国際主義を実現するには、アジアの「後進民族」をキリスト教の精神によって啓蒙する必要性があると痛感し、『アジアにおける民主主義運動』（一九一八年）などを執筆していた。しかし、当時の米国の多くの知識人と同様、第一次大戦後には国際主義への失望を感じ、一九三〇年代には、米国が外国の紛争に介入することに強く反対する孤立主義的見解を抱くに至っていた（ボーグ、一八〇〜一九〇）。

そのような立場にたつデネットであったが故に、日米戦争の直前になっても、交渉による平和の確保を主張し、日本に万里の長城以北からの撤兵を求める代わりに、米国は「満州国」を承認し、日本に対する差別的経済措置を撤廃するように提案していた。そして、極東に地域的な安全保障制度を確立し、ヨーロッパ諸国の極東への介入を防ぐためには、「弱く、敗北した日本ではなく、強い日本を維持することが米国の利益となる」と主張した。彼のこのような主張の背景には、「強い日本」がないと、米国の極東への介入がおこり、米国の「帝国主義」化が不可避となるという判断があった。

このような孤立主義的立場と勢力均衡論に基づいて「強い日本」を主張する見解は、驚くべきことに、日米間に戦争が勃発した後にも、姿を消すことはなかった。開戦後、CFRの極東研究グループは、その研究テーマを「対日戦後処理の具体的争点」と修正していたが、一九四二年三月三日に開催された第四回研究会の席上、イェール大学の国際関係論の教授であったニコラス・J・スパイクマンは、「合衆国は西半球においては強力だが、アジアやヨーロッパとの関係では弱い」ので、戦後も「強い日本」を支持すべきとの立場から、戦後の日本に対して、台湾や琉球さらに委任統治領の領有は否認すべきだが、朝鮮や満州の領有は認めるべきと主張した（A-xii: CFR, Record, 1941-42, Minutes of the 1st and 4th Meetings; 五百旗頭、上、二〇三〜二〇六）。

戦前への復帰はありえず

これに対して、コロンビア大学教授で、中国に二年間滞在し、一九四〇年に「IPR調査シリーズ」から『極東平和の前提条件』を刊行していたナザニエル・ペッファーが真っ向から対立する報告を行なった。彼はまず、「連合国は日本の軍事力と産業中枢を破壊することから始めねばならない」とし、ついで、戦後の領土については、「日本をして大陸アジアから撤退させ、一八八四年以前の地位に復帰させるべきである」と主張した。彼は、当然、満州は中国に返還されるべきと考えたが、それは、「もし日本が強いままで、満州を領有し続ければ、華北を吸収し、さらに華南に浸透する過程を繰り返すだろう」と予想したからであった。ただし、ペッファーは、日本を永久に無力にしておくことはできないと考え、軍事力を破壊し、領土を縮小した後には、日本に経済復興とアジア市場に接近する機会を認めるべきであるとした。

このような正反対の報告を受けて始まった討論では、当然ながら「強い日本」論を支持する見解は少なかった。米国IPRの事務局長ロックウッドは、「米国空軍の潜在能力が北ないし南太平洋に確立されれば、アジアにおける米国の力はスパイクマン氏が描いた以上に大きくなる」との判断にたって、「現状への復帰はありえない」と主張した。また、ミシガン大学教授で、一九二九年にIPRから『アメリカの対中国投資』を出版していた中国経済の専門家、C・F・レーマーは、日本を完全に破壊することには賛成しないが、「太平洋の勢力均衡を維持するために、強い日本を残すという問題については、なんら問題解決の基礎とはならない」と主張した。このレーマーは、後に戦略局（OSS）の極東部長を経て、国務省の財政金融部に移り、対日経済政策の立案に影響を与えることになる。

つまり、「強い日本」論に反対する主張の中には、日本のアジア侵略に反対するためばかりではなく、戦後の太平洋における米国の影響力が飛躍的に増大するとの予想に基づいて、「強い日本」が不要となるとの見解も含まれていた。たとえば、CFRを代表してグループに参加していたエドガー・ディーンも、「空軍力という新しい要素は大陸内の孤立を不可能にする」と主張していた。また、スタンダード・ヴァキューム石油会社の副社長パーカーの場合は、「日本が勝利した場合には、外国企業がアジアで活動を継続する見込みはなくなり」、「強く、独立した中国の下でこそ外国企業は発展できる」との考えから、日本の軍事力の破壊が不可欠であると主張した。

このように、米国の参戦はアメリカ人のアジア観や安全保障観を大きく変えつつあった。太平洋地域における軍事的コミットメントの増大や戦後に世界大の貿易自由化の実現を求め始めた経済的国際主義の台頭は、孤立主義時代の勢力均衡論に基づく「強い日本」論を色あせたものにしていた。もっとも、後に極東へのソ連の進出との関連で新たな「強い日本」論が台頭してくるが、それは孤立主義時代の自己限定的な安全保障観とは全く異なるものであった。結局、議長のブレークスリーは、討論のまとめとして、軍事的に強大な日本は東洋の恒久平和には役立たないため、日本の軍事力は破壊されねばならないこと、ただし、日本に正常な経済生活を発展させる機会を与えるべきであるというのが、グループの多数意見である、というまとめを行なって、第四回の会合を締めくくった（A-xii: CFR, Record, 1941-42, Minute of the 4th Meeting, 五百旗頭、上、二〇七）。

日本の内政改革はすべきか?

つづいて一九四二年三月一七日の第五回の会合では、連合国が勝利し、米国が講和交渉で決定的な影響力を行使することになるとの前提にたって、日本軍や日本の内政の扱い、日本の海外領土の処理などが検討された。まず、ブレークスリー議長は、日本軍の扱いについて、将来の攻撃的行動ができなくなる程度に削減するか、または、ソ連や「軍国主義化した中国」に対する抑止のため比較的強い軍事力をのこすべきか、を尋ねた。これに対して、イェール大学のケネス・ラトレットの場合は、それは戦後の極東にどのような国際秩序が樹立されるかによるとして、もし、その海域において英米の海軍が支配的軍事力となる場合には、日本をソ連に対する防波堤としてあまり弱体にしない方がよいと主張した。しかし、多くの意見は日本の軍事力の急速な削減を主張したため、議長は、日本の全軍隊に対する思い切った制限が必要だが、最終的目的は樹立される国際秩序の性格による、という形でまとめた。

また、日本の内政改革について、ブレークスリーは、連合国の基本的原則に照らして連合国が日本の内政への干渉を正当化するのは困難であるが、同時に我々の目的の一つとしてヒトラー主義の打倒を掲げている点をどう考えるか、を問うた。これに対して、グリーンは、日本との以前の協定が絶えず破られてきたことを根拠として、連合国が日本の内政に干渉する十分な権利があると主張し、特に軍部の特権を剝奪するための統治形態上の変更が、必要であると述べた。ボートンもこれに賛成し、それは日本史上、前例のない憲法改正を意味すると指摘した。また、軍隊が削減されれば彼らの権威も失墜するだろうとの意見や、日本に対して公平な経済措置があたえられれば、自由主義勢力が復活し、軍部は自動的に権力を失うだろうという意見も出されていた。

つまり、なんらかの内政改革は必要だが、憲法改正まで必要か否かについてはここではまだ結論を出すには至っていなかった。

さらに、日本の海外領土の処理に関連して、中国については、戦後の中国が「自由で統一された国家」となることが一致して希望され、上海などの国際租界の返還についても合意されたが、満州の扱いについては引き続き対立が表面化した。大多数は中国への返還を支持したが、中には、満州を国際的保証の下で独立させる案が主張された。たとえば、ペンシルヴェニア大学の政治学助教授のウィリアム・P・マドックスの場合は、満州は元来、中国の一部ではなく、在満日本人の権益の保護も必要と主張したし、地峡汽船会社社長のジョン・マッカリフは、日本の投資や国際通商の保護のためにそれを主張した。さらに、この段階でもなお、満州を日本の手に残す案も主張された。たとえば、全国メリヤス製造業者協会会長のアール・コンスタンチンの場合は、日本人による満州の工業開発の実績を評価し、日本の領有のままの方が紛争が避けられるという判断であったし、元外交官のチャールズ・C・バッチェルダーの場合は、日本から満州を奪うのは困難であり、ナポレオン戦争後のフランスに対した如く、日本に対して寛大な講和を実現するため、日本に満州の領有を認めるべきだという意見であった。

満州の中国への返還に反対したこれらの見解の背後には、中国の治安維持能力への不信があり、それ故に、自らの権益の保護に関心を持つ実業家の場合には、満州の独立や日本領有の継続が肯定されたのであった。また朝鮮についても、即時独立論には懐疑的主張が多く、一時的に国際管理や自治領的地位におく案が主張され、グループとしては「現状では朝鮮には自治の能力がない」という判断を下していた。さらに、太平洋上の日本の委任統治領についても、戦後の国際機構による管理案も主張されたが、全部ないし一部を米国が直接領有するべきという主張も出されていた（A-xii: CFR, Record, 1941-42, Minute of the 5th Meeting; 五百旗頭、上、二〇八〜二一〇）。

戦後世界秩序の性格

四月七日に開催された最終会合では、戦後世界経済のあり方、植民地問題、極東における新国際秩序の問題が全般的に検討された。まず、ブレークスリー議長から大西洋憲章第四項でうたわれた通商と原料入手の機会均等原則の適用のあり方が問われたが、大部分のメンバーは戦後の極東においてもこの原理が適用されることに賛意を表した。たとえば、ヘロッドの場合、企業にとっても、差別が歪んだ状況を生み出し、通常の事業にも支障をきたすことを理由として、無差別原則があらゆる国家によって支持されるよう主張した。しかし、同時に、実施してゆく上での問題点もいくつか指摘された。たとえば、グリーンは、綿製品市場の場合、なんらかの規制措置がないと、日本が独占する恐れがあることを指摘したし、レーマーは、加盟国が主権の一部を放棄するようにならなければ、真の均等は実現できない、と主張した。また、クリーヴランド大学の助教授ブルックス・エメニーが、植民地問題が解決しない限り、経済問題も解決しないと主張したのに対して、グリーンやヘロッドは植民地にも均等原則を適用すべきと主張したが、レーマーからはその困難さが指摘されていた。

ついで、植民地問題の扱いが問題となったが、デネットは米国による委任統治領の領有が米国の帝国主義化につながる恐れを指摘した。また、ボートンは、シンガポールの陥落が植民地の住民に多大な心理的影響を与え、彼らは白人に対する態度を変え始め、自立をより強く求め始めていると示唆した。他方、プラット提督のように、委任統治領について最終的独立まで米国が監督するのが好ましいとする意見も出された。また、スパイクマンは、植民地の究極的独立を期待するが、急ぎ過ぎたり、無数の、小さな政治単位を作ったりしないように警告した。

このような討議に基づいて、議長のブレークスリーは、植民地問題が極めて困難な問題であること、また、植民地におけるかなりの程度の自治が望ましくもあり、また、避け難くもあること、さらに、この地域に対する国際管理の強化が必要であること、の三点をまとめとして締めくくった。このように、CFRの極東研究グループにおける植民地問題の討論では、全体として植民地住民の自治能力に対する消極的な評価が強く、何らかの国際管理を検討するなどして、即時独立には否定的な見解が支配的であった。

最後に、極東における戦後の国際秩序のあり方が検討されたが、デネットが提案した太平洋の地域的な政治機構の可能性をめぐって議論が白熱した。ホーンベックは、米国は西半球の中心に留まるべきとの前提から、極東の地域機構の場合、中心となりうる国が存在しないことを根拠に否定的見解を述べたが、デネットは、米国が太平洋、西半球、ヨーロッパの三地域の中心となりうると反論した。逆に、ペッファーは、米国がこのように広範囲な義務を帝国主義的にならずに実行できる程に強力かどうか疑問である、と指摘した。このような議論の末、ブレークスリー議長は、結論として、米国をパートナーとする太平洋地域のための地域的ないしグローバルな国際協力組織の原則は支持するが、現段階ではその具体的形態を決定することは困難である、とまとめた（A-xii: CFR, Record, 1941-42, Minute of the 6th Meeting)。

CFRとIPR

このように、日米開戦直前から直後の時期におけるCFRの極東研究グループの討議は、まだ戦後はおろか、終戦の見通しも不明確な時期における議論であったが故に、孤立主義的な勢力均衡論から戦後世界における米国のグローバルなヘゲモニーの主張にいたるまで様々な議論が提示され、過渡的様相を呈していた。対日政策についても、対日宥和的な「強い日本」論から親中的な対日懲罰論までのバリエーションが存在した。それでも、戦闘の激化を背景として、会議をおうごとに、孤立主義的見解や「強い日本」論が後退してゆき、そして、戦後世界において世界大の通商自由化を実現し、米国中心の国際機構を樹立しようとする、いわばリベラルなグローバリズムの立場が、研究者においても、実業家においても、主流となってゆく傾向を読みとることができるだろう。

その結果、対日政策においては、対日宥和的な「強い日本」論は後退し、日本の海外領土の奪取と非軍事化を不可欠とする主張が主流となっていった。ただし、日本の内政改革については、十分な検討は加えられなかったが、民主化を求める場合でも、穏健なものに止め、非軍事化が達成された後には、経済復興の均等な機会を与えるという穏健な改革論の立場が主流をなしていた。これは、後に見る米国IPRの中で影響力のあった、財閥解体や農地改革を含む徹底した改革論とは対照的であった。また、植民地問題の扱いについても、CFRでの議論は即時独立を無理とみなすもので、この点でも、米国IPRでの論議は、より植民地住民に同情的であった。

CFRと米国IPRの議論の間で、メンバーにかなりの重複がありながら、このような対照的な差異が見られた原因は、第一に、CFRの極東研究グループにおいては、米国IPRにおいて見られるようなアジアの民衆の解放を強く意識したラディカル派の影響が少なく、リベラル派と保守派が中心となっていたためであった。また、CFRは、米国IPRのような国際的研究団体の支部ではなく、米国のみの研究団体であり、しかも、米国政府の政策決定への影響力の行使を中心的使命としていた団体であったため、そこにおける議論には、米国自体の国家利益や企業利益が直接的に表明され易かったこともあったであろう。さらに、CFRの極東研究グループに参加していた研究者たちは、多くが米国IPRの会員でもあったが、国際政治学や国際関係論を専門とする研究者の方が多く、彼らは、アジアの各国ごとの地域研究者のように、その地域自体の過去や将来への関心よりも、権力政治とか、国際機構とかの国際的連関により多くの関心を持っていたという方法論的な差異も影響があったと言えるだろう。

2　アジア研究者の戦争協力

モン・トランブラン会議

太平洋戦争中でも、IPRは二度にわたり「太平洋会議」と呼ばれた国際会議を開催している。勿論、日本からの参加はなく、連合国側に属する国々のIPRが総結集し、当面の戦争遂行のあり方だけでなく、戦後の太平洋地域の将来構想をも精力的に検討した。

まず、一九四二年一二月にカナダのケベック州モン・トランブランで、「太平洋および極東における連合国の戦時・戦後協力」を統一テーマとして開かれた第八回国際会議には、一二ヵ国から約一四〇人余の参加者があった。当時、日本とまだ交戦状態にはなかったソ連が欠席したものの、米、英、中、加、豪、ニュージーランドの他、本国が枢軸国の占領下にあった仏、蘭、フィリッピンからも亡命政権系の参加者があった。また、初めてインドと自由タイからの参加者があったのに加え、日本の反対で一九二七年以来不参加となっていた朝鮮からも代表が出席し、文字通り、植民地からの代表も含めた太平洋会議となった。その他、オブザーヴァーが国際連盟やILO、カーネギー財団、ロックフェラー財団から派遣されていた。

表3は、参加者の国別・職業別構成を見たものであるが、参加者の半分もが外交官などの政府関係者によって占められていたことがわかる。これは、元来、非政府組織としての組織原則を掲

表 3　モン・トランブラン会議参加者の国別・職業別構成

	研究者		実業家	ジャーナリスト	政府関係者			議員	その他	合計
	大学教授	その他の研究者			外務官僚	軍人（元も含む）	その他の政府官吏			
オーストラリア				1	1				2	4
カナダ	4	2	2	1	4		2	2	1	18
中国	1	1	1	4	8	1			2	18
自由フランス	2				1		1			4
インド					1	1	5	1	2	10
朝鮮									1	1
蘭・蘭印		1	3		1	1	6		1	13
ニュージーランド					2				1	3
フィリピン							4			4
タイ							1		1	2
イギリス		4		1	4	1	4	2	4	20
アメリカ合衆国	5	7	2	1	4	2	10	1	2	34
合計	12	15	8	8	26	6	33	6	17	131
(%)	9	11	6	6	20	5	25	5	13	100
	20%				50%					

出典：Institute of Pacific Relations, *War and Peace in the Pacific: A Preliminary Report of the Eighth Conference*, New York, 1943, pp. 149〜161. より作成．ただし，各国の代表団数には書記（総数 29 名）も含む．

げてきたＩＰＲとしては、異例のことであるが、連合国の戦争遂行に協力するため、政府関係者でも、あくまで個人の資格に限って、その参加を許容したためであった。また、それまで大学などで太平洋地域の研究に従事してきたＩＰＲの会員たちが、大量に政府や軍、さらに、情報機関などに動員されていったため、彼らを除外して国際会議を開催することが難しかった事情もそこには作用していた。

官民混在の代表団

各国代表の主な顔ぶれを見ると、主催国カナダの場合は、カナダ銀行総裁のエドガー・ターを団長とし、外務次官補のH・L・キーンリーサイドも含まれており、書記としてまだ外交官になりたてのE・H・ノーマンが参加していた。イギリスの場合は、長くインド政庁のメンバーであったロード・ヘイリーが団長であったが、団員の中には、国会議員で、後に労働党政権の植民地相となるアーサー・クリーチ＝ジョーンズや、この当時はワシントンのイギリス大使館で極東問題を担当していたサー・ジョージ・サンソムのほか、情報省の極東責任者のサー・ジョン・プラットの名も見られた。

また、中国からは、ワシントン会議の中国代表を務めた施肇基を団長とする代表団が参加したが、大半は外交官であった。一五年ぶりに参加が認められた朝鮮からは、ニューヨーク大学の教授で、当時は合衆国政府の戦時経済委員会（Board of Economic Warfare）に勤めていたヤンヒル・クァンが唯一人参加していた。また、初参加のインドからは、インド政庁の商務担当であったサー・A・ラマスワミ・ムガリアールが団長となり、団員には、当時ビカネール州の副首相をしていたM・パニッカールなどが加わっていたが、当時イギリスへの抵抗姿勢を強めていた国民会議派の指導者の参加は得られなかった。

さらに、米国の場合は、コロンビア大学の教授で、当時IPR中央理事会の理事長をしていたフィリップ・ジェサップが団長となり、団員の中には、当時、蔣介石の政治顧問をしていたオーエン・ラティモアや米国IPRの常任理事であったフレデリック・フィールド、さらに、当時、戦略局の極東部門の責任者をしていたC・F・レーマーのほか、米国IPR理事であったフランク・マッコイ将軍やハリー・ヤーネル提督などの常連が参加していた。その他の政府関係者としては、中国問題担当の大統領補佐官をしていたロークリン・カリー、国務省からは、政治顧問のスタンレー・ホーンベックや当時国務長官の特別補佐官として戦後世界構想立案の中心的人物であったレオ・パスボルスキー、さらに、極東部長のマックスウェル・ハミルトンが参加していた(IPR, *War and Peace in the Pacific*, 154～161)。

このように、モン・トランブラン会議に出席した各国の代表の中には、各々の国の政府の中で極東・太平洋地域に関する実質的な政策立案を担っていた高官たちが多数見受けられた。それ故、彼らが個人の資格で参加していたといっても、そこでの討議は、戦中・戦後の長期政策に関する政府間の非公式な意見交換という性格も帯びざるをえず、後にみるように、その討議結果が各国政府の政策決定に与えた影響はより直接的であった。

とりわけ、この会議で扱われたテーマは、連合国の戦争遂行機構のあり方、戦後日本の領土・内政問題、大西洋憲章で言及された民族自決原則が太平洋地域に及ぼす影響、戦後の太平洋地域における地域的安全保障機構のあり方などのように、どれをとっても、太平洋戦争に参戦していた連合国間で意見調整を必要としていた重要事項であった。それだけに、各国政府が、具体的な政策決定の前提となるホットな情報をこの会議から入手することを期待したのも当然であった。また、IPRとしても、戦時下で国際会議を開催することが、物理的にも精神的にも様々な困難を伴っていたにも拘らず、各国間で重要な意見対立が予想されていた議題を意図的に取り上げることによって、太平洋戦線における連合国のブレーン・トラストとしての役割を積極的に果たしてゆこうとしていた。

しかも、その討議の進め方は、最初に四つの円卓会議にわかれて同一のテーマについて討論し、その結果を各円卓ごとに討論要旨の形で印刷し全員に配布する。その上で、つぎに五つの地域別に分けられた円卓会議が持たれ、同様に各円卓の討論要旨が配布された上で、最後に再びテーマ別の四つの円卓会議が持たれる、という入念なやり方がとられた。その上、円卓会議は非公開で、議事録にも発言者の名前を載せず、最終的に特定の決議も行なわないことにしたため、少人数で、かつ率直な意見の交換が保証されることになった。その結果、太平洋戦争下で行なわれた二度にわたる太平洋会議では、日本の戦後処理や植民地問題などをめぐって参加国間の重要な意見対立が率直に表明されることになったが、それは、連合国側の各国政府が戦後の太平洋・アジア地域に関する政策を決定してゆく上で、貴重な判断材料となった。

米国ＩＰＲの戦時活動

二度にわたる国際会議の開催以外にも、米国ＩＰＲは様々な形で米国政府の戦争遂行に影響を与えていた。雑誌や専門書の刊行、専門的研究会議の開催などの従来からの活動も、それ自体、間接的に貴重な情報を政府や軍に提供することになったが、より直接的には政府・軍への人材の派遣や、政府・軍からの委託研究の実施や教育プログラムへの協力を積極的に行なっていた。さらに、米国ＩＰＲが戦時中に特に力を入れた活動として、アジア・太平洋地域に関する大衆向けのパンフレットの刊行や中等教育におけるアジア・太平洋教育の強化をめざした活動があった。とにかく、第二次大戦を通じてアジア・太平洋戦線に何らかの形で関わったアメリカ人は延べにして四〇〇万にも達すると言われ、米国の歴史上、アメリカ人がこれほどアジア・太平洋地域を身近に感じたことは、かつてなかった。しかし、戦争の必要からアメリカ人のアジア・太平洋体験が増えるにつれて、従来はほとんど無関心であっただけに、アメリカ人のアジア・太平洋地域に対する知識や理解の圧倒的不足が痛感させられることになった。それだけに、米国ＩＰＲとしては、大衆的啓蒙活動にとくに努力を傾注することになった。

まず、政府や軍への直接的な協力の実例を挙げると、陸軍や海軍が民政要員の養成のために各大学に委託して開設した日本語研修コースや民政訓練コースへの講師派遣があった。たとえば、ＩＰＲの国際研究委員会の幹事をしていたウィリアム・ホランドはコロンビア大学の海軍軍政学校の講師を勤めたし、大戦末期から米国ＩＰＲの機関誌『ファー・イースタン・サーヴェイ』の編集長になったローレンス・サリスベリーはイェール大学に開設された民政訓練学校の講師となった。その他、ＩＰＲの研究員や事務局員であったＴ・Ａ・ビッソンやミリアム・ファーレーも講師を勤めた。これらは民政担当の将校向けの教育プログラムであったが、一般兵士向けの活動としては、米国ＩＰＲが発行した大衆向けのパンフレットを陸・海軍が大量に購入し、教育用に使用していた例が挙げられる（American Council, IPR, *Window on the Pacific*, 9〜10）。軍に対するこれらの協力の故に、米国ＩＰＲは大戦直後に海軍から協力への感謝の意味で勲章を授与されることになる。

米国ＩＰＲがもともと大衆向けのパンフレットの刊行を始めたのは、日中戦争の勃発を契機としており、日米戦争の開戦までに七種類を刊行したものの、発行部数はそれぞれ数百部程度で千部を越えるものはなかったという。それが日米開戦後には急速に部数が伸び、戦争中に十数種類が新たに刊行された結果、発行部数は全部で九七万部を越え、その内の七五万部が政府や軍によって購入され、太平洋戦線の兵士達に配布されたという。戦時中に刊行されたパンフレットの中には、『太平洋におけるアメリカの役割』とか『極東における合衆国の経済利害』などのほか、中国、フィリピンなどの国別の解説も含まれていたが、中でも大量に出回ったのは交戦相手である日本について書かれた『汝の敵―日本を知れ』であった。これは、ロンドンの『デイリー・スケッチ』紙の記者として日中戦争を取材したアンソニー・ジェンキンスが一九四三年に出したもので、戦時中の日本について、その領土、人口、経済、政治の各側面から概説したものであるが、日本の支配機構の特徴としては、天皇主権のもとで軍部と財閥による寡頭支配が行なわれている「独裁者なき独裁制」と説明していた（Jenkins, 15〜17）。

このような軍の教育活動に対する協力は、戦後に日本の占領などに従事することになる陸・海軍の将兵に、アジアに対するＩＰＲなりの認識を広めるという点では大きな意味をもったが、政府の対アジア政策の立案に対しては、それ程直接的な影響をもったわけではなかった。政策立案への影響という点では、むしろ既にみたIPRの国際会議の影響とともに、注目されるのは、米国IPRの首都ワシントン支部が一九四三年一一月以来設置されていたことであった。この支部の責任者には、当初はジョージ・ワシントン大学のウィリアム・ジョンストンが就任していたが、途中から一九四三年九月に国務次官を辞めたサムナー・ウェルズが担当したため、行政府との人的関係はいっそう密接なものとなった。このワシントン支部では、会員による一〇〇名前後の研究集会を三ヵ月に一度開催したほか、極東問題の専門家を中心とする二〇〜三〇名規模の非公開研究会を頻繁に開いていた。このようなチャネルは、米国IPRにとって政府側の政策立案者とアジア・太平洋地域の問題について意見を交換する貴重な場となったことは言うまでもない。

その他、米国IPRは、多面的にアジア・太平洋地域に対する関心を高めるよう努力していた。CBS放送から毎週流れていた「アジアへの照明」という番組の企画に協力したり、『汝の敵—日本を知れ』の映画製作にも協力した。さらに、初等・中等教育のレベルでは、歴史や地理の教科書の中でアジアの比重が極めて低いばかりか、「劣等」とか、「後進的」と位置づける記述が多いことを調査し、独自に副読本を刊行したり、教師向けのセミナーを開催するなどして、アジア・太平洋地域に対する関心を高めるよう努力していた。この副読本の中には、エレノア・ラティモアが書いた『中国—昨日と今日』なども含まれていたが、全体として、ウェブスター社と共同出版の形で刊行され、戦争中に総計一一〇万部も出版されたという（American Council, IPR, *Window on the Pacific*, 22〜26）。

このような多面的な活動を通じて、米国IPRは、スタッフや会員の多くが戦争に動員されていったという戦時の困難にも拘らず、大戦直後には会員は二〇〇〇名近くに増加し、財政も一九四二年には九万九〇〇〇ドル弱であったのが、一九四五年には、会員の増加のみならず、財団や企業からの寄付が急増した結果、二四万四〇〇〇ドルに増加した。

ホット・スプリングス会議

大戦末期の一九四五年一月六日から一七日まで、米国のヴァージニア州ホット・スプリングスで開催された第九回太平洋会議は、それまでIPRが主催した国際会議の中でも最も影響力の大きな会議の一つとなった。それは、既にヨーロッパ戦争の終結が時間の問題となり、連合国の各国政府側でも、対日戦の完遂とアジア・太平洋地域の戦後構想の立案が具体的関心事になりつつある状況で開催されたためであった。また、前年七月にはブレトン・ウッズ協定が調印され、一〇月にはダンバートン・オークス会議の合意に基づく国際連合案が発表され、戦後世界構想の基本的枠組みが明確になりつつあった時期でもあったため、それとの関連でアジア・太平洋地域の戦後構想をかなり具体的に検討しうる状況にもあったためであった。

この会議には、米、英、中、加、仏・仏印、蘭・蘭印、豪、ニュージーランド、フィリピン、朝鮮、タイ、インドの一二ヵ国から一五九名の代表が、また、ILO、国際連盟事務局、連合国救済復興機構、ロックフェラー財団からのオブザーヴァー（一一名）や事務局メンバーや同伴者

表4　ホット・スプリングス会議参加者の国別・職業別構成

	研究者		実業家	ジャーナリスト	政府関係者			議員	その他	合計
	大学教授	その他の研究者			外務官僚	軍人（元も含む）	その他の政府官吏			
オーストラリア	1			1	4				1	7
カナダ	4	3	1		5		2			15
中国	7	4	1	5	3		4		1	25
フランス	2	3	1	1	1	1	5		1	15
インド	2		1	1			1			5
朝鮮	1	1	1							3
蘭・蘭印		1	4		2	2	3		2	14
ニュージーランド	1				1					2
フィリピン	1						3			4
タイ					3					3
イギリス		2	5	2	3	3	4	2	1	22
アメリカ合衆国	8	20	4	1	3	3	3	1	1	44
合計	27	34	18	11	25	9	25	3	7	159
(%)	17	21	11	7	16	6	16	2	4	100
	38%				38%					

出典：Institute of Pacific Relations, *Security in the Pacific: A Preliminary Report of the Ninth Conference*, N. Y., 1945, pp. 149〜160. より作成.

も含めると、総勢二五〇名を越える大規模な会議となった。対日戦にまだ参加していなかったソ連は、前回同様、欠席したが、前回から出席したインドや自由タイは引きつづき代表を送ったし、朝鮮からも参加者があった。また、英・仏・蘭の代表団の中には東南アジアにおけるそれぞれの植民地出身者も含まれていた。つまり、全体としては、依然としていわゆる先進国中心の構成がみられたが、植民地出身者の比重も徐々に高まりつつあった。

表4は、参加者（各国IPRの事務局員も含む）の国別・職業別構成を見たものであるが、前回のモン・トランブラン会議に比べると、政府

関係者の比重は三八％と低下し、代わって研究者の比重が政府関係者と同程度にまで回復しているが、依然として官民混在の特徴がみられた。

参加者の主な顔ぶれを見ると、中国からは、元教育相の蔣夢麟を団長とし、団員には、太平洋会議の常連でもあった元駐米大使の胡適も含まれていた。主権を回復して間もないフランスからは、駐米大使のポール・E・ナジエールを団長とし、団員の中には、在仏のヴェトナム民族運動家であったタオ・キム・ハイやカンボジアの皇族の一員であったユーテヴォン・シソワース殿下も含まれていた。また、インド代表団は、国民会議派の指導者であるネルーの妹、V・L・パンディット夫人によって率いられており、前回と異なり、イギリスに対して自主性の強い代表団となっていた。さらに、朝鮮代表団の団長には、一九二一年の軍縮会議に参加したこともあるヘンリー・C・デヤンがなっていた。

カナダの場合は、トロント大学名誉教授のマルコム・ウォーレスを団長とし、団員の中には、当時外務次官の補佐官をしていたH・F・アンガスや当時は外務省の極東課にいたE・H・ノーマンの顔も見られた。また、イギリス代表団は、第一次大戦後の賠償会議のイギリス代表団にも加わっていたサー・アンドリュー・マックファジェンを団長とし、団員として労働党議員のクリーチ＝ジョーンズや当時も駐米大使館の極東問題担当であったサー・ジョージ・サンソムが加わっていた。

さらに、主催国である米国IPRの場合は、前回につづきフィリップ・ジェサップが団長とな

図6　第9回IPRホット・スプリングス会議の参加者

り、団員の中にはマッコイ将軍、ラティモア、フィールドなどの常連の顔が見られた。政府関係者としては、国務省からは中国課長のジョン・カーター・ヴィンセントや、当時特別政治局にいた黒人外交官として著名であったラルフ・バンチが参加し、軍関係からは、一九三九年から四二年まで極東艦隊の司令長官であったT・C・ハート提督や、当時陸軍省の民政部にいたダニエル・C・フェイ中佐の顔が見られた。また、連合国への軍需物資の援助を担当していた外国経済局（FEA）からは、局長補のフランク・コーやハーヴァード大学を休職して当時はFEAの解放地域部長をしていたルパート・エマーソンが参加していた。また、国際事務局からは、事務総長のカーターは勿論、国際研究委員会の幹事であったホランドのほか、T・A・ビッソンやアンドリュー・グラジダンツェフも加わっていたし、米国IPRの事務局からは、ドロシー・ボーグやミリアム・ファーレイが、また会議事務局には、ジョン・K・フェアバンクの顔も見られた。

このホット・スプリングス会議では、全体の統一テーマを「太平洋における安全保障」としたが、まず冒頭の部会で、前年の一九四四年における太平洋地域の戦況をどう見るかについて各国代表団から見解表明があった。その上で、テーマ別の円卓会議に入ったが、円卓会議のテーマとしては、第一に「日本の将来」、第二に「太平洋諸国の経済復興と発展」、第三に「文化および人種関係」、第四に「従属地域の将来」、そして最後の円卓として「集団安全保障」が取り上げられた。中でも、「日本の将来」についての円卓は、「従属地域の将来」の円卓と並んで、激しい議論をよんだが、とりわけ、天皇制や財閥、さらに、日本の再軍備阻止の方途をめぐっては、参加者の間で重大な見解の対立が表面化した。それらについては、次章で詳しく検討しよう (IPR, *Security in the Pacific*, 1945)。

戦時の官軍学協同

第二次大戦期は、米国史上でも稀にみるほど、学者が政府や軍に動員された時代であった。元来、米国の学者は、官界への参加にこだわらない傾向があったが、それは、学問の自由、さらには、個人の自由を必ずしも国家権力と対立的には把握しない傾向にあることとも関連していた。

たとえば、第二次大戦の末期に米国を訪問した哲学者のサルトルは、その印象をつぎのように指摘している。

「われわれにとっては、個人主義は、『社会にたいする、また特に国家にたいする個人の闘争』という昔ながらの古典的形態を保っている。アメリカではこんなのは問題にならない。まず国家は永いことひとつの管理にすぎなかった。数年前から、国家は別の役割を演じようとしているが、それでもアメリカ人の国家感情は変わらない。それは彼らの国家であり、彼らの国民の表現である。彼らは国家にたいして深い尊敬と、所有者の愛情とをいだいている。」（サルトル『アメリカ論』一五）。

つまり、フランス人は、国家と対立するものとして個人の自由を位置づけるのに対して、アメリカ人は国家との一体性の中で個人の自由を考える傾向がある、というのである。こうした違いが発生する遠因は、フランス人は旧体制を打倒して市民社会を樹立したのに対して、アメリカ人の場合は、イギリスの植民地支配に対する抵抗の中から市民社会を形成したため、個人の自由とナショナリズムが一体化されやすい傾向をもっていたことにもあるのであろう。

それ故、ヴェトナム戦争での「敗戦」を自覚するまで、アメリカの知識人は、概して政府や軍に協力することにさしたる抵抗感を示さなかったのであり、まして「反ファシズム」の聖戦と位置づけられた第二次大戦であってみれば、ごく少数の平和主義者を除いて、政府や軍に積極的に協力するのが当然と受けとめられたのであった。その最たる例は、マンハッタン・プロジェクトと通称される原爆開発に協力した核物理学者たちの場合であろうが、社会科学や人文科学の場合も、政策決定それ自体やそのための基礎となる外国研究、さらには、心理戦争のための宣伝・諜報活動などに協力していった。とりわけ、それまで関心が低かったアジア・太平洋地域の場合は、政府や軍内部には専門家が不足していたため、外部の研究者に依存する比重はいっそう高くなった。

米国政府の内部では欧州戦争の勃発以来、早くも戦後世界構想の検討が開始されていた。まず、一九四一年二月、国務省の内部に特別調査課が設置され、ハル国務長官の特別補佐官であったレオ・パスボルスキーを中心として戦後世界政策の検討が始まった。この特別調査課の中は政治部門と経済部門に区分され、さらに、前者の下では、国際機構・安全保障・地域問題に分けて検討が進められることになった。この地域問題の責任者にはコーネル大学のロシア専門家フィリップ・モズリーが就任した関係で、多くの地域研究専門家が招聘されることになった。もともとモズリーは、外交関係協議会（CFR）がやはり戦後政策の立案を意図して一九四〇年二月から発足させていた「戦争と平和の研究」プロジェクトの中の領土グループの幹事役を、ジョンズ・ホプキンス大学の学長であったアイゼイア・ボーマン委員長の下でつとめていた人物であった。この因縁で外部から招請された研究者には、CFRのこのプロジェクトに関係していた者が多かったという。

しかし、当初は、当然ながら、欧州戦争の戦後処理に関心を集中し、極東専門家のグループが確立するのは、日米開戦後に大統領と国務長官に対する最高諮問機関として戦後外交政策諮問委員会が設置されてからのことであった。ちなみに、この諮問委員会には、経済再建、経済政策、政治問題、領土問題、安全保障、国際機関などの分科会が置かれ、最も重要な分野となった領土分科会の責任者には、やはりCFRで類似の役割を果たしていたボーマンが就任した（秦、五、二六〜二七、五百旗頭、上、二三〜二六、一七九〜一八二）。

「日本派」対「中国派」？

国務省の特別調査課は、この諮問委員会の事務局的役割を担わされたため、調査分析機能の拡充が必要となり、一九四二年七月に地域別グループの編成が決定されたのを受けて、翌月、極東班の責任者にクラーク大学のジョージ・ブレイクスリーが招請され、その部下としてコロンビア大学のヒュー・ボートン、スタンフォード大学のジョン・W・マスランド、グルー駐日大使の秘書であったロバート・A・フィアリーなどが採用された。このブレイクスリーとボートンのコンビは、戦中から戦後初期に至るまで国務省にあって対日政策の立案に関与することになるが、既に見たように、CFRが設置していた極東研究グループの中で委員長と幹事という関係にあった。また、両者ともIPRとも深い関わりがあったが、特に、まだ新進の日本史研究者であったボートンの場合は、国務省への採用にあたってIPRの事務総長カーターが推薦人の一人になっていたし、戦後、国務省辞任後には、米国IPRの理事にも就任することになる。さらに、マスランドもＩＰＲの会員で、ホット・スプリングス会議には「戦後アメリカの太平洋政策におけるグループ利害」という調査報告を提出した（A‒vii: FBI, IPR File, 9‒1）。

その後、国務省内では、戦後政策の立案機能を強化するため、一九四三年一月に特別調査課を政治調査課と経済調査課に二分し、極東班は前者に属することになった。また、同年六月からは戦後政策に関する部局間地域委員会が組織されるようになり、極東地域委員会（ＦＥＡＣ）が、ブレイクスリーを議長とし、ボートンを幹事として一〇月に発足した。この委員会には極東局の職業外交官や経済部局のメンバーも参加し、以後、国務省サイドにおける対日戦後政策案の原型を作成する場となった。さらに、一九四四年一月には国務省の大幅な改組があり、政治調査課は特別政治局に昇格し、その中に置かれた領土研究課に従来の政治調査課の仕事がひきつがれた。同時に、長官・次官・次官補・局長レベルによる戦後計画委員会も設置され、国務省における戦後政策決定の機構が整備された。

ただし、大戦中の国務省では、周知のように、対日政策の位置づけをめぐり激しい論争があった。とりわけ、極東局の中では、長い中国駐在の経験を持つ外交官を中心として、戦後の東アジアに「強い中国」を建設し、日本に対しては徹底した改革を求めようとする、いわゆる「中国派」と、逆に、長い日本駐在の経験を持つ外交官を中心とする、対日宥和的な立場をとる、いわゆる「日本派」の対立があった。前者の代表がジョン・Ｃ・ヴィンセント（一九四四・一〜四五・九まで中国課長）であり、後者は、元駐日大使で、大戦中は国務長官特別補佐官（一九四二・四〜

四四・四)を経て、極東局長(一九四四・五～一二)、さらに国務次官(一九四四・一二～四五・八)に就任したジョセフ・C・グルーや大戦末期の極東局長(一九四四・一二～四五・九)であったジョセフ・バランタイン、さらに、極東局長の特別補佐官(一九四四・五～四五・八)であったユージン・H・ドゥーマンなどがいた。他方、経済部局の極東担当者には、ニューディール改革期には労働省に勤務し、大戦中には戦時生産局や戦略局日本課を経て一九四五年初めから国務省に移った「ニューディーラー」のエドウィン・マーティンやミシガン大学の中国経済担当教授から戦略局を経て、国務省の財政金融課に移ったC・F・レーマーなどの、対日徹底改革派が存在した。この「中国派」の外交官と経済部局の極東担当者の多くは、ヴィンセントやレーマーに見られるように、IPRとの関係が深い人々でもあった。

つまり、国務省の内部での対日戦後政策の立案過程をめぐっては、政策思想上、また人脈上、様々な見解の対立が見られたのであり、それを、主として職業外交官の間でのグループ対立であった「日本派」と「中国派」の対立として二元的に単純化することは不適当であろう。たとえば、対日宥和的であった「日本派」の職業外交官と、穏健なものにせよ、改革志向的であったボートンらの専門研究者とでは政策基調に差が見られたし、経済問題担当者の場合は、いっそう徹底した改革論者が多かった。それ故、職業外交官内部の二大対立を、改革志向の強い経済官僚や、ブレイクスリーやボートンらの大学教授出身の専門家の影響との関連の中で相対化する必要があるだろう。しかも、最終的な政策決定に至るまでには、国務省だけでなく、陸軍省や海軍省など他の省庁との意見調整も不可欠であったのであり、このレベルでは、後に見るように、対アジア政策全体のみならず、対ヨーロッパ政策との関連でも対日戦後政策は変容を余儀なくされたのであった。

陸・海軍の対日占領研究

日本に対する無条件降伏方式の適用が確定し、敗戦後の日本が連合国によって占領される構想が確定すると、占領の直接的担当者である軍部の対日政策研究が重要性を増していった。まず陸軍では、一九四二年五月にヴァージニア大学に陸軍軍政学校を新設した上、ハーヴァード大学などに民政訓練学校を開設し、さらに、カリフォルニア州モントレーに民政要員集合所(CASA)を設置して、占領にあたる民政要員の育成にあたっていた。海軍も、一九四二年八月にコロンビア大学などに軍政コースを開設していた。また、日本語の訓練を受けた将校は戦争の遂行上も必要であったこともあって、大戦終結までに、日本語訓練を受けた語学将校が、陸軍では約五〇〇〇人、海軍では約一二〇〇人養成されたという(秦、三二~三三、パッシン、一九一~一九二)。

他方、実際の占領政策の検討のために、海軍省では一九四三年一月に作戦部内に占領地域課を、陸軍省では同年三月にヒルドリング准将を責任者とする民政部を設置した。また統合参謀本部では、一九四四年七月に統合民政委員会を発足させていた。そして、ヨーロッパ戦争の終結の見通しが明確になってきた一九四四年一二月には、国務・陸・海三省間で占領政策などの調整を計るため、三省の次官補クラスによる国務・陸・海三省調整委員会（SWNCC）が発足した。この委員会には、国務省からジェームズ・C・ダン次官補が出て議長となり、陸軍省からはジョン・J・マックロイ次官補、海軍省からはアーテマス・L・ゲイツ次官補が出席したが、この委員会が対日占領政策における実際上の決定機関となった。また、この委員会の下部組織として極東小委員会（SFE）が翌年二月から動き始めるが、この小委員会には、国務省からは、ドゥーマン（議長）、ブレークスリー、ボートン、E・マーティン、ヴィンセントなどが参加し、陸軍省からは、ストロング少将、ヒルドリング准将、ブルックス少将、バブコック大佐、フェイ中佐などが、海軍からは、トレイン少将、セービン大佐、ペンス大佐などが出席していた（秦、三三、八〇〜八二、九五）。

このように、陸・海軍としては、占領政策の決定にあたって外交政策との調整が必要不可欠であったし、また、軍自体の内部に日本専門家が少なかったため、国務省から政策研究の提供をうけたり、政策決定を調整する必要があった。しかし、戦時中の米国政府内部で極東関係の基礎的情報の収集にあたっていたのは、国務省だけでなく、農務省にも、また、連合国への軍事援助を担当していた外国経済局（FEA）、さらに戦略局（OSS）や戦時情報局（OWI）などの諜報機関でも行なわれていたため、軍としてはこれらの機関からも基礎的情報の提供を受けることが多かった。たとえば、占領にあたっての手引書の作成については、陸軍省の民政部の依頼により、一九四三年一一月に民政研究編集委員会が発足したが、そこには陸・海軍省のほか、国務省、農務省、ＯＳＳ、ＦＥＡなどの代表が参加した（秦、三七〜三九）。

諜報機関の日本研究

米国における諜報機関が、陸・海軍内部の諜報部門とは別個に発足したのは、日米開戦に先立つこと五ヵ月前の一九四一年七月のことであった。それは、ビル・ドノヴァン大佐の積極的な提言に動かされたローズヴェルト大統領が、対外宣伝活動に限定した形で情報調整局（ＣＯＩ）の設立を承認したことに始まる。この情報調整局は、外国情報サーヴィスと調査分析部の二部門からなっていたが、後者の責任者にウィリアムズ大学学長のジェームズ・Ｐ・バックスター三世が就任した関係で、多くの研究者が動員されることになった。たとえば、ハーヴァード大学の歴史学部からは外交史家のウィリアム・Ｌ・ランガーや当時はまだ新進の中国研究者であったジョン・フェアバンクが参加し、極東担当の責任者にはミシガン大学のレーマー、日本担当にはポモナ大学のバートン・ファーズなどが参加した。その後、情報調整局は、一九四二年六月にいたって、外国情報サーヴィス部門を担当する戦時情報局（ＯＷＩ）と調査分析や諜報活動に従事する戦略局（ＯＳＳ）に分離された。ＯＷＩの責任者にはＣＢＳ放送のニューズ・キャスターであったエルマー・デーヴィスが就任し、ＯＳＳは統合参謀本部の指揮下に入る形で、ひきつづきドノヴァンが責任者となった。以後、ＯＷＩは「表」の宣伝活動を、ＯＳＳは「裏」の諜報活動をという分業関係が形成されてゆく（Smith, 68〜69, 120〜122, 141; Fairbank, 173〜174）。

ＯＷＩの中にも地域部門が設置され、その極東部門の責任者にはワシントン大学の中国専門家ジョージ・Ｅ・テイラーが就任し、その下にジョン・フェアバンクが担当した中国班、ハロルド・Ｍ・ヴァイナックが担当した日本班が置かれた。また、対日宣伝を担当していたサンフランシスコ事務所の責任者にはオーエン・ラティモアが就任した。このようにＯＷＩには多くのアジア専門家が参加したが、その中には米国ＩＰＲと深い関係にあった研究者も多かった。さらに、ＯＷＩの中には日本人の戦意を研究するプロジェクトが組織されたが、強制隔離された日系人の実態調査にも従事していた精神分析学者のアレクサンダー・Ｈ・レイトンがその責任者となり、文化人類学者のクライド・クラックホーン、ルース・ベネディクト、ジョン・Ｆ・エンブリーなどが参加していた。この調査活動の副産物としてベネディクトの『菊と刀』が生まれたのは、あまりにも有名な事実である（Fairbank, 289〜290）。

その他、諜報機関ではないが、戦時生産局（ＷＰＢ）、戦時経済委員会（ＢＥＷ）や外国経済局（ＦＥＡ）のような戦時中に臨時的に設置されていた行政機関における日本研究の役割も無視できない。それは、戦時経済委員会の議長がヘンリー・ウォーレス副大統領であったことが象徴するように、戦争の勃発によって統廃合されたニューディール期の改革関連機関から多くの改革派がこれらの機関に移動してきたため、これらの機関では戦時下でも改革的気風が強く残っていた。そのため、政府機関であっても、ラディカル派が関与しうる余地も残されており、ＦＥＡにおいてトーマス・ビッソンが日本の戦争経済の研究に従事していたのもそれ故であった。また、戦後に占領下の日本で進歩的な労働改革を推進することになるセオドア・コーエンも、FEAで日本の労働政策の研究に従事していた(コーエン、上、五〇～五三)。

このように戦時下の米国の政府機関には、反ファシズムのための挙国一致という雰囲気の下で、極めて多様な人々が関与していたのであり、その結果、対日占領政策の決定にあたっても、国務・陸・海の三省が中心的役割を果たしたものの、それ以外の政府機関も基礎的情報の提供という面で多くの影響を及ぼした。それ故、対日占領政策の決定過程を研究するにあたっては、このような多様なチャンネルのそれぞれが、どのような影響を及ぼしたかを具体的に検証してみる必要があろう。

3 幻の「太平洋憲章」

連合国の負い目

第二次世界大戦は、連合国による反ファシズムのための戦争として概括されることが多い。しかし、ヒットラーのドイツやムッソリーニのイタリアによる領土侵略に抵抗し、戦前の領土の回復を目指して戦っていたヨーロッパ戦線では、その規定がほぼそのまま妥当したものの、太平洋戦線では問題はそう単純ではなかった。何故なら、アジア・太平洋地域にはむしろ連合国側に属する英・仏・蘭諸国による植民地支配の現実が存在したため、単純な「戦前への復帰」という戦

図 7　日本政府による「大東亜共栄圏構想」の子供向けの宣伝パンフレットの表紙

争目的だけでは植民地状態におかれた諸民族の共感は得られるはずもなかったからである。また、米国の場合は、植民地フィリピンに早期の独立付与を約束していたものの、国内では日系人のみならず、中国人などのアジア系移民を排斥する風潮が厳存し、日米戦争の激化につれて、アジア人に対する人種偏見がいっそうひどくなる傾向さえみせていた。

つまり、太平洋戦線における連合国は、自らの側に植民地主義と人種主義という積年にわたる二つの傷を負っていたのであり、その克服策を示さずに、「日本軍国主義の打倒」という目標の提示だけでは、アジアの諸民族から十分な共感を得られるはずはなかった。しかも、日本側は、その点を突いて、「アジア人のためのアジア」とか、「大東亜共栄圏」とかの宣伝を意識的に強めていただけに、連合国側としても、それに対する何らかの対応を迫られていた。とりわけ、設立当初から排日移民法や中国の不平等条約問題を批判してきたＩＰＲとしては、当然こうした問題には敏感であり、開戦後の早い時期から、連合国側の戦争目的の中に植民地主義や人種主義の克服を明確にするよう強く求めてゆくことになった。

たとえば、国際ＩＰＲの国際研究委員会の幹事であったウィリアム・ホランドは、一九四二年一二月号の『パシフィック・アフェアーズ』に「太平洋における戦争目的と平和目的」という論文を寄せ、その中でこう主張していた。

「……太平洋戦争の、とりわけ、そのアジア戦線の意味と結果を、多くのアメリカ人やイギリス人は、悲劇的にも、なお理解していない。もっと悪いことに、より情報に恵まれているはずの彼らの指導者たちが時に誤った見解を流している。『我々はこの黄色い奴らを散々に打ちのめし始めた』といった（アメリカ政府高官による）軽率な発言は、この戦争が黄色人種に対する白色人種の戦争と仮定するような偏見の一例であり、また、中国兵への賞賛に水をさし、実際の作戦計画の場で中国を主要な同盟国として扱うのを拒否するような傲慢さの、赤裸々な例の一つに過ぎない。……

我々の恩きせがましい善意が邪魔して、我々は、日本が宣伝と軍隊を使って取り込もうとしている、アジアの諸民族の願望を根本的には理解してはいない。……我々は、深刻な幻滅に耐え、中国、日本、タイそしてフィリピンの現代における政治的発展の研究に、かつてなかった程、徹底的に献身しなければならないだろう。そうした後に、我々は、資本主義的民主主義の我々の特定のタイプが、圧倒的多数が貧困で、近代的工業が欠如し、農村は保守的で、文化的背景が我々のギリシャ・ローマ・キリスト教的伝統とは著しく異なる諸民族にとっての、最良ないし最も広汎に支持される統治形態ではないかも知れないことを自覚するだろう。」

ホランドはこう主張した上で、具体的には、中国における治外法権の放棄、アジア系移民や黒人を差別する法律や慣行の撤廃を提案した。ホランドが指摘したこのような問題は、同じ時期に開催されたＩＰＲのモン・トランブラン会議でも取り上げられ、とくに、英米両国の代表間で激しい論争が繰り広げられた。

大西洋憲章は太平洋には及ばないのか？

モン・トランブラン会議は、「太平洋および極東における連合国の戦時・戦後協力」を共通テーマとして開催されただけに、一九四一年八月に英米首脳間で合意され、日米開戦後にはソ連も含めた連合国共同宣言にも取り入れられた大西洋憲章の諸原則が、アジア・太平洋地域に及ぼす影響について議論が集中した。とりわけ、同憲章の第三項に規定された民族自決原則、すなわち、「英米両国は、あらゆる民族がその下で生きる統治形態を自ら選択する権利を尊重する。両国は、主権と自治を強制的に奪われた諸民族に対してそれらが回復されることを望む」との規定の適用範囲が問題となった。

この規定は、文字通りに読めば、英米両国首脳が、大戦後にアジアやアフリカの植民地にとっての長年の悲願であった独立を達成することを承認したものとして受けとめられた。周知のように、第一次大戦の終結過程では、ロシア革命政府が「平和に関する布告」の中で、民族自決権を無条件で承認したのに対して、ウィルソン大統領が発表した「一四ヵ条」では、民族自決原則はオーストリア・ハンガリー帝国支配下の諸民族にしか適用

図8　大西洋憲章の普遍性を強調する新聞マンガ

されず、実際のヴェルサイユ講和会議でも東欧諸国の独立が承認されただけに終わり、アジアや中東の諸民族は大きな失望を味わわされていた。それだけに、それから二〇年余が経過した第二次大戦時には、ようやく民族自決原則が連合国によって普遍的に承認されたとして、アジアやアフリカの従属民族がこれを歓迎し、それ故に、連合国の勝利に大きな期待を寄せることになったのは、当然であった。

しかし現実には、そう平坦な道は用意されてはいなかった。なぜなら、チャーチル英首相は、大西洋憲章調印後の英国下院での演説の中で、この第三項は「インド、ビルマやイギリス帝国のその他の部分」には適用されない、と表明し、その対象が、主としてフランスやポーランドなどナチス・ドイツの支配下に入る以前にすでに独立していた地域に限られるという解釈によってイギリス帝国の植民地を戦後もあくまで保持しつづける姿勢を示した。事実、老獪な政治家であるチャーチルは、ローズヴェルトとの交渉の席上、第三項の後半部分に米国案の中にはなかった「主権」という言葉を挿入することによって、そのような解釈を可能にする余地を残していた（木畑、七八〜八〇）。また、植民地を対象とする場合でも、枢軸諸国のそれにのみ適用するよう主張していった。つまり、チャーチルにとっての戦争目的は、ファシズム諸国によって踏みにじられた「戦前秩序」の再建にあり、英帝国の植民地についてもその例外ではないことが、はしなくも暴露されたわけだが、彼のこのような「戦前回帰」的姿勢はアジアの諸民族から強い反発を招いただけでなく、大戦後に新しい世界秩序の樹立を構想し始めていた米国からも強い批判が寄せられることになった。

イギリスは植民地を放棄しないのか？

翌一九四二年三月、中国立法院長の孫科は重慶での演説の中で、インド、仏印、朝鮮、フィリピンの独立を提唱し、アジアのリーダーとしての中国が、アジアの諸民族の解放に向けて積極的な姿勢をとることを表明した。また、米国ＩＰＲの理事でもあり、外交関係協議会の極東研究グループの一員でもあったヤーネル提督は、同じ頃、同グループの第五回会合の席に書簡を送り、「太平洋憲章」の締結を提唱した。ヤーネルが考えた憲章は、第一に、その基礎を当該民族大衆の福祉に置くこと、第二に、ビルマ、マレー、蘭領東インドの究極的独立をもたらすようなある種の委任統治制度を樹立すること、第三に、インドに対しては直ちに自治領の地位を付与すべきこと、の諸点からなっていた（A-xii: CFR, Record, 1941-42, Minute of the 5th Meeting; 五百旗頭、上、二〇八、二一八）。このヤーネルの太平洋憲章案は、即時独立ではなく、過渡期におけるある種の委任統治を容認するなど極めて漸進的な改革案であったが、それですら、大西洋憲章の適用範囲を枢軸諸国の占領地域や植民地に限定しようとするチャーチルの策謀に対する抵抗と考えられた。

さらに、一九四二年八月に入ると、インドでは即時独立を認めようとしないイギリスに対して国民会議派が不服従運動の開始を決議したため、ガンディーやネルーなどの指導者が続々逮捕される事態が発生した。インドにおけるこのような状況は、イギリス政府の大西洋憲章に対する解釈の問題性をいっそう明瞭なものにしたため、同年一二月に開催されたモン・トランブラン会議の席上では、イギリス代表団に質問が集中した。米国の代表は、大西洋憲章の諸原則とチャーチル首相の一連の発言との食い違いについて厳しく問いただした上で、「米国の世論は、米国の戦争目的と一致しないようないかなる国際的講和案も了承しないだろう」と釘をさした。

それに対して、イギリスの代表は、イギリスに対する非難は全く「根拠がなく」、「とりわけ近年の、イギリスの植民地行政における建設的な貢献について無知なものによるイギリス人の善意に対する攻撃」である、と反論した。中でも、団長のロード・ヘイリーは、長年のインド統治の経験に基づいて、「後進的諸民族」に「信託統治」の原則を適用する考えを披瀝した。その際、彼はアメリカ人を説得するために、ジョージア州とチェロキー族の間で争われた裁判で、連邦最高裁判所が連邦政府の役割を「被信託者」と規定した先例を持ち出した。そしてイギリスも、帝国主義的な動機などではなく、「植民地の諸民族に自治と自由を与える」ことを目指している、と強調した。つまり、イギリスの代表団は、あくまで即時独立は認めず、漸進的な自治拡大の立場に固執したわけであるが、それはイギリス政府の公的立場と大差はなかった。もともと、イギリス代表団は、その中に外交官も含まれていたものの、その場合でも、あくまで個人の資格で参加していたが、会議の模様は逐一、会議に出席していた情報省の極東担当者によって本国の植民地省に報告されていた (A-iii: Univ. of Hawaii, IPR Collection, B-81; Louis, 12~13)。

イギリス代表のこのような立場には、オランダや自由フランスという植民地保有国の代表が同調したものの、米国や中国をはじめとしてカナダやオーストラリアなどの英連邦諸国からも批判が出たため、モン・トランブラン会議は、IPRの国際会議史上、最も植民地問題での対立が先鋭化した場といわれ、論争は感情的な様相さえ呈したという。そのため、イギリス代表の側も、イギリス政府がなんらかの形で大西洋憲章に対する姿勢を明確にする新たな声明を発表する必要があると認めるにいたった。しかし、同時に、イギリスだけが問題にされることに強い不満を表明し、イギリス批判の中心であった米国側の問題点を突いて、逆襲する姿勢も示した。

米国は「孤立主義」と決別するのか?

その際、イギリス側が最も問題としたのは、米国が第一次大戦後のように「孤立主義」に復帰し、国際的責任を放棄するようなことが、第二次大戦後にも繰り返される恐れはないのか、という点であった。この不信にたいして米国の代表は、ローズヴェルト政権の外交政策への支持が広汎に存在することや、共和党の中にも一九四〇年の大統領選挙の候補者となったウェンデル・ウィルキーに代表されるような、「国際主義的」潮流が台頭していることを指摘して、不安を緩和させようとした。しかし、同時に、米国国内には「孤立主義」の動きや「もっと侵略的で、膨張主義的なナショナリズム」の動きもあり、確定的な見通しは述べられないという意見も出され、米国の世論を「国際主義」の方向に固めてゆくためにも、イギリス政府がアメリカ人の疑念を軽減するような何らかの措置をとるよう求めた。

このように、英米の代表間では相手側の責任を追及する論議がつづき、会議要旨のまとめ役は、それを、「イギリス帝国主義とアメリカ孤立主義の間の悪循環」と表現する程であった。しかし、議論の末、この悪循環を解く一つの方法として登場したのが、太平洋における地域的な国際機構の創設案であり、この機構がこの地域の政治的・経済的安定を保障するとともに、植民地地域の自治拡大を監督するというものであった。この地域的機構はかりに「太平洋評議会」と名づけられ、この地域に利害関係を持つすべての主権国家が参加し、国際的な安全保障機構の補助機関となるとともに、日本にたいする講和条約の締結や地域的警察力を保持して地域紛争の発生を防止することが、期待されていた。また、植民地地域の監視機能については、国際連盟の委任統治理事会よりも強力な権限を与え、植民地民族の代表にも参加権を認めた上で、できるだけ早期に自治が可能になるよう導く、と構想していた（A–iii: Univ. of Hawaii, IPR Collection, B-81）。

つまりこの案では、米国もこの「太平洋評議会」への参加を約束する代わりに、イギリスは自らの植民地に対する監督権限をこの評議会に認めるという形で、双方の妥協を求めるものであった。モン・トランブラン会議では、一応、このような形での歩み寄りが計られたが、このような地域的安全保障機構の構想については、日本の非軍事化や再侵略阻止の方途との関連で、大戦末期になると、いっそう具体的に検討されることになる。

人種主義の壁

モン・トランブラン会議でイギリス側が米国側に反撃したもう一つの問題は、米国における人種差別の問題であった。具体的には、アジア系移民に対する差別政策と日系人に対する戦時中の強制隔離政策がやり玉にあがったが、前者の場合は、米国だけでなく、カナダやオーストラリアも、後者の場合には、米国とともにカナダが批判を招いた。とりわけ、これらの人種差別については、日本が大々的に宣伝し、アジアの諸民族の間での連合国に対する不信感の原因になっていることが重視された。その結果、人種差別の撤廃には様々な困難が予想されるものの、戦後世界には人種差別が継続されてはならないという点では、会議参加者の間では原則的に合意された。

もちろん、米国ＩＰＲの中でも、早くからアジア系移民排斥法の撤廃の必要性は認識されていたし、戦時中の日系人の強制隔離についても、それを実施していなかったハワイのＩＰＲ支部を中心として疑問視する声があがっていた。その結果、モン・トランブラン会議に米国ＩＰＲが提出した報告書の中には、当時、カリフォルニア州政府の移民局長の立場にありながら、日系人の強制隔離に疑問を提起していたケアリー・マックウィリアムズが、隔離の決定から実施の過程を実証的に検討した「日本人の隔離―中間的報告」と題した論文も含まれていた。また、当時ハワイ大学の社会学部長であったアンドリュー・Ｗ・リンドが、ハワイでは日系人の強制隔離が行なわれなかった経緯を分析した論文「戦時下のハワイにおける日本人」も提出されていた。

当時のハワイには、約一六万人の日本人および日系人が居住していたが、日米開戦後、軍政がしかれたハワイでもこれらの人々を米本土に隔離すべきとの主張は出ていた。しかし、軍政長官は、日系人に限らず、軍の活動に直接関係のない居住者にたいして本土への自発的な退避を勧告したものの、日系人だけを強制的に隔離する決定は下さなかった。その理由は、日本生まれの一世は、当時二二％弱にすぎず、市民権のある二五歳以上の日系人の場合には、その三分の二もが八年以上の米国学校の教育を受けているなど、ハワイ居住の日系人の同化がかなり進んでいたことによる、とリンドは説明している。と同時に、彼は、「『ハワイの人種間の慣行が、人種平等の慣行に基づいているか、基づく傾向にある』こと、人種平等に関するこの島の儀礼は、しばしば現地のアロハ精神と混同される程、大変根づよいため、正反対の態度を求めるような公的発言は、少なくとも、現在の戦争が勃発するまでは、ほとんどなかった」というハワイの独特な人種関係のありかたにも、その原因を求めた (A-iii: Univ. of Hawaii, IPR Collection, D 11-1)。

果たしてリンドが言うように、ハワイ社会の人種関係が真の人種平等の慣行に基づいて運営されていたと言えるかどうかは、それ自体論争の対象となろう。ハワイ出身の日系人歴史家であるロナルド・タカキによれば、ハワイの場合、米国本土の西海岸のように非白人農業労働者と仕事上競合する白人の自営農や労働者の比重が高くなく、むしろ白人プランターの影響力が強かったため、非白人労働者を低賃金労働力として雇用するためのある種の「人種的寛容」が支配的風潮となった、と言う (タカキ、二五)。しかし、いずれにせよ、このリンド論文は、ハワイ軍政府の情報部の了解を得て、ＩＰＲの国際会議に提出されており、「人種平等」の理念は戦時下でもハワイ社会の公的イデオロギーとして認知されていたと言えるだろう。事実、軍政府の民間防衛局にもうけられた公共戦意部の責任者には、ハワイにおけるIPRの創設以来の指導者の一人であったチャールズ・F・ルーミスが就任し、人種に関係なく、日系人も含めて、米国に忠誠を誓う市民を戦争協力のための委員会に組織していった（A-iii: Univ. of Hawaii, IPR Collection, D 11–12, 13)。

英米両政府間の折衝

モン・トランブラン会議において植民地問題をめぐって激しい論争が展開されたことは、新聞にも報道されたし、この会議に出席していた政府関係者を通じて英米両政府にも伝わることになった。元来、英米両政府の内部では、大西洋憲章の調印後に、民族自決原則の理解をめぐって両政府間に食い違いがあることが判明して以来、補完的な声明の必要性を認識し始めていたが、IPRの会議に参加したイギリス代表団からも、米国世論の反発を緩和するために、なんらかの声明の発表が不可欠との判断が寄せられ、起草が急がれることになった。

その結果、イギリス政府は一九四三年二月初め、「植民地に関する共同宣言」の草案を米国政府に手交するにいたった。この草案では、植民地が独立するまで「植民地の諸民族の社会、経済、政治的制度を指導し、発展させる」のは宗主国の義務であると明記されたが、独立の具体的な約束はなんら明示されていなかった。また、植民地の天然資源を商業目的だけでなく、植民地の住民や世界全体の利益のためにも開放することを約束して、戦後世界における資源利用の機会均等を主張していた米国に歩み寄る姿勢を示していた。さらに、宗主国以外の国をも含めた地域委員会の創設を提言していたが、それは監督権をもたぬ諮問的機能のものに限定されていた（Thorne, 223〜224）。

これに対して、米国政府側では、一九四二年の春ごろから大西洋憲章を補完する宣言の検討が始まり、国務省の内部では当初、この宣言案は「太平洋憲章」とか「世界憲章」とか通称されていた。しかしこれらの名称では、大西洋憲章の効力を制限することになるとして、正式には「民族独立に関する宣言」案として検討されていった。その立案の中心には、サムナー・ウェルズ国務次官や国務省における戦後世界構想立案の中心人物であったレオ・パスボルスキー、さらに長く極東部長の要職にあったホーンベックなどがいたが、特にウェルズ次官は、国務省内に設置された戦後対外関係諮問委員会の国際機構小委員会の責任者として、イギリスやオランダなどの連合国側の植民地をも含めて、最終的独立を前提としてある種の国際的な信託統治に組み入れることを、特に重視していた（Louis, 230〜231、入江、一〇六）。

他方、ハル国務長官は、この案では英・蘭・仏などの連合国との対立が不可避となる点を憂慮して、信託統治の対象を国際連盟の委任統治領と枢軸諸国の植民地に限定するように指示したため、一九四三年三月初めに完成した「民族独立に関する宣言」案では、信託統治制度の導入は明示されず、植民地保有国にたいして抽象的に、「段階的に自治を許容する措置を講ずる」とか、「完全独立を付与する期日を可能な限り早急に設定する」ことを求めるにとどまった。しかし、このような抽象的な宣言でさえ、イギリス側の了解が得られず、結局、植民地問題に関する英米の共同宣言の発表は、うやむやになってしまう。また、連合国の植民地の中で最後まで信託統治構想に組み入れられる可能性を残したのは、フランス領インドシナの場合であったが、それも、一九四四年に米国政府が、国務省のヨーロッパ局の主張に押されてドゴール政権を承認したころから後退し、翌年四月にその構想の最大の推進者であったローズヴェルト大統領が亡くなると、立ち消えとなっていった（宮里、八八〜九〇、一一九〜一二〇）。

つまり、英米両政府間では、大西洋憲章の民族自決原則が持っていた曖昧さを、内外の世論から厳しく批判され、補完的な共同宣言の発表を検討していた。その検討を急がせる上で、IPRのモン・トランブラン会議は重要な役割を果たしたが、より原則的な宣言案を提示する可能性のあった米国政府でさえ、結局、イギリスなどの連合国側の植民地宗主国の意向に遠慮して、それらの国々が保有する植民地の即時独立どころか、信託統治制度への編入さえ提案することを断念したのであった。単なる「戦前への復帰」ではなく、新しい戦後世界秩序の樹立を目指した米国でさえ、植民地問題に関しては、「南」への配慮より「北」への遠慮を優先したのであった。それ故、植民地問題の解決を極めて重視していた米国IPRとしては、一九四五年の一月に開催されたホット・スプリングス会議の場で改めてその必要性を提唱することになった。

ホット・スプリングス会議と植民地問題

ホット・スプリングス会議において検討された五つの円卓テーマの中で、「従属地域の将来」と題された植民地問題の討議は、「日本の将来」の円卓と並んで、激しい論争を呼び、総括の部会でも鞘《さや》あてが再燃するほどであった。円卓の討議では、まず個々の植民地の状況が検討された上で、戦後における植民地の地位をめぐって、前回のモン・トランブラン会議と同様、英・蘭・仏の植民地保有国と米・中などの間で厳しい論議がたたかわされた。米・中の代表は、口々に「彼らの同胞は、一般的に、植民地制度の長期的保持には反対しており、もし彼らが、戦後の国際機構の主要な機能が諸帝国の維持にあると知らせられるとしたら、彼らは失望するだろう」と明言した（IPR, *Security in the Pacific*, 91）。

それに対して、植民地保有国の代表は、一様に、「彼らの植民地の従属民が将来政治的に自立することは支持するが、多くの場合、長い歴史的発展の産物である責任を軽率に放棄することはできない。もしそうした場合、彼らの従属民を多大な危険にさらすだけでなく、世界全体の不安定性や不安を増大させかねない」と主張した。つまり、植民地保有国の代表は、ひきつづき従属民の「自治能力の欠如」を問題にしたわけであるが、この点に対しては、中国のメンバーが激しく反発した。彼らに言わせれば、「ある国が他の国の民族に自治能力がないと決めつける時にはいつでも、中国人の猜疑心が頭をもたげてくる。なぜなら、それは日本が長い間、中国に対して使ってきたきまり文句であるから」であった。また、別の中国メンバーは、第二次大戦を通じて植民地の諸民族の意識が大きく変化してきている点を強調して、「民主的体制の樹立を目指して国際機関を設立してゆく上で、急ぎすぎの行動に伴う危険は、遅れによる危険ほど大きくはない」と警告した（*Ibid.*, 91〜92）。

米国、中国そしてインドを加えた植民地批判の舌鋒は厳しく、ヨーロッパから初参加したあるメンバーは、そのあからさまな批判にショックを受けたと、率直な感想を述べた程であった。逆に、批判の集中砲火を浴びたイギリスの代表の一人は、総括部会の挨拶の中でも、問題を蒸し返し、相互の寛容と客観的な討議の姿勢がなければ、国際理解はありえないと不満を述べた。とりわけ、イギリスに対する理由なき攻撃として反発したのは、「いかなる民族も他の民族を支配できる程、道徳的に高尚ではない」というカナダ代表の発言とか、「アメリカ人はイギリス帝国を保存させるために、この戦争を戦っているのではない」といった発言に対してであった。彼に言わせれば、「イギリスは過去五千年の文明史の中で自ら解体を求める初めての帝国であった」、また、「イギリス帝国の中で自由の拡大を目指すあらゆる目覚めや願望はイギリスの教育やイギリスの伝統の直接的産物である」のに、そのイギリスを「略奪的で反動的な国家」視するのは許し難いというのであった（*Ibid*, 93, 131〜132）。

植民地支配を「後進民族に対する啓蒙」の名によって肯定しかねないこの種の主張は、植民地の民族からいっそうの反発を招くものであった。インド代表の一人は、やはり総括部会の折に、会議の中で「異文化間教育」の提案がされながら、それが十分深められなかった原因として、世界の一方がすべての文化を保有し、他は外からそれを得るだけという前提が依然として存在することを批判した。そして、「すべての民族が世界の文化に貢献しているという考えを明確に受け入れた場合にのみ、後進的エチオピアを文明化するのはファシズム・イタリアの責務であるとか、世界の多くの地域を文明化するのはイギリスの責務であるといった誤った観念を克服できるだろう」と主張した（*Ibid*, 129）。

ホット・スプリングス会議が開催された一九四五年一月という時点は、その三ヵ月後には国際連合の創立総会も予定され、戦後世界構想が単なる立案段階から実行段階に移りつつあった時点であっただけに、植民地の将来をめぐって白熱した討論がかわされたのも当然であったが、比較的リベラル派の多いＩＰＲのような場においても、植民地保有国の代表とそれ以外の国々、さらには植民地民族の代表との間の見解の差は、なお大きかった。

人種主義批判の動き

批判の矢面にたたされるたびにイギリス代表は、前回のモン・トランブラン会議の時と同様、人種問題を持ち出して、米国の代表に逆襲した。前回から引きつづき参加していた労働党の植民地問題の専門家、クリーチ＝ジョーンズは、従属地域の問題を検討した委員に対して、「米国本土にいる一五〇〇万人にものぼる従属民族」の問題、つまり米国の黒人問題を検討したのか、と質問した。しかも彼はこの質問を、意地悪にも、当時の国務省では全く例外的に存在した黒人官史であり、ホット・スプリングス会議では従属地域問題のまとめ役を担当していたラルフ・バンチに向けさえしたのであった。また、太平洋戦争が「人種戦争」的性格をもつとの主張は、インド代表団の団長であったパンディット夫人からも表明されたし、日本に対する戦後処理のあり方を論じた際にも、アジアからの参加者の中には、ことさら日本に対してだけ厳しい態度をとると、「極東において反西洋的感情」を強める恐れがあると警告する者さえあったという（Louis, 428～429; Thorne, 540)。

つまり、太平洋戦争それ自体が人種問題をぬきにしては語れなかった上に、植民地問題の処理をめぐる論争を通じて、米国自体の人種問題があわせて問われるといった図式は、既に前回のモン・トランブラン会議の折にも顕在化していた。また、日米間の戦闘が熾烈をきわめ、双方の宣伝戦にも人種主義的トーンが強まるにつれて、戦時中の米国の情報機関に関与していた学者の間でも、連合国側が自ら人種主義を克服する道を明示しなければ、日本の宣伝に対抗できないという認識が強まっていた。たとえば、戦時情報局に関与していたルース・ベネディクトは、『人種―科学と政治』の改訂版（一九四三年刊）の序文の中で、第二次大戦にはあらゆる人種が関与しているため、米国の人種問題を自らの宣伝に利用している枢軸諸国の活動を無視できないと指摘した上で、もし非白人がこの戦争を「白人種の戦争」視するようになったら、連合国側に勝ち目はない、と警告した。また、近代国家は、その成立以来、自国民が「生物学的に優越している」との神話に縛られてきたが、より良い戦後世界を樹立するためには人種主義の克服が不可欠であると主張していた(Benedict, *Race*, 5〜11)。

元来、米国の研究者の間では、ナチス・ドイツによるユダヤ人排斥が激しくなり、多くのユダヤ人が亡命を余儀なくされ始めたころから、組織的に人種主義に反対する動きが起こっていた。たとえば、アメリカ人類学協会は一九三八年一二月の大会において、人種主義にはなんら学問的根拠はないとの声明を採択したし、心理学会や生物学会も同様の決議をしていた。しかし、日米開戦後になると、日系人の強制隔離などの人種主義的処置が米国自体でも実施され、戦闘の激化につれて、太平洋戦線では日本人に対してだけでなく、アジア人一般に対する偏見が強まる傾向さえ示した。それ故、米国自身が、連合国の中心的大国としての指導性を発揮するためには、自らの人種主義的体質にメスを入れざるを得なくなった。特に、四大国を構成した中国との関係改善の必要から、米国政府は一九四三年一月に、一九世紀以来の中国に対する治外法権を撤廃する条約に調印したし、同年末には米国の連邦議会が一九世紀末以来の中国人移民排斥法の廃止を決議し、中国人移民一世にも市民権の付与を認めるにいたった(Hutchinson, 264〜265)。

ホット・スプリングス会議でも、人種問題は独立した円卓のテーマとして取り上げられたが、その中では、日本による連合国側の人種差別批判に対抗するために、人種主義を否認する連合国の宣言を発表すべきことが確認された。また、連合国軍隊の大規模な移動に伴って、各地で異人種間の接触の機会が急増し、その結果、異人種間の紛争も激化しているため、大衆レベルから人種偏見を克服する教育が不可欠であること、さらに、そのような教育を実施するためにも、人種差別の社会病理学的研究や人種間の寛容を促進する教育・行政上の諸問題を研究することなどを柱とする「異文化関係論」の開発が必要であることが勧告された（IPR, *Security in the Pacific*, 69～79)。

新たな連合国共同宣言案の提唱

人種主義を否認する連合国の共同宣言の必要性については、ホット・スプリングス会議参加者の間で合意を形成することはさほど困難ではなかったが、植民地問題については容易に妥協点が見出されなかった。この時点の連合国の政府サイドでは、新たな発足が提案されていた国際連合の中に設置される信託統治制度の中には、連合国側の植民地は含まれず、その処理は宗主国に委ねられることが決まっていただけに、なおさらであった。しかし、対立を放置せず、なんらかの妥協点をさぐってきたＩＰＲの伝統を重視して、イギリス代表団の側から「国際的責任（Accountability)」原理の導入が提案された。この原理によれば、植民地の行政・立法権は宗主国に残されるが、国際機関に当該植民地の実態の調査権やその調査に基づき事態の改善を求める勧告権を認めるというものであった。

この歩み寄りに基づいて、共同宣言案を作成するための小委員会が組織され、この小委員会によってつぎの草案が提示された。

一、連合国は、「支配人種」が他の人種や民族を支配し、または、後見人として行動するに適した優越的性質を先天的に保持している、とするような理論を断固として拒否する。

一、連合国は、すべての民族が基本的に平等であることを宣言する。連合国は、その平等の利益をすべての民族が享受できるよう不断に努力するよう誓う。

一、連合国は、植民地や従属民族に対して、また、ある国の中で完全な社会的、経済的、政治的権利を享受していないすべての民族や集団に対して、普遍的な国際的責任があるという原則を宣言する。

一、連合国は、ダンバートン・オークス会議で採択された諸提案に規定された総会の全般的な責任の下に、地域的評議会を設立することを支持する。

つまりこの共同宣言案は、大西洋憲章に盛り込まれていなかった民族平等原則を明記するとともに、植民地問題や一国内の少数民族問題に対する国際的責任を確認し、さらに、新たな設立が検討されていた国連の中に、地域評議会の設置を提案したところに新しさがあった。それは、欧米の近代民主制が、たとえば植民地主義や黒人奴隷貿易を容認してきたことが象徴するように、その発足当初から持っていた民族主義的・人種主義的限界を乗り越え、「法の前の平等」という市民社会の基本的原理を、文字通り普遍的に適用しようとした画期的努力であった。その意味で、一九四八年に国連総会が採択した世界人権宣言を先取りした思想的営為とも評価できるであろう。また発足以来、異民族・異人種間の相互理解の促進に献身してきたＩＰＲならではの先取りとも言えるだろう。

しかし、植民地問題の解決という点に限った場合には、大西洋憲章が抽象的にせよ、民族自決の原則を明記していたのに比べると、植民地に対する「国際的責任」を謳っただけのこの宣言案は、むしろ後退であり、この宣言案が提案されたホット・スプリングス会議でも、この部分に対する批判が集中した。たとえば、この部分を「微温的」として批判する見解（カナダ）やより強い権限をもった国際機関の設置を明記すべきとの意見（米国）、さらに、特定の民族が条件を整えた場合に独立する可能性を明示せよとする主張（中国）などがそれであり、結局、「国際的責任」なる曖昧な表現で妥協を計ろうとしたイギリスのもくろみは失敗に終わり、宣言案全体が会議参加者の合意となるにはいたらなかった（A-iii: Univ. of Hawaii, IPR Collection, B 8-24）。

挫折した「民族平等宣言」案

このように、ホット・スプリングス会議における植民地問題をめぐる激しい討議の過程を見ても、連合国側の植民地保有国がいかに最後まで植民地の領有に固執していたか、が明らかになるであろう。ＩＰＲは、元来、太平洋地域に関係する植民地保有国、非保有国、そして植民地の代表を交えて、理性的な討議を通じて、この地域がかかえる問題の解決に役立とうとする所に、その存在意義を求めていたが、連合国側の植民地問題の解決に関する限り、その溝はきわめて深く、結局、その解決は、保有国と民族運動の間の現地における「力による解決」に委ねられることになる。インドシナ、マレー、インドネシアの各地で大戦後に民族独立戦争が発生するのはそれ故であった。つまりＩＰＲは、植民地問題の平和的解決という点でも、自らの限界を痛感せざるを得なかったのであった。しかも、ＩＰＲの内部で積極的に植民地問題を取り上げ、植民地保有国の反省をせまった中心人物の一人であった事務総長のエドワード・カーターは、この問題の取り上げ方にたいする英・仏・蘭などの植民地保有国の代表からの強い反発から、一九四六年に事務総長の辞任を余儀なくされるのであった（A-viii: Holland, IPR Memoirs, Activities, 1939–46, 14）。

カーターは、長期のインド滞在や幾度にもわたるアジア訪問を通じて、アジアの民衆の間にどれほど根強い独立願望があるかを理解していた人物であり、米国ＩＰＲの中では強い影響力を保持していたが、その彼が国際ＩＰＲの事務総長を辞任させられたことは、国際組織としてのＩＰＲの中で英・仏・蘭などの植民地保有国の代表を説得して、アジアの民衆の声を反映させることがいかにむずかしかったか、を物語っているとも言えるだろう。さらに、より思想史的な文脈で言えば、欧米人自身が、欧米の近代が生みだした民主主義の原理を、民族主義や人種主義の壁を乗り越えて自ら普遍化することがいかに困難であったか、をも示唆している。たとえば、日本の敗戦直後の一九四五年九月二日に発せられたヴェトナム民主共和国の独立宣言が、フランスや米国によって長い間否認されつづけたことがこのことを象徴している。この独立宣言の冒頭の部分はつぎのような書き出しで始まっている。

「すべての人間は平等に造られ、造物主によって一定の奪いがたい権利を付与され、そのなかに、生命、自由および幸福の追求が含まれる。」

この不滅の言葉は、一七七六年のアメリカ独立宣言からの引用である。この意味を広くとると、この文章はつぎのような意味になる。

「地上のすべての民族は平等に生まれている。各民族は生きる権利、幸福の権利、自由の権利を享受すべきである。」(『人権宣言集』三四五〜三四六)

このようにヴェトナムの独立宣言は、西洋近代が生み出した人権平等原理を、民族平等原理にまで高めることを高らかに主張していたのであるが、このような独立宣言が欧米によって認知されるまでに、ヴェトナム民族は、周知のように、最初はフランスとの、ついで米国との、通算三〇年にもわたる民族解放戦争を戦わねばならなかったのであった。

第3章　日本人は変わりうるのか？

1　戦時下の米国における日本人論争

「日本人の性格構造」に関するIPR会議

戦後の太平洋を「平和の海」とするには、連合国側の植民地主義や人種主義の清算より以前に、日本人が軍国主義と決別しうるか否かが問題となった。一九四四年六月にサイパン島の日本守備隊が全滅して以来、日本本土が直接、米空軍の爆撃にさらされるようになると、日本の敗色はいっそう濃厚となった。それとともに、米国においては日本に対する戦後構想の立案に拍車がかかっていったが、その際、問題の焦点となったのは、果たして日本人は変わりうるのか、という疑問であった。

既にみたように、戦時中の米国では、日本軍との戦闘が激化し、日本軍による非戦闘員の大量虐殺や米兵捕虜の虐待、さらには、投降を拒否して玉砕する日本兵や神風特攻隊などの報道が続々と米国本土にも入ってくるにつれて、「狂信的」とか「非人間的」とか「野蛮」とかの、日本人イメージが増幅されていった。その結果、世論調査でも、ドイツ人の場合には、ナチスとは異なる「良きドイツ人」の存在を認めながら、日本人の場合には、おしなべて「軍国主義的」で「変わりえない」とする認識が圧倒的であった。そこには、日米戦争の体験だけでなく、アジア人に対する積年の人種偏見も色濃く影を落としていた。

それだけに、対日心理作戦や対日戦後構想の立案に関与していた研究者たちにとっては、どれだけ人種偏見から自由になって、日本人の精神構造の特徴を正確に把握しうるかが、対日戦の早期勝利のためのみならず、戦後の日本占領の成功のためにも、不可欠となった。一九四四年一二月に、米国IPRの呼びかけにより四〇人もの指導的な人類学者、精神分析学者、社会学者、極東専門家が参加して、ニューヨークで二日間にわたって開催された「日本人の性格構造」に関するIPR会議は、まさにそのような意図で開かれた会合の一つであった。

この会議は、米国IPRが、米国政府内部で何らかの形で日本問題に関与していた専門家と、アジア研究者、さらには、「文化やパーソナリティ」問題の専門家の交流によって、対日戦の遂行や対日政策の立案に役立つ理論や情報を提供しようと意図して、組織されたものであった。しかも、参加した研究者の顔ぶれは実に豪華なもので、人類学の分野では、当時、戦時情報局で日本人の戦意分析に従事していたルース・ベネディクトのほか、イギリスの社会人類学者で、厳格な排便のしつけなどによる幼児期の人格形成から、日本人の性格の「特異性」を分析した論文を、大戦初期に発表して注目されたジェフリー・ゴーラー、さらにマーガレット・ミードも加わっていた。

精神分析学の分野では、強制隔離された日系人の調査に従事した後、戦時情報局でベネディクトらとともに、日本人の戦意分析に関わっていたアレクザンダー・レイトンが、また社会学からは、ハーヴァード大学の教授で、同大学に開設された軍政学校にも関与していたタルコット・パーソンズが参加していた。さらに、極東専門家としては、当時、米国IPRの事務局にいたドロシー・ボーグのほか、一九三五年に一年間日本に滞在し、その体験を基にその年の干支《えと》にちなんで『亥年』と題した旅行記を著わしていたヘレン・ミアーズや、大戦末期に『日本軍国主義―その原因と治療法―』を出版し、戦後は短期間、日本の占領にも関与することになるジョン・M・マキなどの顔も見られた。

しかし、テーマの性格からして、会議での討論を主導したのは、人類学者や精神分析学者であり、参加者の数でも、前者が七名、後者が一二名を数え、両者で会議参加者の過半を占めていた。また彼らの中には、一九四四年の春に開催された戦後ドイツ問題に関する一連の会議に出席していた研究者も含まれていたため、ドイツとの比較も問題となった。

会議では、本会議の開催に先立って、日本兵が遺した日記が回覧された上、タルコット・パーソンズ教授による「日本の文化パターン」や「日本の社会構造に関する概観」と題した講演がなされた。さらに、「チョコレートと兵隊」という日本映画が上映され、ハーヴァード大学の人類学教授で、戦前には宣教師として日本に長期間滞在したことのあるダグラス・ハーリングがコメントを加えるなどして、日本および日本人に関する基本的情報の共有をはかる努力がなされていた（A-i: Columbia Univ., IPR Collection, Box 92, 197)。

日本文化は「青年期的」？

会議はまず、精神分析学者によるある日本兵の日記の分析から始まった。まず、ローレンス・キュービー博士は、日記の著者が示した戦友に対する異常な愛着とか、死の恐怖の存在の否認を含め、自分に苦痛をもたらすあらゆる事柄を否認しようとする一貫した姿勢などを根拠として、この日本兵の精神状態の「未成熟さ」を指摘した。また、エルンスト・クリス博士の場合は、この日本兵が信奉しているイデオロギーに対する確信の度合が低いという印象を述べて、「確信なき同調性」という特徴は全く「青年期」の臨床的特徴であると主張した。

社会学者のパーソンズも、このクリス説に賛成して、つぎのように述べた。

「日本人が身につけている安全感や安定感は、文化的に規定された集団生活のパターンに適合しているか否かにかかっている。これは我が国の青年達の行動パターンである大勢順応主義（コンフォーミズム）に類似している。もし、このパターンの体系が崩れることにでもなると、行動の結末は混沌としたものになるだろう。」

つまり、クリスやパーソンズは、日本兵の日記を根拠として米国では青年層に限定された特徴であるとみなす「大勢順応主義」を日本人一般の特徴であると暗示したわけであるが、人類学者のミードは、もっと直截に、「米国では青年層に限定されるこの特徴が、日本では社会全体にゆきわたっている」と明言した。

このように、このIPR会議に参加した人類学者や精神分析学者の間では、日本文化が「未成熟な青年期的」特徴をもつという認識が多数を占めていたが、精神分析学者のアイヴス・ヘンドリックスの場合には、さらに、「国民的な性格の差は、人間の発展段階の差である」という断定に基づいて、日本文化が「後進的」な段階にあるという主張に飛躍していった。精神分析学者は、概して、幼・少年期のしつけのあり方がその民族の性格形成に及ぼす影響を重大視する傾向があったが、ヘンドリックスの場合は、日本人の子供が七歳まで放任されながら、それ以降、急に様々な義務や責任を課されることにより、大勢順応的になってゆく、と主張していた。

日本人の幼年期におけるしつけの特徴に関するヘンドリックスのこのような理解は、徹底した排便のしつけが日本人の攻撃的性格の源泉であると主張したイギリスの社会人類学者、ゴーラーの説とは対立するものであった。ゴーラーの場合は、幼児の早い時期に「括約筋のコントロール」を強制されることによって、日本人は「集団的な強迫観念」にとらわれるようになり、そのため日本人の「侵略的性格」が形成されたと主張していた。しかも、ゴーラーは、日本人のこのような国民性が容易に変わるものではないという判断から、天皇にたいする攻撃は、日本人の怒りをかえって駆り立てるだけであるとして、天皇批判の自制を主張していた。このようなゴーラーの主張は、大戦中にはかなりの影響力をもっていた（ダワー、一六三〜一六七）。

このように、その特徴づけは様々であったにせよ、幼・少年期のしつけのあり方から日本人の国民性を断定する、いわば幼・少年期の体験決定論的な方法が、当時の精神分析学者や人類学者の間に流布されていた。しかし、このような方法論では、むしろ日本人は容易に変わりえないという印象が強められることになったが、同じ精神分析学者でも、強制収容された日系人の具体的な生活実態を調査していたレイトンからは、異なるデータが提供されていた。

つまり、収容所の日系二世の場合、日本人よりも他のアメリカ人に類似しており、他のアメリカ人以上に集団的圧力に対して敏感であるため、米国の生活パターンにより完全に同調しようとする傾向にあるというのであった。元来、米国の市民権をもつ日系二世をも「ジャップはジャップだ」として、一括して強制隔離したこと自体が、戦時下の人種主義的ヒステリーの為せる業であったことを考えれば、レイトンのこの主張は、当然の事実を指摘したに過ぎない。しかし、戦時下で日本人に対する人種偏見が圧倒していた米国社会の中にあって、この主張は、日系人ないしは日本人も環境いかんでは変わりうることを示唆するものであった。

また、人類学者の中でも、精神分析学的方法の絶対化に批判的な研究者も存在した。たとえば、クライド・クラックホーンは、後にゴーラー的な方法論を「歴史のスコット・ティッシュー的解釈」と揶揄し、国民性を幼・少年期の特徴だけで決定する接近法を批判することになった

(Kluckhohn, 200) し、ルース・ベネディクトもまた、精神分析学的手法の多用には批判的であった。彼女は、元来、ユダヤ人であった師フランツ・ボアズの影響を受け、生物学的な区別である人種の概念を文化的優劣の根拠とするような人種主義的な人類学の潮流を厳しく批判し、文化的寛容を重視する立場に立脚していた。そのため逆に、日本文化の独自性を尊重し、天皇制の扱いをも含めて、日本の伝統的文化の保存に寛大な姿勢をとることになる（ダワー、一五九〜一六〇）のだが、その点は後に詳しく検討しよう。

さらに、人類学者の中には、日本人の国民性をより歴史的な文脈との関連で理解しようとする研究者もあった。たとえば、長い滞日経験をもつハーリングは、パール・ハーバー攻撃に先立って日本がアメリカ人に対する憎悪をかきたてるキャンペーンをしてきたこと、また、日本が高度の警察国家であること、さらに、日本の家族や地域社会では個人主義は許されず、誰もが自分の行動が家族に及ぼす影響を憂慮して行動せざるをえないこと、などの点を日本人の集団志向や侵略性の根拠として指摘していた。また、ゴードン・ボールズの場合は、明治維新以来、日本は物質的側面では西洋文明を取り入れてきたが、政治・社会の面では封建主義的伝統が残存しているため、文化の二重性を内包しており、その結果発生する異文化間の衝突こそが戦争の原因であると主張した。

このように、日本人の国民性を分析する場合でも、主として精神分析学的方法に依拠して幼・少年期の体験に注目するアプローチと、文化多元主義の立場から日本の伝統文化の独自性を尊重しようとするアプローチ、さらには、歴史的な背景を重視するアプローチの間には、日本人の国民性の特徴のつけ方に大きな相違がみられた。

日本人の集団意識と天皇崇拝

ＩＰＲによる「日本人の性格構造会議」に参加した多くの研究者は、日本人の国民性の重要な特徴として強度の集団志向性を指摘していたわけであるが、当然ながら、この集団志向性の中で天皇がいかなる位置を占めているのかも、重要な関心事となった。

精神分析学者のトーマス・フレンチ博士は、日本人の場合、個人の失敗を国の恥とみなす傾向があると主張したが、それに対して、ベネディクトは、日本の政府が失政により交代を余儀なくされる場合、必ずその理由として「天皇の聖旨を実行できなかった」という根拠を掲げてきた点を指摘して、天皇と政府と国民の間に独特な関係が存在することに注意を促した。また、教育学者のハリー・Ａ・オーヴァーストリートは、このベネディクトの指摘を受けて、日本人の生活原理は、自然な因果関係に依拠するよりも、自己を超越した何物かに対する諦観に依拠していると分析した。

つまり、日本人の集団志向が天皇崇拝と一体化している点が重視されていたわけであるが、当時、日本軍国主義を専門的に研究していたジョン・マキは、「天皇の聖旨を安んじ奉る」のが日本人の義務であるというような精神自体が、帝国政府によって意図的に注入されたものであると主張した。それに対して、極東問題専門家のC・W・イーグルハートは、どんな危機の時代でも、非難は天皇にではなく、「天皇に誤った助言を行なっている助言者」に集中する傾向があることを指摘し、日本人にとって天皇は批判を超越した存在となっていると主張した。

このように、IPR会議での討論では、日本人の集団志向が天皇崇拝と一体化された権威主義的性格の濃いものであることが指摘されていたわけであるが、そのような日本人の精神構造が、同時に、外国人に対しては極めて排他的に現われるものであることも、ジョン・マキによって鋭く分析されていた。マキによれば、日本人には身内（in-group）とよそ者（out-group）とを峻別する傾向があり、そのような心情は江戸時代の鎖国に由来するもので、そこにおいてよそ者は「潜在的な敵」とみなされる。他方、身内の最小単位は家族から始まり、最大は日本民族までであり、その結果、異民族は「劣等な」よそ者として軽蔑されることになる、という。

すなわち、IPR会議では、集団主義、権威主義、そして排外主義が三位一体となった形の意識構造が、日本人をしてアジア・太平洋戦争に突入させる心理的・精神的原因となったという把握が提示されていたわけであるが、つぎの問題は、この三位一体の意識構造が日本の敗戦によってどれだけ変わりうるのか、に集中した。

まず、精神分析学者のフレンチは、敗戦によって日本人の性格構造には大きな亀裂が生じると予想しながらも、戦後の日本を国際社会に復帰させる際には、むしろ兄弟関係の観念を利用すべき、と主張した。つまりこれは、米国が日本に対して長兄のごとくふるまうことによって、日本人の伝統的な序列意識を利用して日本の戦後処理をスムースに実現しようという提言であった。ベネディクトもこれに同調し、日本は近代世界の技術を渇望しているので、連合国の勝利が発明や技術上の優位にあることを宣伝した上で、日本の無条件降伏と交換に、これらの技術情報を与える姿勢を示すよう提案した。

これに対して、マーガレット・ミードは、米国の側には日本人が持っているような兄弟観念が欠如しているとして難色をしめしたが、精神分析学者のバートラム・レウィンは、フィリピンや中南米における米国の経験から類似の観念を抽出できると反論した。また、政治学者のアーンスト・クリスは兄弟観念の利用に賛成しつつも、それを駆使するためには、戦時中の米国国内で宣伝されてきた日本人を「亜人間」視するイメージの訂正が必要となる、との注文をつけた。

脱権威主義の必要性

勿論、兄弟観念を戦後の日米関係に利用しようという提言に対して原理的な疑問を呈したものもあった。教育学者のオーヴァーストリートは、長兄的役割を果たすという考えは米国の思想には適さず、むしろあらゆる民族が正当な自由をもつという理念を流布すべきと主張した。また日本通の人類学者ハーリングは、一九三九年まで米国は日本にたいして長兄的役割を果たしてきたが、戦争は避けられなかったことを重視して、むしろ戦後には、日本人の権威主義的体質の利用ではなく、その克服が必要として、つぎのように語っていた。

「現在の日本は権威主義的社会であり、日本が民主主義的役割を果たすことよりも、共産主義のような全体主義的パターンに横滑りする方がずっと容易であろう。日本に非権威主義的家族が生まれるまでは、日本に民主主義は生まれない。」

ハーリングは、T・パーソンズらハーヴァード大学の軍政学校に関係した同僚と共に、米国IPRの援助を得て、大戦直後に『日本の展望』と題した論文集を出版したが、その中で敗戦後の日本に民主主義的革命が不可欠であることをより明確に述べていた。彼によれば、天皇の神格化と日本民族の優越性神話に凝り固まった皇道精神に対するイデオロギー上の勝利が達成されない限り、日本に対する軍事的勝利は無意味であり、「イデオロギー上の勝利とは、日本人が国家主義を超越して、共通の人間社会への統合を促進できるような思想や感情の新しい習慣の発展を意味する」と。勿論、彼は、民主主義思想を外から押しつけると、かえって逆効果になることを自覚していた。それ故、日本人自身による変革を助長するため、言論や思想の自由の保障、外国との文化交流の促進などを重視したが、同時に、日本人自身による変革がより徹底的なものとなった場合、その変革が平和的なものにとどまらない可能性も覚悟していた。たとえば、彼は、「多数の日本人があらゆる人間の価値に関する根本原理を受け入れ、普及するようになる時にのみ、日本人は皇道を清算するだろう。この過程は平和的なものではないかもしれない。それは、世界のいたる所で平和的ではなかったのだから」と語っている (Haring, 260~261, 273)。

また、ジョン・マキの場合は、日本の大勢順応的政治風土を解体するために共産主義者がもつ衝撃力を重視する発言を、IPR会議の場で行なった。つまり、「通常のパターンに同調しない日本人がいることを示すが故に、日本の共産主義者は重要である。これらの共産主義者は、日本人の生活の既成のパターンにとって危険な思想をもっている。もし、社会の適切な解体が進行すれば、共産主義者がこれらの思想の日本社会への注入に成功することは可能である」と。

このように、マキは、戦後の日本が戦前・戦中の体制と断絶したものとなることを重視していたが、終戦直前に刊行した『日本軍国主義』の中では、より明確にその断絶をもたらすカオス（混乱）の必要性を強調した。

「もし、日本人が彼らに現在の不幸な状態をもたらした体制を、最終的、かつ完全に拒否したいのであれば、日本にカオスが訪れねばならない。国内のカオスは日本人の罪滅ぼしの形態とならねばならない。それは、もし、日本が世界の諸民族の一員として適合できるような成熟を達成したいのであれば、日本が通過しなければならない政治的な成長過程となるであろう。」(Maki, 250)

つまり、IPR会議においては、戦後の日本処理にあたって日本の伝統的な精神風土を利用すべきか、それとも、その解体を促進すべきか、をめぐって鋭い対立が見られた。この対立の背後には、当然ながら、敗戦後の日本人がどれだけ伝統的な精神から解放されて、自ら変革の担い手となりうるか、の評価の差が底在していた。日本人の変革能力に対して悲観的な論者は、伝統的精神構造を利用した「上から」の占領改革論へ、楽観論者は伝統的精神構造の解体を促進するため、「下から」の変革を助長するような占領改革論へと傾斜することになった。ハーリングやマキは後者の、そして、ルース・ベネディクトは前者の代表であった。

図 9　ルース・ベネディクト

『菊と刀』の論理

今日なお日本文化論の古典としての位置を占め続けている『菊と刀—日本文化の型—』は、ルース・ベネディクトが、戦時情報局の外国戦意分析課の一員として日本人の戦意分析に従事していた時期の報告書を基礎として、一九四六年に出版したものであることは周知の事実である。しかも、ベネディクトは、戦時中に敵国を研究するという制約から、一度も日本での現地調査をする機会がなかったにも拘らず、日本文化に対する深い洞察をこの本の中で示しえた、という点においても、この本はしばしば驚異的成果として賞賛されてきた。文化人類学は、本来、現地調査を必須の研究手段とする学問であるが、ベネディクトは、現地調査ができない制約を、日本兵捕虜や在米日本人からの聞き取り、日本映画の鑑賞、さらには、戦前の日本で現地調査をした経験のある数少ない人類学者の一人であったジョン・エンブリーの仕事やE・H・ノーマンなどの歴史研究で補っていた。

ベネディクトが戦時情報局に「日本人の行動パターン」と題する報告書を提出したのは、日本の敗戦直前の一九四五年初夏であり、さらに、それが謄写印刷の形で外国戦意分析課の報告書第二五号としてまとめられたのは、終戦から一ヵ月後のことであった。この報告書では、主として、日本人の義務意識の特徴や自己修養のあり方が分析されており、明治維新以来の歴史分析や敗戦後の日本人の動向の部分を新たに書き下ろして『菊と刀』が出版されたことがわかる。

『菊と刀』の内容は、いまさら要約する必要がない位、有名であるが、戦時中の米国における文化人類学者の日本観の一類型を知る手がかりとして、また、日本人の性格構造に関するＩＰＲ会議におけるベネディクトの発言の背景を知るためにも、必要な範囲で主要な論点を紹介しておこう。

ベネディクトは、日本兵捕虜の証言などを手がかりに、日本文化の第一の特徴として、「階層制度に対する信仰と信頼」を挙げている。階層制度は、「性別と世代の区別と長子相続権とに立脚した」形で「家庭生活の根幹」になっており、「日本人は誰でもまず家庭の内部で階層制度の習慣を学び、そこで学んだことを経済生活や政治などのもっと広い領域に適用する」という。その上、日本の社会全体には、「下は賤民から上は天皇にいたるまで、まことに明確に規定された形で実現された封建時代の日本の階層制度」が「深い痕跡を残している」と主張している（ベネディクト、二九、六〇、六七、八二）。

しかも、このような階層秩序信仰は、対外関係にも適用され、日本人の世界認識を独特なものとしているという。たとえば、中国を「おくれた弟」のごとくみなし、その中国を引き上げて、日本を盟主とする「大東亜」における階層秩序の中に組み入れようとするような発想がそれである。しかも、「日本人の浮虜の中で、主戦論者的色彩の最も希薄な者たちでさえ、大陸ならびに西南太平洋における日本の目的を糾弾するようなことはめったになかった」という（同、二八～二九）。

さらにベネディクトは、第二の特徴として根づよい天皇崇拝の心情を挙げ、こう書いている。「浮虜は一人残らず天皇を誹謗することを拒んだ。連合軍に協力し、われわれのために日本向けの放送を引き受けてくれた者でさえそうであった。集められたおびただしい浮虜口述書全体の中で、穏やかな非難をも含めて、とにかく反天皇的と目されるものはわずか三通だけであった。」

しかも、「日本の浮虜たちははっきりと、皇室に捧げられる崇敬と軍国主義ならびに侵略的戦争政策とは切り離しうるものであると断言」する一方、天皇以外の戦争指導者に対しては厳しい批判が加えられていた、と指摘している（同、四〇～四二）。

日本文化をこのように特徴づけるベネディクトとしては、当然のこととして、日本人の天皇崇拝や階層秩序信仰を利用して、終戦を早め、占領を容易にする政策の採用が支持されることになった。それ故、日本の降伏が予想外にスムースに進行した原因も、天皇の命令による形がとられたためと評価し、「敗戦においてさえも、最高の掟は依然として『忠』であった」とみなした（同、一五四）。

つまり、ベネディクトは、日本人の精神構造の「変わらざる」側面により注目したわけであるが、他方、捕虜になった日本兵が進んで連合国に協力する傾向についても注目し、日本人が「機を見、変に応ずることに敏捷な現実主義」者であり、「極端に機会主義的な倫理をもつ国民」であるともみなしていた(同、五一、二〇二、三五八)。日本人が伝統墨守的であるとともに、機会主義的でもあるという、一見矛盾したこの説明を、ベネディクトは、有名な「恥の文化」という概念を導入して解決しようとした。すなわち、日本人の場合、西洋人のように「内面的な罪」の自覚に基づいて行動するのではなく、「外面的な強制力」としての「恥の文化」に基づいて行動するため、自らの「名誉」さえ保たれれば、態度変更をしても、それは「道徳的問題」を引き起こさないとみる。その結果、日本人は、外的な状況を自ら変革する革命的な道ではなく、新しい状況と伝統的な思想とを融合してゆく道を選択する傾向にあり、明治維新が「復古」と呼ばれたのもそれ故である、と主張している(同、一九九、二五七、三五〇)。

このように、ベネディクトは、日本人の伝統的精神構造に対して極めて「寛大」であったが、他方で、それがアメリカ人の文化とは著しく対立することも自覚していた。たとえば、日本人の階層秩序崇拝に関連して、「アメリカ人はくだらぬ階層的儀礼の枝葉末節に拘泥しない。彼らはそういう儀礼を他人に要求しないし、また他人に与えることもない。彼らはだれの恩義をも受けていないと言うことを好む」と述べていた。しかし、異文化に対する「寛容」を自らの信条とする文化相対主義者のベネディクトにとっては、米国流の基準を日本に押しつけることは厳に戒めるべきことであった。彼女はこう言っている。

「今日アメリカ人の中には日本人に自尊心を与えるためには、どうしてもアメリカ流の平等主義の原則を採用せしめなければならないと叫ぶ人がいるが、それは自民族中心主義(ethno-centrism)の誤謬を犯すものである。」(同、五六、一七四)

文化相対主義の落し穴

確かに、ベネディクトがここで提唱している文化相対主義の立場は、米国が第二次大戦を通じて資本主義世界の覇権国に上昇し、それに伴って多くのアメリカ人が大国主義的心情にとらわれていったことと対比すれば、米国思想史の文脈においては注目すべき、先駆的な貢献であった。しかし、その立場の日本に対する適用という点では、皮肉なことに、日本人の伝統的精神構造を「変わりえぬもの」と固定的に理解することになった。それは、ベネディクトの方法論が、日本の文化の「型(パターン)」の析出に関心を集中させ、それを歴史的変化の中に位置づけ直す姿勢を欠いていたためでもあった。

その点で、同じ人類学者でも、ジョン・エンブリーの方法は対照的であった。一九〇八年の生まれで、ベネディクトよりも二一歳も年下であるエンブリーは、ハワイ大学を卒業し、トロント大学で修士号を取った後、シカゴ大学で一九三七年に博士号を取得したが、その間、一九三五年の夏から一年余にわたって日本に滞在し、主として熊本県の須恵村に入って調査を行なっていた。

図10　ジョン・エンブリー

その成果は『須恵村―日本の一村落―』として一九三九年に出版されたが、これは戦前の日本について米国の人類学者が現地調査に基づいて書いた例外的な成果であり、ベネディクトも『菊と刀』の中で高く評価していた。また、戦争中には、シカゴ大学に開設された民政学校で教えたり、強制収容された日系人の調査にも関係していた。そのエンブリーは、大戦末期に『日本民族―ひとつの社会的検討―』と題した著作を出版したが、その中で、つぎのように述べている。

「徳川時代の日本人は二世紀以上にわたって国内的かつ対外的平和を維持していたが、日本文化の中の子育てとか、集団行動とか、家族制度といった側面は、日本の歴史の中の平和な局面でも、また侵略的な局面でも、多かれ少なかれ一定であった。近代の諸戦争の複雑な現象を説明するには、工業化とか、ヨーロッパによるアジアの植民地化といった様々な社会経済的原因に注目する必要がある。行動のパターン化は、特定の文化の下にある個人が個別の社会的文脈においてとるであろう行動を予測する上では助けになるが、それは、民族が戦争に突入したり、平和を維持したりする原因となったり、その理由を『説明』したりできるものではない。」(Embree, 235~236)。

つまりエンブリーは、個人の心理や行動のパターンから、その個人が属する民族全体の文化的特徴を推定する方法には懐疑的であり、ましてや、戦争の原因を個人の行動パターンから説明することなどできないことで、それは、もっと社会経済的分析によって解明すべきであると考えていた。それ故、エンブリーにあっては、歴史的分析と社会人類学的分析との結合が重視されることになった。

その上、敗戦によって日本社会が大きく変わることも不可避であると予想していた。つまり、「日本はその歴史上多くの内乱を経験してきた。最も最近のものは七〇年弱も前に起こっている。革命があろうとなかろうと、今後一〇年において日本の民族的構造は多くの根本的変化を経験するだろうと想定するのが安全である。これらの変化の中には女性や軍隊の新しい社会的役割ばかりでなく、天皇の新しい政治的役割も含まれるだろう」と。ここで興味深いことに、エンブリーは、ベネディクトと同じく、戦後にも天皇制が存続すると予想していたが、その原因の理解はベネディクトのように、日本人が根からの天皇崇拝論者であると考えるからではなくて、「日本が占領された際に、米国の軍政府将校が、法と秩序の維持の名の下に、天皇の地位に影響を与えるような革命を必ず抑えつけるだろう」と予想したからであった（*Ibid.*, 260〜261）。

このように、米国の人類学者の間でも、日本が侵略戦争を引き起こした文化的原因の捉え方や、敗戦が日本の文化に与える影響の現われ方については、対立する評価が存在した。その対立の背景には、人類学上の方法論的な差異も影響していたが、同時に利用した資料上の差異も重要であった。たとえば、エンブリーの場合、戦争前の日本の、しかも、小さな農村地帯で普通の日本人と生活をともにした経験が決定的であったであろう。それに対してベネディクトの場合は、現地調査が不可能な戦争中に敵国研究として日本を研究したため、利用しうる資料は日本兵捕虜や在米一世という当時の日本人の中でも最も「変わりにくい」部分の証言や日記などに限られていた。しかし、当時の日本人の中には、進んで日本軍に抵抗した人々も存在したのであり、そうした人々は、米国国内では、戦略局やベネディクトも関係していた戦時情報局の仕事にも関与していたが、皮肉なことに、ベネディクトはごく身近な事例にはあまり注意を払わなかった。

2　日本軍と戦った日本人

戦時下日系人社会の分極化

日米戦争の勃発は、当然のことながら、在米日本人や日系アメリカ人に大きな衝撃を与え、各人に苦悩に満ちた体験を強いた。特に、西海岸に居住していた一一万二〇〇〇人(その六割が二世だったが)もの日本人や日系人の場合には、山岳地帯の「転住キャンプ」に強制的に移住させられたため、被った物的・精神的打撃ははかり知れないものであった。彼らの中には、米国政府の人種差別的な処置に憤慨し、ますます親日的姿勢に傾斜していったグループもあった。とりわけ、米国生まれの二世の中でも、青少年時代を日本で過ごし、当時の軍国教育を受けて米国に戻った、いわゆる「帰米」グループにはそうした傾向が強かった。

他方、米国生まれで、米国育ちの日系二世の場合は、米国市民としての自らの権利を守るため、既に一九三〇年には全米日系市民協会の第一回大会を開催して活動していたが、日米開戦後に強行された強制収容に対しては、米国の市民としての権利の侵害として強く反発していた。そのため、マイク・マサオカなどの全米日系市民協会の指導者を中心として、自ら米軍に志願し、身をもって米国に対する忠誠を示すことによって、権利の回復をはかろうとする動きが出た。

このように、日米戦争の勃発は、在米日本人一世や日系二世社会の両極分化を不可避なものとした。とりわけ、米国政府が一九四三年一月に日系二世部隊の創設を発表し、それへの参加の意志を問うために、強制収容者に対して米国への忠誠を問うアンケートを実施したため、分裂は決定的となった。そのアンケートの中には、「アメリカ陸軍兵士として、実戦任務につく意志があるか？」とか、「アメリカ合衆国に無条件に忠誠を誓い、内外の軍隊の攻撃から合衆国を忠実に防衛する意志があるか？　また、日本の天皇や他の外国の政府や権力・組織に対していかなる忠誠や服従もけっして行なわないことを誓えるか？」という質問も含まれていた。一方で鉄条網に囲まれた生活を強制しながら、他方で米国への「忠誠」を問うような無神経なやり方には強い反発があり、両方の質問に否と応えた、いわゆる「ノー・ノー組」も多数でることになった。この「ノー・ノー組」はツールレーク収容所に集められたが、その数は、最終的には一万八〇〇〇人余に達した。そして、終戦後、他の収容者も含めて、約七二〇〇人位が日本に送還されたという（ウィルソン／ホソカワ、二四二～二五一、大谷、一四九～一五四、三六〇～三六二）。

他方、米国陸軍が一九四三年二月に創設した第四四二部隊は、ハワイ出身者二七〇〇人と米国本土から志願した約一五〇〇人で編成された。強制収容のなかったハワイからは、既にパール・ハーバー以前に徴兵されていた日系二世約一五〇〇人により第一〇〇歩兵独立大隊が組織されていた。この二部隊は主としてイタリアやフランスでナチス軍と果敢に戦い、解散するまで死者を六〇〇人も出すほどの多大の犠牲を払いながら、大統領殊勲部隊章を七個も獲得する程の目ざましい戦果をあげた。この戦果を通じて日系二世が、米国社会の人種偏見を打破し、米国市民としての権利を確立する手がかりを獲得していったことは、余りにも有名である。まさに、血で忠誠を購うことを強いられたのであった（ウィルソン／ホソカワ、二六二～二六六）。

また、太平洋戦線において日系二世や在米日本人たちは、その日本語能力を生かして、連合国翻訳通訳班（ATIS）や戦略局・戦時情報局などの情報機関で働くことになった。戦時中に日本語学校を卒業した日系二世は約六〇〇〇人で、ATISに所属したのは約四〇〇〇人であったといわれている（ウィルソン／ホソカワ、二六七～二七一）。

結局、日系二世の場合は、第二次大戦中を通じて、約三万三〇〇〇人位が軍務についたが、その半分位が米国本土出身者であったという。つまり、終戦後に日本への帰国を希望した約七〇〇〇人余の日系二世や在米日本人に比べて、米軍に志願した本土の二世の数だけでも倍近く存在したのであり、それだけを見ても、「ジャップはジャップだ」という論理が成り立たないことは、時とともに明らかになっていった。それは、二世の場合は米国生まれの米国市民であり、一世の場合も、人種差別的な帰化法の制約によって市民権を付与されなかったものの、多くが米国永住の意志を持っていたことを考えれば、当然のことであった。

虚像の日系人イメージ

このように、日系一世や二世の多数は、戦時の物理的・心理的圧力の下で、自発的にせよ、強いられたものにせよ、米国社会に同化する姿勢を強めていった。それにも拘らず、収容所の日系人を調査した人類学者や精神分析学者の多くは、日系人を「変わらざる日本人」の一典型として描いていたのであった。たとえば、人類学者で、後にデューク大学の名誉教授となるウェストン・ラベアの場合は、一九四三年五月から一ヵ月半ほどユタ州のトパーズ収容所のコミュニティ・アナリストとして日系人の調査に従事したが、その結果を終戦の月に発行された『精神医学』誌に発表した。その中で彼は、日本人の性格的特徴として秘密主義、感情抑制、独善性、狂信性、形式主義、強い猜疑心など一九にも及ぶ点を挙げた上で、日本人を「おそらく世界の民族学博物館の中で最も強迫的な人々であろう」と断定した。そして、このような「強迫神経症的」な特徴を持つ原因を、ジェフリー・ゴーラーと同様、幼児期における厳しい排便のしつけに求めた (La Barre, 326)。

また、ラベアは、他の多くの人類学者とは異なり、天皇制に対する公然たる批判を提唱した数少ない人類学者であったが、日本人の他の特徴として「集団的行動」を挙げた。だが、これは、戦時中に戦時転住局のコミュニティ・アナリスト部門の責任者をしていたジョン・エンブリーが一九四二年一〇月に「責任の分与」という題でまとめた報告書で、翌年の『応用人類学』誌に「日系アメリカ人の扱い」と題して発表された論文から借用したものであった。しかし、エンブリーの場合には、個人責任を避け集団的に責任をおう形態として好まれる満場一致の決定方式は、日本人の「文化的特色」とされたが、ラベアの場合は、それも「神経症」の現われの一つとされた（La Barre, 327; ダワー、一七七～一七八）。

このようなラベアの分析に対して、戦後世代に属する日系人の人類学者、ピーター・スズキは、ラベアが、当時の日系人が置かれた厳しい環境の影響を全く無視しているとして、強い批判を加えている。たとえば、山岳地帯の厳しい気象条件の下で、鉄条網で囲まれ、常時監視の眼が光っている収容所の中の、狭い空間に多数の人間が共同生活を強いられ、食糧や医療の不足からしばしば喧嘩が発生するような異常な生活状態の下で日系人が示した行動をもって、「日本人」の特徴の一般的傾向とした点がそれである（Suzuki, 33～46）。

スズキのこのような批判は、ラベアだけでなく、強制収容された日系人の調査から「日本人の性格構造」を解明しようとした他の人類学者や精神分析学者にもあてはまるものであった。彼らは、収容所への強制隔離という異常な条件下で示した日系人の行動を、不当に一般化しただけでなく、その多くがむしろ米国社会への同化志向を強めていた日系人を「日本人」視する矛盾に気がついていなかった。

戦う日系人像

さらに、日系一世や二世の中には、米国社会への同化姿勢を強めることによって、日本と戦うことの苦しさを克服しようとしたタイプだけでなく、日本との戦争をファシズムや軍国主義に対する民主主義擁護の戦争という形で積極的に位置づけることによって、民族主義的なディレンマを乗り越えようとしたタイプもあった。とりわけ、共産主義者などの左翼やキリスト教徒には後者のタイプが多々見られた。それは、彼らが、天皇崇拝の心情を思想的に乗り越えうる独自の世界観を持っていたためでもあった。

たとえば、戦前から藤井周而などによってロスアンジェルスで発行されていた左翼的新聞であった『同胞』は、日米開戦の直後に号外を発行し、「我々は、今や、軍部日本の完全な敗北のためにたたかわねばならぬ」、「軍部日本に対して民主主義アメリカの勝利のために！」と主張した。また藤井周而は、ローズヴェルト大統領に手紙を送り、反米分子の根絶への協力を約束すると共に、米国に忠誠な日系人への、公平で民主的な扱いを要望した（コイデ、上、二四五〜二四六）。

また、東部では、米国共産党系の日系人や日系人教会を中心として、開戦直後から「日系アメリカ人民主委員会」が組織されていたが、開戦と共に、日本の侵略を非難し、米国の防衛への全面的協力を決議していた。この委員会の顧問には、著名な日系人画家である国吉康雄やメソジスト教会の牧師、赤松三郎のほか、人種主義に反対する人類学者のフランツ・ボアズや作家のパール・バック、さらには、アルバート・アインシュタインの名前さえ見られた（石垣、二一三）。

日米親交と在米同胞の生活安定のために！

昭和十六年十二月七日

同胞

DOHO - SHA
P. O. Box 2845
Terminal Annex
Los Angeles, California

號外

軍部日本に對して
民主々義アメリカの
勝利のために！！

Defeat Militarist Japan!

COMMON PEOPLE OF JAPAN INNOCENT VICTIMS

Japan shamelessly attacks the United States . . .

Only Nisei Vernacular in the U.S.

No. 102

DOHO
For Equality, Peace and Progress

A Paper with Progressive Principles

(War Special No. 1)

DOHO TELEGRAPHS . . .

December 7, 1941

Why did they attack us now . . ?

図 11　日米開戦時の『同胞』号外

左翼的な人々を中心とするこのような運動は、米国社会一般のみならず、日系人社会においてもその影響は限られていたが、これらの運動の指導者の多くが、米国政府や軍の情報機関に積極的に参加していったため、彼らの影響は数以上のものとなった。たとえば、石垣綾子は、国吉康雄の紹介した戦略情報局で日本向けの反戦ビラの作成にあたったし、『同胞』編集長であった藤井周而は、芳賀武らと共に、戦略局のニューヨーク事務所において、対日諜報活動に従事することになった。また、戦略局のワシントン事務所には、コミンテルンの指令で一時『同胞』の編集にも関係し、収容所時代に共産党との関係は切れていたジョー・コイデ（本名、鵜飼信道）や戦前の日本でプロレタリア美術運動に関与したため米国に亡命し、戦争中には、日本軍国主義に抵抗した日本人を描いた絵本『新しい太陽』を出版して注目されていた八島太郎などがいた（石垣、二二六、宇佐美、二〇三〜二一〇）。

このように、戦時中の米国社会には積極的に日本の軍国主義やファシズムと戦おうとしていた在米日本人や日系二世が存在していた。しかも、彼らの一部は、ルース・ベネディクトらの研究者が関与していた戦時情報局や戦略局などの情報機関において日本側文書の翻訳や対日宣伝文書の作成にあたっていたのであるが、ルース・ベネディクトらが日本人の性格分析を行なうにあたっては、このようなごく身近にいた「戦う日本人」たちはその視野には入れられなかった。それは、情報機関に関与していた人類学者や精神分析学者が主として日本兵捕虜や収容所の日系人からの聞き取りなどに関心を払っていたためであった。しかし、日本兵の場合も、日本軍に抵抗した例が存在したのであるが、そのような事例も無視されていた。

日本軍に抵抗する日本兵

戦時中の米国では、「狂信的な日本兵」イメージが圧倒的で、それ故、対日戦の長期化は必至であると予想されていた。しかし、極めて断片的ながら、捕虜になってからの日本兵や日本人が

図 12　米軍占領下のサイパン島の日本人キャンプ

連合国に対して協力的に変身した例も各地から報告されていた。

たとえば、日本軍が敗退した後のサイパン島からは、従軍特派員の報告として、米軍占領下におかれた日本人が徐々に米軍に協力的になっていった様子が、パール・バックなどが中心となって発行していた『アジアと米州』誌の一九四五年一月号に掲載されていた。サイパン島では、日本兵捕虜とは別に、一万七〇〇〇人もの民間人が米軍によってキャンプに収容されていたが、その内一万二七〇〇人が沖縄出身者を中心とした日本人であり、一三〇〇人は朝鮮人、残りが現地人であった。日本人の収容者中七五〇〇人もが負傷者であり、治療を必要としたが、初めのうち、彼らは、米軍に拷問されあげ句には殺されると信じ込んで、米軍の病院には近づかなかった。しかし、実際に治療を受けられるとわかると、徐々に警戒心を解き、最後には、米軍の監督の下で農作業や漁業にも従事し、米軍の教育計画に従って体操や英語の勉強にも参加するようになったという。

つまり、日本の敗戦以前から、太平洋の各地では敗残の日本兵や日本人に対して占領統治の先行実験が実施されていたのであり、そこでは、「鬼畜米英」的な観念が体験を通じて除去されるにつれて、日本人は米軍に協力的になってゆくという傾向が発見されていた。さらに中国からは、捕虜となった日本兵の間から日本軍に抵抗する反戦活動に参加する者が出ているとの報告が送られてきていた。たとえば、国務省のジョン・K・エマーソンは、一九四四年六月に重慶を訪問し、鹿地亘らの反戦同盟と接触した後、つぎのような報告を国務長官宛におくっていた。

「日本人は、降伏よりも民族玉砕の決意を固めるような狂信的な民族として描かれてきた。……しかしながら、ひとたび日本政府が降伏に応じれば、国民の間に、現在日本兵の捕虜の間で起こっているような精神的変化が起こり得よう。ひとたび避け難い運命を自覚すれば、自殺への衝動は止むだろう。狂信的な心情は、我々が想像する以上にたやすく消え去り、〝仕方がない〟という気持ちが起こって、日本人は、日本兵の捕虜が現在本国を眺めているのと同じように、醒めた眼で、大東亜戦争中の日本を見るようになるかもしれない。彼らは、自分たちに、平和と自分たちが以前に享受したことがないような権利を与えてくれる新しい政府の樹立を妨害しなくなるであろう。我々の目的は、日本人の中にまだ残っている何ほどかの善意を引き出せるようなものであるべきである。我々は寛大である必要はない。しかし我々は、新しい日本が、国際社会の一員として迎えられるだろうと言うことはできよう。」(Emmerson, A View from Yenan, 4)

エマーソンは、さらに、同年一〇月、延安を訪問し、中国共産党軍の捕虜になっていた日本兵の再教育に従事していた岡野進(野坂参三)らの日本人民解放連盟についても詳しく調査するとともに、岡野から日本共産党の戦後構想を聞きとり、合わせてワシントンに報告した。こうしてエマーソンは国務省の中で「反戦日本兵」問題に関する第一人者となり、翌年一月にワシントンに帰任し、政府や軍の諸機関で「反戦日本兵」の実態を報告すると、多大の驚きをもって迎えられたという。彼の報告は、グルー国務次官やドゥーマンらが、日本に降伏を呼びかける文書の作成にのりだす上で重要な影響を与えた。また、四月には米本国に収容されていた日本兵捕虜に対する思想教育キャンプの設置が勧告され、六月初めには国務・陸・海三省の次官補クラスで構成された三省調整委員会(SWNCC)が在外日本人の反日本軍国主義活動を助長する計画を承認するにいたった。これを受けてエマーソンは、一九三二年以来米国に亡命していた大山郁夫と接触したり、戦略局や戦時情報局の活動に従事していた石垣綾子や藤井周而などとも連絡をとった(Emmerson, A View from Yenan, 4, 同『嵐の中の外交官』一八〇~二〇三、五百旗頭、下、一六五)。

しかし、現実には、在米日本兵捕虜の思想改造や在外日本人の反日本軍国主義活動の組織化を目指すこれらの計画が、その実効を見る前に終戦を迎えたわけだが、それでもこれらの計画は、米国政府や軍の高官に、わずかなりとも、「日本人が変わりうる」との印象を与えたという点で、対日占領政策の立案に無視しえない影響をもった。

3　太平洋問題調査会の戦後日本構想

ジョンストン報告書の作成

もとより、敗戦後の日本人が変わりうるか否かは、日本人自身の主体的問題であったが、同時に、敗戦後の日本が連合国によって占領されることになっていたため、それは連合国側、とりわけ米国側の対応にもかかっていた。それ故、米国がどのような対日占領政策を採用するかは、戦後の日本のあり方に重大な影響を及ぼすことが予想された。それだけに、対日占領政策の立案は米国の政府や軍部内だけでなく、ＩＰＲのような民間研究団体においても、早くから関心が持たれていた。

既に見たようにＩＰＲでは、一九四二年一二月にカナダのモン・トランブランで開催された第八回大会において、地域別の円卓討論の対象の一つとして日本が取り上げられたし、テーマ別討論の中心テーマとなった戦後の太平洋地域における安全保障問題の中でも、日本の戦後処理のあり方が問題となっていた。しかし、開戦後一年しかたっていなかったこの時点では日米戦争の終結方式を具体的に展望することは不可能であり、討論の重点は、当然のことながら、太平洋戦線における連合国間の戦争協力のあり方に置かれていた。むしろ、日本に対する戦後処理の具体的なあり方については、一九四五年一月に米国のホット・スプリングスで開催された第九回大会において集中的に検討された。このホット・スプリングス大会では、五つの中心テーマの一つとして「日本の将来」が取り上げられ、各国のIPRから事前に提出された報告書に基づいて、問題が多面的に検討された。しかも、このテーマに対する参加者の関心は高く、このテーマについてだけで四つもの円卓が設けられ、それぞれにおいてかなり激しい論争が展開された。

とりわけ米国IPRがこのテーマにかけた意気ごみには、並々ならぬものがあった。ホット・スプリングス大会の主要テーマは、一九四四年一月にニュージャージー州のアトランティック・シティで開催された中央理事会で決定されたが、以来、米国IPRは、「日本の将来」のテーマについて各地域支部で積極的に討論を組織しただけでなく、ワシントン支部の責任者であったジョージタウン大学教授のウィリアム・ジョンストンを中心に特別のプロジェクト・チームを発足させて、集団的に米国側の報告書を作成していった。

ジョンストン教授は、報告書の構成に対応させて一二項目に及ぶ問題点を列記し、全米の五〇もの大学の教授グループによって組織されていた「戦後国際問題大学委員会」などにアンケート調査を実施した上で、報告書をまとめていった。そのアンケート項目の中には、①敗戦に対する日本人の対応——革命はありうるか、②降伏と占領——占領の目的と原則、③非軍事化——領土問題と敗戦後の軍備問題、④動員解除――戦犯や軍国主義団体の扱い、⑤賠償と経済統制、⑥軍事統制の諸問題、⑦天皇制継続の是非、⑧政治改革の中心課題、⑨経済再建――財閥のあり方――帝国領土なき日本の生存は可能か、⑩社会再建――教育改革や婦人の位置、⑪日本の将来――連合国の対日政策と極東問題との関連、など極めて包括的な内容に及んでいた。そして、このアンケートに回答を寄せた大学教授グループの中には、ハーヴァード大学、ペンシルヴェニア大学、ワシントン大学、ニューヨーク大学、オーバリン大学などが含まれていた。

さらに、一時、国務省で対日戦後政策の立案に関係したことのあるジョン・マスランドは、ホット・スプリングス大会に提出する米国ＩＰＲの報告書の一環として「戦後米国の太平洋政策における グループ利害」をまとめた。それは、米国の経営者団体、労働組合、教会、大学などの諸団体に、戦後の米国の太平洋政策のあり方をアンケート調査した上でまとめたものであるが、その中でも、対日政策のあり方が問われていた。また、ハワイ支部でも断続的に「日本の将来」に関する円卓会議が組織されていた。

このように、ホット・スプリングス大会に米国ＩＰＲから提出されたジョンストン報告書は、単なる個人的な成果としてではなく、米国内の諸団体や米国ＩＰＲの地方支部の見解を集約したものとなった。また、イギリス側のＩＰＲ加盟組織である王立国際問題研究所（チャタム・ハウス）からは、「敗戦下の日本」と題する一〇〇頁を越える大部の報告書が提出されたが、それは、一〇人もの滞日経験者や日本問題専門家による共同研究の成果であった。

大会の「日本の将来」に関する円卓会議に提出された報告書は、この英米両国の報告書以外では、国際事務局から提出されたものとして、アンドリュー・グラジダンツェフによる「戦後日本の農業」と「日本における農業改革の諸問題」やT・A・ビッソンによる「日本における戦時統制の諸側面」、さらに、E・H・ノーマンによる「日本政治の封建的背景」があったが、いずれも、個別的なテーマをあつかったものであり、包括的な分析という点では英米両国から出された二報告書が双璧をなし、内容的にも、両者は対立する面が多かったため、大会の議論はこの両報告書をめぐって展開されることになった。

チャタム・ハウスの戦後日本構想

「敗戦下の日本」は、天皇制と憲法、軍隊、国家主義団体、官僚制と警察、日本のリベラル、外国への態度、宗教、日本人の性格に対する教育の影響、婦人、経済的概観、財政、人口問題、農民の重要性、結論の一四章からなり、日本史上初めての敗戦が国民生活に及ぼす影響を包括的に分析していた。そして、戦後日本への展望としては、天皇の権威を利用した形で、「官僚、財閥、『開明的』な政治家、『穏健な』将軍や提督、少数のリベラル」などが中心となった「上層中産層」主体の穏健な改革を提案していた。その改革には、天皇の立憲君主化、明治憲法の改正による軍部の政治的特権の剝奪や国会の予算権限の確立などが含まれていたが、天皇制の廃止や軍部それ自体の解体は全く考えられていなかった（A Chatham House Study Group, "Japan in Defeat",

94〜95)。

チャタム・ハウスの研究グループが、ここで天皇制を温存させた形での穏健な改革路線を提唱した根拠はいくつか考えられるが、その第一には、天皇制と軍国主義とは分断可能とのつぎのような判断があった。

「王権と軍国主義との結合に関して、それは、天皇が軍事的存在として確立された近代においてのみ見られるもので、国家元首が最高司令官になるという考え方は、日本の伝統というよりヨーロッパのそれである。それ故、この結合を断つことは困難ではないであろう。」(*Ibid*., 10)

第二には、日本人の精神構造が容易に変わらないとの判断が作用していた。たとえば、戦後日本の民主化の可能性については、こう書かれていた。

「日本人が彼らの窓を少なくとも部分的には民主主義的な装いで飾ることは大いにありうる。リベラルな分子は有用であり、また、利用されるであろう。彼らの影響は個人としてではなく、手段として行使されよう。これは、再度、必ずしも心の変化を意味するのではなく、装いの変化を意味するに過ぎないであろう。フロック・コートが軍服に取って変わるが、体は元のままであろう。」(*Ibid*., 35)

ただし、「日本人の集団的精神は、その集団の成員に彼らの指導者の考えを受け入れさせる結果を生む傾向がある」ので、指導者が「日本の解放の道は民主主義にある」と言えば、民衆はそれに従うであろう。しかし、「このような考えは民主主義とは正反対のもの」であるが、このような出発から民主主義が芽生えてゆく可能性もあるだろう、と見ていた（*Ibid.*, 35〜36）。つまり、チャタム・ハウスのグループが穏健な改革を提唱した基礎には、日本人が容易には「変わりえない」という悲観的な日本人観が底在していた。

それ故、ここからは、長期にわたる外国からの干渉なしには、日本の徹底した民主化や軍部の解体はありえない、との判断が生まれることになったが、イギリスにとって、それは望ましくない選択とされた。これが、彼らをして穏健な改革案を選択させた第三の理由となるが、それは多分、第二次大戦を通じて国力の低下が必至となったイギリスとしては、長期にわたる対外介入に対して慎重にならざるをえなかったためと推定できる。

また、「日本における真の民主主義は、知的自由と経済的安定という雰囲気の下で徐々に発達すると期待される」という原理的判断にも立脚していた。つまり、外国軍隊による長期にわたる占領下での徹底的改革案には、状況論的にも、原理的にも、イギリス・グループは反対であった（*Ibid.*, 95, 98）。

その上、彼らには、日本人がその事大主義的国民性の故に、戦後の外交政策を親西洋の方向に転換するとの予想があった。

「日本人は、国際社会から隔離された現実主義者であり、彼らの外交政策は、機会主義と物質的成功への尊敬によって導かれてきた。戦後の彼らの志向は、彼らが最も成功していると考える国か、ないしはその国の政策が敗戦の痛手から逃れる上で役立つと思われる国の保護をもとめるか、または、真似をすることになるだろう。彼らは、国際的な不一致の兆候を利用する機会を決して逃さないと予想する方が安全である。」(*Ibid.*, 100)

この親西洋的姿勢の中でも、親米的姿勢の強まりが予想されていたが、戦後の日本人は、「善行によって、日本がアメリカから寛大な処置や保護さえも得られるのでは、という希望と結びついた形で、アメリカに対して若干の妬みも含んだ憧憬の感情」(*Ibid.*, 42) を、広汎にもつようになると見ていた。

第四には、戦後の東アジアに関する彼らなりの情勢認識も影響していた。つまり、戦後の東アジアにおいては、ソ連の影響の高まりは必至と見た上で、徹底した改革を推進すると、日本人には従来から馴染んできた「権威主義的政府と計画経済」の習慣があるため、「日本的な共産主義」に傾斜する可能性があると予想し、それを恐れた面もあった (*Ibid.*, 95~96)。換言すれば、イギリスの反ソ戦略からも日本の「共産化」を阻止するため、日本の戦後改革を「穏健」なものにとどめる必要があるとの判断も影響していた、と言えるであろう。また報告書では、戦後の日本が一定の改革を経て、二、三〇年以内に再度アジアの大国となることを予想していたが、同時に、戦前の日本が、高度に発達した経済組織などを通じて植民地に対しても「物質的利益」を供与してきたことは「争いがたい」と評価していた (*Ibid.*, 12, 92~93)。つまり、日本の「帝国」的構造に対しても、その軍国主義的側面を除いて、寛大に評価する傾向があった。

このように、チャタム・ハウス・グループが穏健な日本改革案を提唱した背景には、日本人の、内における権威主義や外に対する事大主義といった精神構造が、容易に変わらないとの分析に基づいて、むしろそれを利用した形の改革の方が容易であるとの判断が存在した。その上、戦後の東アジアからイギリスが後退することが必至であった状況下において、対ソ戦略上も、高揚が予想されるアジアの民族運動への対抗上も、日本が、その軍国主義的側面を除いて、アジアの「大国」としての地位を保持するよう望んでいたという戦略的判断も、大いに作用していたとみることができるだろう。つまり、「敗戦下の日本」に見られた穏健な日本改革案は、悲観的な日本人観とイギリス本位の権力政治的な判断に裏打ちされたものであったが、このような日本理解は、当時のイギリスにおける日本問題の最大の権威であったジョージ・サンソムのそれと共通する所が多かった。

ジョージ・サンソムの日本改革案

周知のように、サンソムは、一九〇四年に語学研修生として駐日イギリス公使館に赴任して以来日米開戦の直前まで、三五年以上の長きにわたって日本に滞在したイギリスきっての知日派外交官であり、また一九三一年に『日本文化小史』を刊行して以来、優れた日本研究者としても知られていた。大戦中は、主としてワシントンのイギリス大使館にあって極東問題担当の公使を勤めていた。

大戦中のサンソムは、ＩＰＲの大会にも積極的に参加するようになり、一九四二年末に開かれたモン・トランブラン会議に出席し、「戦後の対日関係」と題する一六頁の小文を提出した。その中でサンソムは、敗戦によって、日本が海外領土を失い弱体化するのは必至であるとの考えから、それ以上に日本を絶望的にさせることは、アジアの繁栄や平和に反するとして、日本に対して国際社会への早期復帰を許すような「非懲罰的講和条件」を提案していた（Sansom, "Postwar Relations with Japan", 1947, 3〜4）。

それ故、当然ながら、日本の国内体制についても徹底した改革を求める姿勢は示さず、天皇の退位や、憲法改正、さらに国家神道の廃止でさえ「日本人の感情の自然な傾向」に逆らうものとしてその採用に反対を表明した。それは、サンソムに言わせれば、天皇制は「宗教的信念と類似した忠誠心の対象として日本人の生活の不可欠の一部分」をなしてきたし、国家神道も、「生命や社会に対する純粋に日本的な思考・感情様式の化身」であると考えたためであった。そして、サンソムは、このような「日本精神」を外から変革することは不可能であるとして、連合国ができることは、あらゆる政治潮流に思想の自由を認めて、日本人自身による自主的な変革を促すことであるとした（*Ibid.*, 12〜13）。

このようにサンソムは、日本人の精神構造は容易に変え難いとの認識をもっていたが、同時に、日本が戦争に突入したのは、日本だけの責任ではなく、近代の大国が一様にもつ膨張主義的傾向や西洋諸国の人種主義にも問題があったという形で、連合国側にも醒めた眼を向けていた。それは、知日派のサンソムならではの認識とも評価できるが、同時にそれは、彼が日本の帝国的発展を、近代以来の大国がたどった一般的傾向として肯定的に評価する面をもっていたためでもあった。たとえば、日本の朝鮮や台湾統治についてこう言っている。

「厳密に物質的な点に限って言えば、これらの植民地（朝鮮と台湾、引用者注）の行政に関する日本の実績はすぐれたもので、ある程度までは、恩恵的でさえあった。日本は、その生産能力を増加させ、通信や保健施設を発達させ、一般的には住民の生活水準を高めた。」

このような認識に基づいて、サンソムは、「実際的理由」からは、戦後の朝鮮や台湾に対する行政権限の一部を日本に残すことが望ましいが、中国やソ連がそれに反対するだろう、と予想していた（*Ibid*., 2）。戦後になると、サンソムは、一九四七年に開催されたＩＰＲの第一〇回大会に提出した「戦後の対日関係」の改訂版の中で、朝鮮や台湾の行政権の一部を戦後も日本に残すとしたこの提言は「非実際的」であった、と弁明することになるが、戦争中のサンソムは、先のチャタム・ハウス・グループの報告書の場合と同様、日本の伝統的精神構造に対してだけでなく、植民地支配に対しても、寛大な姿勢をみせていた。それは、第２章で見たように、ＩＰＲ大会へのイギリス代表が自らの植民地支配に固執していたことと同根の問題であった。

しかし、このように、戦後日本に対して穏健な改革を提唱していたサンソムではあったが、その程度の改革にせよ、その改革を誰が担いうるのかは、頭の痛い問題であった。何故なら、穏健な改革は「リベラル」と呼ばれる日本の穏健派によって担われることが期待されたが、開戦直前まで日本にいた彼は、この「リベラル」たちが、最終的には、軍国主義者に妥協していった経過を、まざまざと目撃していたからであった。

日米開戦に先立つ約半年前の『フォーリン・アフェアーズ』に発表した「日本のリベラリズム」と題した論文の中でサンソムは、「軍部」支配を転覆できる程に有力な「リベラル」勢力が日本に存在するという見方を肯定するような根拠は、「過去の日本史上ほとんど存在しない」と主張し、日本のリベラリズムは「西洋諸国ではとっくに時代遅れになっているタイプ」のそれであり、また、「日本の伝統的な思考様式とは調和しない借り物である」と主張していた。そして、軍部による全体主義的体制の樹立に対して、官僚も議員もほとんど抵抗を示さず、実業家は初期に若干抵抗しただけで、結局同調していったし、「東アジアにおける日本の覇権の確立」という目標に関して、支配階級の間で根本的な対立は見られない、と批判していた。

その上サンソムは、「一般民衆は無力」であり、「権威を疑う習慣をもたず」、「大勢順応という古くからしみついた精神」状態にあるので、「民衆が行動を通じて自らを表現することは考えられない」としていた。このように、サンソムは日本人の変革能力に対して極めて悲観的な見方をしていたため、戦争が勃発しても、「戦闘が継続している間は、日本の民衆は、多大の圧迫を感じつつも、結束しているだろう。日本に軍事的敗北をもたらすような社会革命をあてにするのは賢明ではなかろう」と推測していた (Sansom, *Foreign Affairs*, April 1941, 551~560)。

日本人の抵抗能力に対するサンソムのこのような悲観的見解は、戦争中になっても変わらず、一九四三年七月二八日に国務省で対日占領政策の立案にあたっていたブレイクスリーやボートンから戦後の対日政策についてインタヴューを受けた折にも、「日本国内には現在も穏健派が存在するが、過去においては彼らの勢力が軍国主義者から挑戦される度に、彼らは絶えず降伏してきた」と述べていた。その上、彼は、連合国が日本人に改革を強制することは不適当であり、「日本に権利の章典を押しつけても、普通の日本人が個人の自由の真の意味を理解していないなら、ほとんど意味がない」と考えていた。それ故、サンソムは、連合国による日本の軍事占領は「不必要であり、かつ不適当である」と考え、連合国の優越した空軍力を背景として、日本の降伏条件の履行を監視するだけで十分と見なしていた（A–ix: Iokibe ed., The Ocupation of Japan, 1–B–20）。

つまり、サンソムが考えた穏健な日本改革案は、日本人の変革能力に対する悲観論と連合国による占領下の「外からの改革」に対する自制心に由来していたのであり、その結果、天皇の権威を利用した形で、軍部の憲法上の特権の否定や国会の予算審議権の確立などを目指す、「上からの穏健な改革」が提唱されることになった。

占領改革の論理

サンソムやチャタム・ハウス・グループの戦後日本構想が示すように、連合国が敗戦後の日本を軍事占領して、「外からの改革」を実施するという構想は、連合国の間で初めから自明の前提になっていたわけではなかった。元来、占領改革の構想は、米英両首脳が一九四三年一月にカサブランカで会談した際、ローズヴェルト大統領の側から枢軸国に対する終戦方式として「無条件降伏」が提唱されたことから派生したものであった。

当時のヨーロッパ戦線では、東部戦線だけでソ連がドイツ軍との孤立した戦いを強いられており、ソ連はしきりに西部戦線でドイツを攻撃する「第二戦線」の開設を米英に対して要求していた。しかし、伝統的に地中海地域に戦略的関心のあったイギリスの主張により、英米軍は、当面、北アフリカでの独伊軍との戦闘に力を集中させることにしたため、米英両国首脳としてはソ連の不信感を除くためにも、枢軸国に対する強い姿勢を示す必要があった。そのため、ローズヴェルト大統領は、ヒットラー政権などに対する「宥和政策」はもはやありえず、米英が枢軸国の現指導部との単独講和に応じることなどなく、相手側の全面敗北まで戦うという強い意志を表明するため、「無条件降伏」という終戦方式が提唱された。

言うまでもなく、「無条件降伏」の要求は、交渉による終戦の可能性の否定を意味するため、相手側にむしろ死にもの狂いの抗戦姿勢を強めさせることになり、あらゆる終戦方式の中でも、最も困難な終戦方式であった。それ故チャーチル首相も当初は、この方式の採用に反対したといわれる。しかし、第二次大戦の戦争原因は枢軸側のファシズムという政治体制にあると考えていたローズヴェルトとしては、戦後の枢軸国からファシズムが一掃されない限り、再び戦争が勃発する危険があると考え、枢軸側に「無条件降伏」させた上で、連合国側が軍事占領し、社会改革を実施することが不可欠であると主張したのであった。そのような意図を示すため、ローズヴェルトは、カサブランカ会談の記者会見の席上で、南北戦争の例を引いたことはよく知られている。つまり、南北戦争時の北軍の将軍であったユリシス・シンプソン・グラント（U. S. Grant）は、そのイニシャルから、別名アンコンディショナル・サレンダー（無条件降伏）・グラントと呼ばれていたとローズヴェルトは語ったのであるが、その意図は、南北戦争も終戦だけでは問題の解決にならず、北軍が南部を占領して、その下で戦争の原因となった南部の黒人奴隷制を解体させる必要があったことを想起させて、同じような終戦方式が第二次大戦の終戦にあたっても必要であることを強調したのであった（U. S., Dept. of State, *Foreign Relations of the United States*（以下 *FRUS* と略），Conferences at Washington, 1941–42 and Casablanca, 1943, 727）。

すなわち、連合国側が無条件降伏方式の採用を決定した時点で、敗北後の枢軸国が連合国による軍事占領下に置かれ、占領改革が実施されることが、不可避となった。そのため、カサブランカ会議以降は、日本に対しても同様の原則が適用されることになったのであり、サンソムやチャタム・ハウス・グループが主張したような占領不要論が、米英両国政府に受け入れられる余地はなくなっていた。

しかしそれでも、占領の形態には直接占領から間接占領まで様々ありえたため、ＩＰＲの中でも、占領改革のあり方をめぐって多くの論議がつづくことになった。とりわけ、占領改革とは、異民族統治下の改革であるため、占領される民族の側に「民主化」を歓迎するデモクラティックな心情と異民族統治に反発するナショナリスティックな心情との相克が発生することは避けられない。古くは、フランス革命後のナポレオンの軍隊が、近隣諸国に軍事力を背景として共和制を広めようとしたため、かえって中部ヨーロッパでは王党派が民衆の民族主義的感情を組織して、ナポレオンの敗北後に、神聖同盟という反動体制の樹立に成功した例が挙げられる。また、第一次大戦後のドイツの場合は、戦後に成立したワイマール・デモクラシーは主としてドイツ人自身による成果であったが、ドイツに対して苛酷な賠償や領土・軍備制限を課し、賠償金の取り立てのための保障占領を生み出したヴェルサイユ条約とセットになっていたため、反ヴェルサイユ・反ワイマールという形でナチズムの台頭を許すことになった。

占領改革の民族心理学

このように、占領改革においては、民主主義の論理と民族主義の論理が相克することは避けられないのであり、そのため、占領改革の成功には占領下の民族心理の検討が不可欠であった。その点で、第二次大戦後の占領に第一次大戦後の経験、とりわけ、ドイツにおけるワイマール共和制の失敗が及ぼした影響は、決定的であった。第一次大戦後のドイツに苛酷な賠償を課したヴェルサイユ条約が、ナチス台頭の決定的な原因となったという反省は、第二次大戦後の戦後処理にあたって、連合国側に枢軸国に対して過度に報復的姿勢をとらぬように自制させたし、連合国内でも軍需物資の供給においても、戦後に膨大な戦債問題を引き起こさないため、米国は当初から対外援助政策のはしりとも言うべき「武器貸与」という形態を案出していた。つまり、第二次大戦後の戦後処理においては、第一次大戦後のように、賠償・戦債問題が戦後世界の深刻な政治・経済問題となる事態を再現させない配慮がなされていた。

むしろ、第二次大戦後の戦後処理においては、報復よりも改革が、重視されることになったため、いかにすれば占領下での「外からの改革」が成功しうるか、に関心が集まった。たとえば、ホット・スプリングス会議に向けての準備会議の中でも、日本占領の是非をめぐって米英の代表間で論争があったが、多数意見は日本の軍事的敗北だけでは不十分として、占領改革の必要性を強調した。その際、改革の実施のために占領が必要である点だけでなく、占領が日本人の心理に与える影響、とりわけ、日本本土の「不可侵性」という神話の打破や占領に中国やその他のアジア諸国が加わることによる日本人のアジア蔑視観の克服などの効果を、重視する見解もあった。

このような占領の民族心理的影響については、特に対日戦後構想の立案に関心を持っていた研究者の中でも、人類学者が最も敏感に反応していた。たとえば、戦前の日本でフィールド・ワークに従事したことがある数少ない人類学者であったジョン・エンブリーは、米国IPRの機関誌『ファー・イースタン・サーヴェイ』の一九四四年九月二〇日号に「日本の軍事占領」という論文を寄稿したが、その中で、エンブリーは、日本に対しては間接占領方式を採用すべきと主張していた。

その根拠の第一は、米占領軍の多人数化や駐留の長期化は、ソ連や中国の反発を招くだけでなく、米本国からの動員解除圧力とも矛盾するため、占領軍の省力化が見込まれる間接占領の方が望ましい、というものであった。第二には、日本人は、お見合いの仲人に見られるように、直接交渉の結果、面目を失うのを避けるため仲介者(Go-between)を立てることを好むし、仲介者も個人でなく委員会方式により集団責任を負う形を望む傾向があるとして、このような日本人の行動様式には、日本人の行政機関を仲介とする間接占領方式が適合的である、と考えたためであった。

この第二の理由づけは、人類学者ならではのものであるが、彼は、占領を「異文化間」のコミュニケーションの一例と考え、占領を円滑に実施するためには、占領行政官に対して日本文化の特殊性を教育したり、人種偏見を除去する教育をほどこすことが必須であると提案していた。

このように、エンブリーは、占領が本来的に「異文化間」コミュニケーションという性格をもつことや日本文化の特殊性の理解に基づいて、間接占領方式が望ましいとしたのであった。しかし同時に、既に見たように彼は、戦後の日本社会に根本的な変革が必要であるとも考えていたが、それはあくまで日本人自身の仕事であると見なしていた。それ故、アメリカ人の占領者たちが、改革者の情熱に駆られて、日本の文化や社会の独自性を無視して改革を押しつけることは逆効果であり、かえって西洋人に対する憎悪を強めるだけだ、と警告していた。むしろ、彼が恐れていたのは、占領軍が日本人自身の変革の動きを押さえつけることにあり、彼はその点をつぎのように述べていた。

「占領軍の強制によって天皇の退位とか、日本軍の抑制をしようとしても、それは失敗する運命にある。このような根本的変革は国内の革命によってのみ実現しうるのであり、最終的なアイロニーは、占領軍政がほとんど確実に伝統的な日本当局の側にくみして、人民に敵対し、真の革命を抑圧するであろうことにある。」

つまり、エンブリーの主張を言いかえれば、元来「外からの改革」という性格を免れない占領改革は、占領をスムースに実施するために、被占領社会における伝統的な政治組織をある程度利用した「上からの改革」に依存せざるをえないが、同時に、改革を徹底させるために必要な「下からの改革」の動きに対しては、「治安維持」の観点からこれを抑圧する傾向にある、ということになる。つまり、占領改革は、本来的に矛盾内包的な性格をもっていたのであり、占領改革が徹底したものになるか否かは、この「外からの改革」がどの程度「下からの改革」を許容するかにかかっていた。

4 「下から」の徹底改革論の提唱

T・A・ビッソンの戦後日本構想

ホット・スプリングス会議に先立つ一年前に開催されたアトランティック・シティでのIPR中央理事会において、ホット・スプリングス会議の主要議題が決定されたのであったが、その際、「日本の将来」を主要議題の一つとするための枠組みを検討するための準備的な研究集会が組織され、その席に米国IPRから参考資料としてT・A・ビッソンの論文「対日講和の条件」とウィリアム・ジョンストンの論文「日本の扱い」が提出された。

このビッソン論文は、この準備研究集会において多くの反響を呼び、その結果、三ヵ月後の『パシフィック・アフェアーズ』に「対日講和の代価」という題で転載され、ホット・スプリングス会議における「日本の将来」部会の討論を準備する過程において、米国IPR側の有力なたたき台となった。また、ジョンストンの場合は、このアトランティック・シティ会議に先立つ二ヵ月前から、首都ワシントンでIPRの国際事務局が主催する形で開催された、戦後日本問題に関する国際的な専門家集会において議長を勤めた関係で、そのまとめを「日本の扱い」としてアトランティック・シティ会議に提出し、さらに、その因縁で、引きつづきホット・スプリングス会議に向けての米国IPR側の報告書「日本の将来」作成の責任者となった。

「対日講和の条件」の中でビッソンは、連合国首脳の発言やカイロ宣言などをまとめる形で、日本の再侵略を防止するために領土・軍事・賠償問題などについて「厳格な（harsh）」講和の必要性を強調するとともに、七〇〇〇万人以上の国民を絶望的状態におくことはアジアの平和と繁栄に反するというサンソムの主張を引用しつつ、日本の非工業化や過重な賠償とりたてのような報復的な講和には強く反対する姿勢を示した。

連合国首脳の発言の中でビッソンが特に注目したのは、蔣介石による一九四四年の新春声明であった。その中で蔣介石は、カイロ会談において検討された戦後日本処理問題の未発表部分に触れて、軍国主義者や侵略的分子の追放後の日本の統治形態については、「自覚し、反省した日本人民の自らの決定に任せた方がよい」こと、また、「もし万一、日本人が革命に立ち上がり、戦争屋を処罰し、軍国主義者の政府を打倒するような場合には、我々は彼らの自発的意志を尊重し、彼らが自らの統治形態を選択するのを容認すべきである」と語り、ローズヴェルトもこの意見に賛成したと述べた (Bisson, *Pacific Affairs*, March 1944, 3, 7〜8)。

つまり、戦後日本の統治形態の決定にあたって蔣介石としては、日本人自身の主体的な「下からの改革」の動きを助長する姿勢を見せていたわけであるが、ビッソン論文もその方向を強く押し出していた。彼によれば、「たとえ敗戦前には現われない場合でも、敗戦後には、古い軍国主義体制に対する民衆の不満が日本で表面化するだろう。連合国の行政官は、イタリアの場合と同様に、彼らに好意的な多くの人間を見いだすだろう。解放軍が日本本島に上陸した時点では、それらの一部は政治犯の中に見いだされるだろう」と。そのような根拠として彼は、一九三六年二月と一九三七年四月の二度にわたる選挙において、かなり高い比率で軍部独裁への不信票が見られたことを挙げていた (*Ibid*., 13)。

それ故、ビッソンによれば、占領軍の役割は反軍国主義的な新しい指導者を見いだし、彼らを支援することにあると考え、こう言っている。

「旧体制に反対する誠実な勢力を探し出し、彼らに旧体制の廃止に必要な援助を与えることこそ、連合国の行政官の責任となるだろう。古い日本の専制政治の硬い殻を打ち砕く最も有効な手段となるであろう大規模な社会革命的動乱を除くと、新しい日本が一夜にして生まれることは期待できない。新しい日本は、連合国による明晰な指導と注意深い育成を必要とする緩やかな成長の中で生まれるであろう。」(*Ibid.*, 14)

つまり、ビッソンは占領軍が意識的に「下からの改革」を助長すべきであるとしていたわけであるが、具体的な改革の課題としては、日清戦争以来獲得した領土の剝奪、軍備の一定期間禁止、戦犯処罰、軍国主義者の追放などの政治・軍事問題のほか、農地改革や財閥解体などの経済改革が指導層の新旧交代を促す上でも不可欠と見ていた。たとえば、それはつぎのような指摘に表われている。

「新しい指導者は、つぎのことを認識している人物から求められねばならない。つまり、貧困にうちひしがれた農民と低賃金の工業労働者との関係こそが、軍国主義者が権力を独占し、また、地主や財閥の富豪と同盟して、世界支配の野望に乗り出すことを可能にさせた能力と直接的に結びついた悪しき現象であることをである。」(*Ibid.*, 22)。

また、天皇制の扱いについて、ビッソンは、それが「最もデリケートな問題であり、天皇崇拝の根は日本人の意識の中に深く浸透している」ことを自覚していたため、単純な即時廃止論はとらなかった。しかし、他方で、天皇を絶対不可侵の存在とすることによって、軍部が民衆に対する専制支配や他民族蔑視による侵略戦争への同調を実現してきたことも看過できないとして、占領下において、軍国主義者と天皇の関係を分断し、日本人の精神からあらゆる天皇制神話を一掃した上で、「もし日本人が天皇に反対し、天皇の退位を求めるようになったら、その方向を賞賛し、支持する」ことを提案していた（*Ibid.*, 18〜20）。つまり占領軍としては、古い天皇制を温存するのではなく、日本人に天皇制を批判的・合理的に検討する自由を認めた上で、天皇制の存否は日本人自身の決定に委ねるという方向であった。

このようにビッソンは、占領軍の役割を、天皇制に限らず他の分野においても、日本人自身の主体的改革の動きを助長することに求めていた。しかも彼は、敗戦後に「古い日本の残りかすをその炎で燃やし尽くすような大規模な社会革命的動乱がおこることが、必ずではないにしても、ありうる」と考えていた。そして、このような動乱を通じて登場してくる新しい指導者こそが、戦後の国際社会への復帰を可能にする健全な日本の発展をもたらす、と期待していた（*Ibid.*, 24〜25）。つまり、ビッソンは、敗戦の衝撃によって日本人は大きく「変わりうる」と見ていたのであるが、しかし問題は、エンブリーが憂慮したように、実際の占領軍が、果たして一時的にせよ、このような「社会革命的動乱」を許容するかどうか、にあった。

アトランティック・シティ会議での争点

一九四四年一月のアトランティック・シティ会議に、ビッソン論文と共に提出されたジョンストンの論文「日本の扱い」は、その二ヵ月前から首都ワシントンで開かれていた専門家会議の討論をまとめたものであったが、その中心的争点の一つとして占領の形態と内容の問題があった。

まず、敗戦時の日本における政治状況が予測され、(a)革命的状況の下で中央政府が崩壊している状態、(b)比較的平穏だが、地方政府のみ存在する状態、(c)「穏健」ないし「保守」的中央政府が連合国から認知される場合、(d)地方政府を利用しつつ連合軍が軍政を施行する場合、の四つのケースが想定された。そして、どの形態が採用されるかは、対日戦の終結のし方にかかわるとされ、本土決戦が行なわれた場合には、(a)や(b)の可能性が浮上するが、本土決戦が避けられ、連合国側が直接軍政を選択しない限り、(c)の可能性が一番高いと予想していた。

また、占領行政の内容や期間については、領土の縮小や武装解除を主たる任務とし、その他の改革は日本人に委ねる短期占領論と、軍国主義の一掃、民主化、経済改革をも担当する長期占領論とが対立したという。そして、短期占領論に対しては、古い経済構造が温存され、軍国主義が復活する危険があるとの批判が出される一方、占領の長期化や占領軍による日本人の再教育の押し付けなどによる日本人の反発を避けられるとの利点も指摘されていた。

逆に長期占領論に対しては、占領の長期化に必要な人材が連合国側に欠如していることや占領の長期化に対しては日本人のみならず、他のアジア諸国からも反発が予想されるとの批判がでた反面、日本の民主化が徹底され、新しい政治勢力の台頭が可能となれば、占領期間の短縮も可能となるという利点が強調されていた。しかし、いずれにしても、改革の押しつけを避け、日本人自身に自主改革を促しうる方法の開発が不可欠であることが結論として確認されていた。

このような専門家会議の争点を、一九四四年一月一二日に開かれたアトランティック・シティ会議の午後のセッションで紹介した際に、ジョンストンは、対日政策に内在する三つのディレンマという興味深い論点も提起していた。つまり、その第一は、軍国主義の一掃のためには天皇とその一派の一掃も必要だが、あまりにドラスティックな改革を強行すると、かえって日本人の反感を強めることになるという政治・軍事的ディレンマであった。第二は、領土を縮小させ、経済改革を強制する一方で、日本が生き残る道も保障せねばならないという経済的ディレンマであり、さらに、第三は、日本に懲罰を与える一方で、改革も求めるという心理的ディレンマであった。

このようなディレンマの指摘に対して、イギリスから参加していたサー・フレデリック・ホワイトは、同感の意を表明しつつ、このディレンマを解く方法として、日本に対しては領土縮小などの安全保障上の処置だけを求め、経済改革や再教育、さらには天皇制問題などに手をつけるべきではない、と主張した。同席していたサンソムも発言を求められたが、個人的発言と断わった上で、カイロ宣言に規定された領土条項を実施すれば、日本の弱体化は必至であり、戦後の国際環境も戦前とは変化するであろうから、日本の再侵略の危険はなくなるし、天皇の地位についても過大に評価されているとして、存続にせよ廃止にせよ、それは日本人に任せるべきである、と主張した。

つまりイギリス代表の見解は、ここでも、連合国による日本の内政改革は不要とするものであったが、それに対してジョンストンは、軍事力が無くても、日本が政治的または経済的に世界の脅威となることはありうるとして、「平和は日本の社会構造の根本的な変革によってのみ保障されること。平和的な日本のために必須であるこれらの変革は、もし問題を日本人の手に委ねてしまったら、前進しないであろう。それらは、連合国の行動によってのみ促進される」という反論を加えた（A–iii: Univ. of Hawaii, IPR Collection)。

連合国が日本の内政改革にも乗り出すべきか否かをめぐるこの対立は、当然ながら、戦後日本の政治指導者として旧体制につながる人々の存続を認めうるか否かの対立に関連していた。ビッソン論文では、連合国が意識的に指導層の新旧交代をはかるべきことが提唱されていたわけであるが、それがなしうるかどうか、またなすべきかどうかに関して、特にイギリスの代表から強い異論が出た。たとえば、美濃部達吉の天皇機関説を例として、天皇制の下でも戦後日本の「リベラル」な発展は可能という立場からは連合国による徹底した占領改革は、当然ながら不要なものと見なされた。逆に、戦前のいわゆる「リベラル」や「穏健派」は「正装した旧体制」に過ぎないと考える者からすれば、「天皇制と一体化した地主・財閥・軍部」からなる旧体制を変革しうる「新勢力」は、「中道左派」でしかありえないと考えられた（Bisson, 1944, 18, 22)。

つまり、あるべき占領改革の程度をめぐる対立は、日本の戦後変革の担い手として、戦前の旧体制の一翼を担っていた戦前型の「オールド・リベラル」に求めるのか、それとも、旧体制との関係を持たない全く新しい勢力に求めるのか、に由来していた。前者は当然穏健な占領改革を、後者は当然徹底した占領改革を、支持することになった。

「日本の将来」をめぐるアンケート調査

アトランティック・シティ会議での討論を通じて、対日戦後構想が極めて論争的性格を帯びることは避けられないことが、いっそう明らかとなった。それだけに、IPR関係者としては、引きつづき論争を組織する努力をつづけることになった。とりわけ、ホット・スプリングス会議に提出する米国IPRの報告書「日本の将来」の執筆者となったジョンストンは、多方面にアンケートなどを配布して広汎な意見の集約に努力していった。

たとえば、米国IPRのハワイ支部からは、一九四四年三月にシドニー・グリックが代表する形で回答が寄せられたが、その内容は、ジョンストン論文における日本の「リベラル」と天皇の評価が厳しすぎるというものであった。グリックも、敗戦後の日本で軍国主義者が急に「リベラル」顔をする危険を認めたが、同時に、軍国主義に妥協しなかった「真のリベラル」も存在するとして、具体的には、賀川豊彦などのキリスト教指導者や尾崎行雄などの政治家をあげ、これらの人々が戦後日本の指導者となりうると主張した。また、天皇は軍部に欺《あざむ》かれて開戦に同意したとの認識から、戦後にはむしろ天皇の権威の下に「リベラル」な政権を樹立した方が民衆の同調を得られやすいという見解を表明していた（A-iii: Univ. of Hawaii, IPR Collection, D 11-29）。

ハワイ支部のこのような見解は、むしろ、イギリスのチャタム・ハウス・グループの主張に近いものであったが、ジョンストンらが全米の五〇大学の教授グループに行なった調査結果（コロンビア大学のIPRコレクションに保存されているのは一〇大学の回答のみ）では、むしろ徹底した占領改革を求める声が強かった。たとえば、カールトン・カレッジのグループは、軍部と財閥の結合を断つ徹底した政治・社会改革なしには平和は確保されないと主張したが、オーバリン大学グループも、日本政治の「古代的基礎」は、民衆革命によってのみ払拭されると回答していた。また、ワシントン大学グループからは、労働組合や農民組合の結成助長により大資本と地主の権力を打破する基本的な経済改革の必要性が強調され、戦後の日本に民衆革命を通じて新しい「リベラル」な指導者が誕生しうるとの見解が出されていた。さらに、ウースター・カレッジのグループは、敗戦後、日本人が民衆革命によって民主的政府の樹立をはかる動きを示した場合には、連合国はこれを助長すべきと主張したし、ローリン・カレッジ・グループは、連合国は「リベラルと労働者」による政府の樹立を助長すべきである、と提唱していた。

このように大学教授グループの回答の多くは徹底改革論を支持するものであったが、同時に、多くが日本の重工業の解体には反対する見解を表明していた（ハーヴァード大学、ホーリー・クロス大学、カールトン大学、グーチャー大学、ワシントン大学）ことが示すように、対日報復的な主張は少なかった。ここからも、第二次大戦の戦後処理にあたっては、報復よりも改革が重視された特徴が見出されるが、徹底改革論が多かったといっても、天皇制の評価になると、むしろ見解の分裂が特徴的であった。どのグループも、現行の天皇制をそのまま維持し、占領に利用する案には反対していたが、多くは、占領軍によって立憲君主制に改変する案（ホーリー・クロス大学の場合は、現天皇の退位とセットになっており、ペンシルヴェニア大学の多数意見の場合は、天皇自らが「日本民族優越主義のシンボル」となることを否認することを条件としていた）や、現行の天皇制は否定しつつも、それに代わる形態は日本人の選択に委ねる案（カールトン大学、グーチャー大学、ワシントン大学）が多数をしめた。しかし、少数意見ながら、天皇制は日本人の自民族中心主義の核であり、天皇制の下での民主化はありえず、むしろ将来に軍国主義復活の危険を残すとして廃止を主張するものもあった（ペンシルヴェニア大学の少数意見）。

つまり、大学教授グループの回答でも、天皇制の扱いの難しさが浮き彫りにされたわけだが、同時に、対日政策と対独政策を一致させないと人種差別との非難を招く恐れがあるとの警告もあった（カールトン大学）。このような主張は、日本に対して占領改革を実施する前提として、米国自体の対日差別的な移民法を撤廃すべきという提案（オーバリン大学、ウースター大学）とも考えを同じくするものであり、第二次大戦中の米国知識層の間で米国自体の人種差別に対する反省が出始めていたことを示すものであった（A-i: Columbia Univ., IPR Collection, Box 197, Johnston File）。

ビッソン論文への二つのコメント

米国ＩＰＲが各方面の意見集約に努力していた頃、『パシフィック・アフェアーズ』の編集部は、三月号にビッソン論文を「対日講和の代価」と改題して、チャールス・スピンクスによる「日本の青年の教化と再教育」とともに掲載し、その上で、六月号にはこの二論文に対する米国とカナダの研究者からのコメントを掲載して論争を国際的に組織した。

まず、「日本の将来――アメリカ人の見解――」と題されたコメントは、南京大学教授で国際宣教師評議会のメンバーでもあったシール・ベイツとイェール大学のケネス・ラトゥレットの共同執筆になるものであった。二人は、まず、対日占領政策の成功のためには、連合国全体として共通した政策を確立するとともに、人種差別との非難を受けないためには対ヨーロッパ政策と対日政策とを一致させる必要があると主張した。その上で、適度な賠償と経済改革を実施した上で、日本の国際社会への復帰を認めるというビッソン論文の論旨に賛成を表明した。しかし、新しい指導者を生み出す徹底した革命の必要性については、原則的に賛成しつつも、占領下での可能性については懐疑的姿勢を示し、むしろ天皇の権威を利用した形での改革が日本の中では広汎な支持を得られると主張した。

ついで、「一カナダ人の見解」と題されたカナダからのコメントであるが、日本政治の専門家グループによるとされただけで、「筆者の現在の地位の制約」から実名は伏せられていた。このコメントにおける天皇制の評価は、米国グループのそれと著しく異なっていた。つまり、天皇制を「対外侵略と国内の愚民化のために設計された社会機構」を建設する上でナチズムよりもはるかに安定した基礎を提供するものと評価し、それ故、天皇制を「政治的には中立」で「良くも悪くも利用できる」とする見方は、全く日本の歴史の誤解に基づくと厳しく批判した。

そして、「仮に天皇制が保持されれば、日本人は、それを、日本の優越性と帝国主義のシンボルが無傷で残ったのだから、日本は本当には敗北していない証拠と見なすだろう。つまり、たとえ、日本が武装解除されても、天皇制が残るならば、日本は他の世界にとって未解決の危険な問題でありつづけるであろう」と警告していた。つまり、このカナダからのコメントでは、天皇制が日本人の民族優越主義や対外膨張主義的精神構造の核として機能してきた側面を厳しく指摘していたわけであるが、しかし同時に、連合国が外から天皇の退位を迫るのは得策でないとし、また連合国が天皇制を戦後日本の再建の基礎とするような保障も与えるべきではないと主張した。

さらに、このコメントでは、戦後日本の民主化にとって必須である憲兵隊や特高警察の解体、また国家主義団体指導者の戦犯追及などが、ビッソン論文では触れられていないとの不満が述べられていた。この点は、まさにE・H・ノーマンがホット・スプリングス会議に提出した「日本政治の封建的背景」の中で詳しく分析することになる論点であり、その論文とこの「一カナダ人の見解」の間には、内容上も表現上も多くの類似性が見出されることから、このカナダからのコメントの執筆陣にノーマンが入っていた可能性は、極めて高いものがあると推測される（武田、九九〜一〇〇）。

いずれにせよ、ビッソンやこの「一カナダ人の見解」のように、天皇制に対して極めて否定的な見解をもつ論者でも、占領軍によって「外から」天皇制を廃止することは、天皇を「殉教者」にしたてあげ、日本人の天皇崇拝の心情をいっそう強め、反連合国的感情を増幅させる恐れがある点で、全く逆効果であると考えていた。それ故、占領軍としては、思想の自由や報道の自由を徹底し、日本人に天皇制を批判的に検討できる条件を保障することによって、日本人自身が主体的に天皇制の存否を決定できるようにするべきと考えていた。それだけに、占領下の日本で「下からの改革」運動が無条件で保障されるかどうか、が重視されていた。

ジョンストン報告書の論理

このような様々な意見を集約した上で、ホット・スプリングス会議に対する米国IPR側の報告書としてまとめられたのが、ジョンストンの筆になる報告書「日本の将来」であった。三〇頁足らずの報告書であったが、占領改革に関わる事柄が包括的に述べられていた。そして、その全体を流れるトーンは、「下からの改革」と結合した形での徹底した占領改革論であった。

たとえば、その第二章の中で、連合国の占領目的を述べた折に、連合国としては、「根本的な政治・経済・社会改革を推進しようとするリベラル・グループ」を支持すべきとした上で、つぎのように述べていた。

「もし民衆革命が発生した場合には、連合国当局者はそれを支持するとともに、古い支配集団の抵抗に対しては、必要なら、武力を使って抑圧する。または、連合国はあらゆる種類の暴力を阻止しつつ、他方で、すべてのリベラル・グループが自由に民衆に訴えかけ、確立された平和的手段によって政府機関を掌握できる機会を得られるよう保障すべきである。」

(Johnstone, "The Future of Japan", 6)

そして、具体的には、海外領土の縮小、非軍事化、憲兵隊や特高の解体、戦犯の処罰、現物賠償、経済統制、婦人解放、教育改革などを提案したほか、政治的民主化としては、憲法改正による国民主権の確立や市民的自由権の保障が明記されていた。また、経済改革については、財閥の経済独占や地主制による国内市場の狭隘性が海外侵略の基礎的原因をなしたとの認識にたって、財閥解体や農地改革の必要性を強調していた。その際、ジョンストンは、日本が非軍事化されても、独占的経済構造が変わらなければ、再び経済「帝国」として復活する危険を重視して、つぎのように述べていた。

「もし連合国が日本の経済的大君の権力保持を許すならば、日本が将来、侵略する危険が高まるだろう。なぜなら、このグループやその部下たちは、たえず、帝国建設の手段として、武力による征服というより費用がかかり、リスクの大きい方法よりも、外国への経済的・政治的浸透というよりゆるやかで、監視や統制がより難しい方法を提唱してきたからである。……かりに、有利な機会が訪れ、連合国の監視がない場合には、日本の経済的大君は、官僚や政治家の助けを借りて、金融的・商業的・政治的浸透や影響力の行使という方法を使って、『共栄圏』の再建を十分巧みに開始するであろう。」(*Ibid.*, 23)

つまり、ジョンストンは、戦後日本の非軍事化だけでは対外侵略の根は一掃されないとして、脱「帝国」化のための徹底した経済改革の必要性を訴えていた。この点は、イギリスのチャタム・ハウス・グループの報告書「敗戦下の日本」の主張と著しく異なる点であったが、同時に、天皇制の扱いも、当然ながら、大きく違っていた。彼は、この問題が戦後日本構想の中で、最も論争的なテーマであることを自覚していたため、天皇制存続論と廃止論の双方の論点を詳しく紹介することから始めていた。

まず、存続論についてはつぎの三つの説を紹介している。(a)天皇＝神という神話は、古代以来であるが、国民を軍国主義に動員する道具として使われだしたのは近代の産物であり、非軍事化が進めば、天皇崇拝の心情は低下する、(b)天皇制は「それ自体、消極的な、単なる手段」であるため、戦後の平和的発展にも利用しうる、(c)皇位は日本社会の唯一の安定要因であり、戦後の日本政府の安定に不可欠である、との説の三つである。それに対して、廃止論としては、(a)天皇制の神話は日本のゆきすぎた国家主義や軍国主義と不可分であり、戦後の平和的発展とは矛盾する、(b)天皇制は支配階級のための支配の道具であり、戦後のリベラル・グループの目的には利用できない、(c)皇位は、反動を促すような安定要因であり、改革には妨げとなる、という三つの見解が紹介されていた。

このような存否両論を紹介した上で、ジョンストンは、天皇制存続論のつぎのような矛盾を鋭く指摘した中国の孫科による「ミカド去るべし」(*Foreign Affairs*, October 1944) に賛意を表明した。つまり、もし、天皇が開戦を抑えられなかった程「無力」であるなら、戦後の民主化にも役立たないはずだし、逆に、もし、天皇が利用するに足るほど「強力」であるなら、なぜ、開戦を阻止できなかったのか、という矛盾を指摘した上で、孫科は「詔勅による民主化とは、世界を欺く古い日本のゲーム以外の何物でもない。……民主主義への安易な近道なぞ存在しない。民主主義は人民の自らを統治しようとする意志に基づいている。その源泉を、ミカドが神と思われているか否かに関わらず、ミカドの意志に求めることはできない」と主張した（*Ibid.*, 16〜18）。

この孫科の主張に賛成するが故に、ジョンストンは、「連合国は、皇位の廃止をめざす政策を考え出し、平和的な日本の樹立のために皇位を『利用する』政策を拒否する」義務があると強調した。しかし、彼は同時に、連合国が直接、天皇制を廃止させるのは逆効果を招くとして、「連合国としては、皇位の卓越性を否認し、日本人による皇位廃止の試みを助長する政策を考案せねばならない」と提唱した。そして、具体的には、①天皇にも軍部と同じく、悲惨な戦争に対する責任があることを明確にする、②一九三七年以来の戦争に責任を持つ支配的グループの代表が戦後の政権に参加することを拒否する、③日本の国際社会への復帰が可能となる政治制度のあり方を明示する、④連合国が日本の政治的・経済的・社会的再建が可能になるよう直接・間接に援助する、などの政策を提案した。

ホット・スプリングス会議での争点

このように、ジョンストンが各方面の意見を集約した上で、米国ＩＰＲの報告書としてホット・スプリングス会議に提出した「日本の将来」は、敗戦後の日本において「下からの改革」運動と結合した形での徹底した占領改革を提案するものであった。それは、日本が侵略戦争を引き起こした原因が、単に軍部専制に由来するだけでなく、天皇崇拝を軸とする国粋主義や、財閥・地主などの経済的寡頭支配に基づく対外膨張主義にも深く根ざしていると考え、戦後日本が真に

図13　第9回IPRホット・スプリングス会議での円卓会議

平和国家となるためには、天皇崇拝主義と対外膨張主義という二重の「帝国性」からの脱却が不可欠と判断したためであった。

このような戦後日本構想は、既に見た、チャタム・ハウス・グループやサンソムのそれとは、改革の範囲、担い手、期間など多くの点で著しく異なっていた。それ故、一九四五年一月に開かれたホット・スプリングス会議では、他の国からの代表も交えて、激しい論争がたたかわされることになった。この会議には、既に見たように、一二ヵ国から二五〇名を越える参加者があったが、その中には、当時、イギリスの代表的日本研究者であったサンソムも、また、米国IPRの報告書作成の中心となったジョンストンやビッソンの顔も見られた。さらに、米国からはオーエン・ラティモアやグラジダンツェフが、カナダからは、E・H・ノーマンが参加していた。会議での争点は多岐にわたったが、戦後日本における変革の担い手の性格、天皇制の存否、経済改革の必要性、占領下での革命的動乱の評価、などは特に見解が対立した点であった。

まず戦後変革の担い手について、ある中国代表は、反動派・穏健派・急進派の三区分をした上で、軍部・産業家・超国家主義者からなる反動派は全く信頼できないこと、穏健派の場合は、「それほど超国家主義的ではないが、愛国的な帝国志向」の所もあるため、利用可能性は連合国の対日政策如何となること、大衆政党員、社会主義者、共産主義者からなる急進派は少数だが、それほど帝国主義的ではないので信頼性が高い、との評価を示した。それに対して、別な円卓のイギリスと中国メンバーは、日本の穏健派や急進派は「弱体」すぎて戦後政権の安定的な担い手とは期待できない、と主張した。また、米国メンバーの中には、インテリや下級官僚、小実業家、左翼などを反軍国主義勢力と評価するものがあった。さらに、イタリアのように、民衆反乱が予想外に早く発生することもありうるとの意見もあったが、結局、敗戦後の日本においていかなる社会層から民主的指導者が登場するかについて、会議は即断できないとした。逆に、連合国が追放すべき対象として、軍の上層、高級官僚、愛国団体指導者などは一致してあげられたが、財閥幹部については、占領下で有用な役割を期待する見解とそれを否定する見解の対立があったという（IPR, *Security in the Pacific*, 24, 30)。

ついで、最大の争点となった天皇制の評価については、参加者の誰もが現行の天皇主権の体制が危険である点で一致したが、問題は、占領下でも天皇の権威は利用可能として立憲君主制の方向への改革を目指すか、それとも、天皇制は軍国主義と一体不可分とみてその廃止を求めるか、にあった。会議の議事録には発言者の名前が記録されていないため、特定することは難しいが、会議参加者の中で、天皇制廃止論の中心人物の一人にオーエン・ラティモアがいたことは、彼が会議の直後に出版し、その後わずか半年間で七刷にも達する程のベスト・セラーになった『アジアにおける解決』の中で、つぎのように書いていることからも推測される。

「私は、日本は将来共和国になる、と推定している。この共和国を日本人が発足させるのを援助するにあたって、我々は、日本がアジアの他のどの国よりも多数の読み書きのできる有権者を持っている事実に信頼を置くべきである。日本が過去において強力な民主的政府を樹立できなかったのは、日本が政治的におろかであったからではなく、日本が憲法を改正できず、軍国主義者やテロリストの団体を統制できなかったためであった。」(Lattimore, *Solution in Asia*, 47〜48)

しかし、他方で、イギリス代表のように、天皇制の存続・利用を主張するものもあったため、会議の多数意見としては、占領下で天皇を利用する案は不適切であり、天皇が停戦協定に調印した後には、棚上げして様子を注視し、民主勢力に協調するようなら存続を認め、協力しないようなら廃止に踏み切る、というものであったという。それは、廃止論者の場合も、外からの廃止を強制すると、かえって天皇が「殉教者」視されて逆効果を生むことが自覚されていたため、敗戦後の状況の推移を見る必要があったためであった。そのため、日本国内の国粋主義的勢力から切り離す過渡期の処置として、天皇を中国に流刑とする凍結(Ice Box)説やイギリスで優雅な亡命生活をおくらせる紳士待遇（Who's Who）説などが話題となった。しかし、天皇制の最終的決着は日本人自身の決定に委ねるべきというのが、会議参加者の一般的雰囲気であったという（IPR, 1945, 30〜31, 39〜41）。

さらに、経済改革の中では、財閥の評価が最も議論を呼んだ。あるメンバーは、実業家が占領下で連合国に協力的となる可能性が高く、経済安定にも必要として利用論を唱えたが、多くは、財閥の家族支配的性格や膨張主義的傾向は、世界平和のみならず日本の民主化にも危険をおよぼすと主張した。結局会議は全体として、財閥の強大な権力の制限を求める日本人の活動を助長すべき点で一致した（*Ibid.*, 41〜42）。

最後に、占領下での革命的動乱の評価については、中国・米国・カナダからの参加者が、ある程度の動乱は日本の「未完の革命」を完成させ、新しいより進歩的な指導者を生み出すために不可欠であると主張したのに対して、イギリスのメンバーは、革命の完成が日本の平和的発展に役立つとは思えないと反論した。この対立は占領下における民主化の見通しにも関係しており、戦後日本の経済的戦略的安定を重視する立場からは、民主化のための諸改革は最小限にとどめるべきとの主張が出される傾向にあった。それに対して、日本において権威主義的体制の残存が許されれば、将来に日本の再侵略の危険があると考える立場からは、当面の安定より徹底した改革が重視され、「国内の無秩序や不安定」はあっても、その中から民主的勢力が成長することの方がより重視された（*Ibid.*, 29, 42〜43）。

このように、ホット・スプリングス会議において見られた戦後日本構想をめぐる対立は、既に見たイギリス・グループによる「敗戦下の日本」と米国グループによる「日本の将来」との対立の再現という性格をもっていた。つまり、チャタム・ハウス・グループの場合は、天皇の権威を利用し、軍部を除いた旧エリート層を主体とした「上からの」穏健な改革を期待したのに対して、米国IPRの場合は、「下からの改革」運動を助長した形で、指導層の新旧交代をもたらすような徹底した改革が構想されていた。両グループの間に見られたこのような対日政策をめぐる相違の背景には、戦後日本における変革の主体を旧エリートに求めるのか、それとも、民衆運動に求めるのか、という対立が底在していた。

米国IPRのメンバーが民衆運動に多くを期待したその姿勢は、同じホット・スプリングス会議の植民地問題の討議の折に、彼らが植民地の即時独立を求める現地の民族運動の側に共感を寄せ、イギリスなどの植民地保有国の代表と対立した時の姿勢と共通するものがある。既に見たように、米国IPRの指導的メンバーの中には、長期のアジア滞在を通じて現地の民衆の心情に強い共感を寄せるようになっていた人々が何人も存在したが、彼らからすれば、戦後のアジアのあり方を構想するにあたって、エリーティスト的アプローチよりも、民衆の動向を重視するいわば、ポピュリスト的アプローチをとることは、ある意味では自然な選択であった。彼らの多くが、コミュニストではなくても、中国の革命運動に共感を寄せたのもその現われであった。

たとえば、ラティモアの場合、しばしば親中的であるが故に、対日強硬的であるという「中国派」的知識人の代表のように評価されることがあるが、彼が、戦後アジアにおいて中国が中心的国家となることを期待したのは、権力政治的な文脈においてではなく、むしろ、中国がアジアの民衆の反帝国主義的心情を代弁すると予想していたからであった。しかも彼は、第二次大戦をアジアにおける、帝国主義の時代とアジアの諸民族が歴史の客体から主体に転化する時代との分水嶺と把握していたため、戦後のアジアにおける民衆の動向に細心の注意を払うことこそ知識人の役割と考えていた（Lattimore, *Solution in Asia*, 3, 179）。

このような傾向をもつ米国ＩＰＲの中心的メンバーからすれば、彼らが、対日構想として占領軍による「外からの改革」と日本の民衆による「下からの改革」とを結合するアプローチを提唱することになるのは自然なことであったが、問題はこの時期に本格化し始めていた米国政府の対日占領政策の立案に、彼らの構想が無視しえぬ影響をおよぼすことになった点であった。

ホット・スプリングス会議の反響

多くの新聞・雑誌がこの会議の結果を報道したが、その中で、戦後日本構想については、一〇項目の提言がなされたように報道したものもあった。元来、ＩＰＲは、自由な討論を重視する民間の国際的調査・研究団体という自己規定から、特定の決議の採択は避けてきたことを考えると、実際、そのような提言が採択されたのか、についてはなお確定しきれない要素が残るが、日本でも『朝日新聞』などが米国放送を根拠として、八項目の「日本処分案」が提案されたように報道していた。それ故、ホット・スプリングス会議の結果は、単なる討議だけにとどまらず、具体的な政策提言をなしたものと受けとめられたようであった。しかし、その提言なるもののうけとめ方は各紙各様であった。

たとえば、『クリスチャン・センチュリー』の場合は、一〇項目の内容として、①日本の占領、②天皇による休戦協定調印、③調印後の国外追放、④軍部・産業界指導者の戦犯処罰、⑤秘密団体の解体、⑥日本国民の再教育、⑦一定期間の摂政制後に「責任ある民主的政府」を樹立する、⑧平和産業以外の産業を含む非軍事化、⑨帝国領土の縮小、⑩賠償の支払い、をあげ、「驚くほど穏健」な提言と評価した(February 21, 1945, 228〜229)。しかし、逆に、かなり人種偏見色の強い対日報復的な報道をしていたハースト系の新聞の場合は、「寛大すぎる講和 (soft peace)」条件の提唱として非難した。

他方、交戦相手の日本側の報道機関にとっては、連合国の政府内部での対日政策の立案状況の情報がほとんど入手できなかっただけに、ホット・スプリングス会議の「日本処分案」なるものをかなり詳しく報道したが、同時に、「不逞なる言辞」とか、「不遜なる野望」として全面拒否のコメントもつけていた。たとえば、『朝日』の一九四五年二月一九日号は、「処分案」の内容を七段ぬきで一面に報道するとともに、社説でも「心の武装を求む」という題をつけて批判した。

まず、「処分案」の内容としては、①日本憲法の徹底的改変、②カイロ宣言にもとづく日本帝国の分割、③日本の全面的占領、しかして重慶軍が主にその任に当たる、④軍首脳部を含む戦争

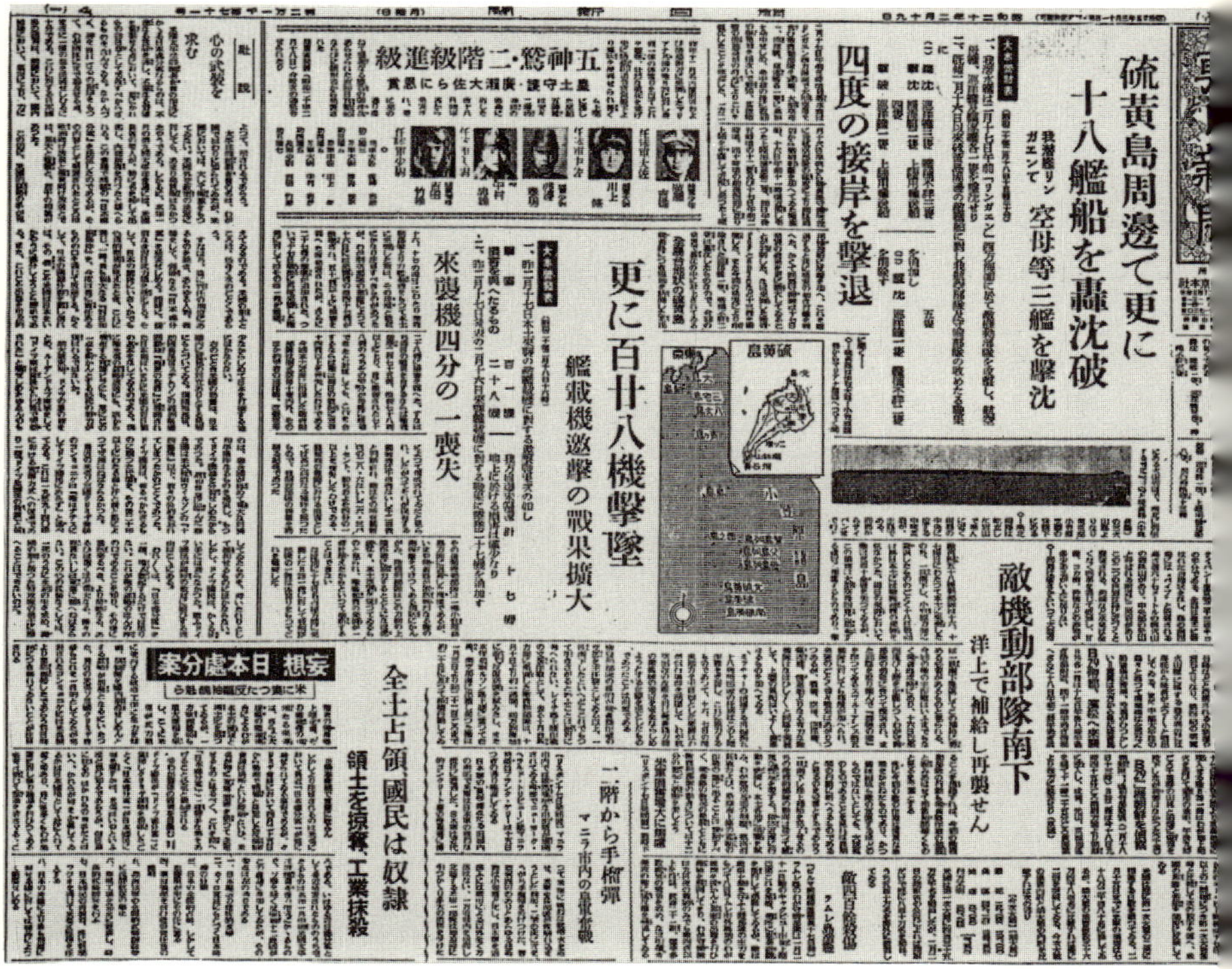

図 14　第 9 回 IPR ホット・スプリングス会議を批判する『朝日新聞』の社説

責任者の処罰、⑤陸海空軍の全面的武装解除並びに民間航空の廃止、⑥軍需工場を完全に破壊し、経済的武装解除を行なう、⑦日本国民の再教育、特に新聞・ラジオを通じて米英式思想を注入する、⑧日本の攻撃により最も荒廃に帰せる国に対しては商品によって賠償せしめる、という八項であった。これを先の米国での報道と比較すると、米国で天皇に言及した部分が削除され、憲法の改変という表現でぼかされていることや占領が中国軍によって行なわれることの規定以外は、ほぼ一致していることがわかる。それ故、ホット・スプリングス会議終了後になんらかの対日構想の発表があったものと推定する方が無理がなかろう。しかし、戦時中の日本側としては、当然、このような日本改革案に対しては拒絶反応を示した。『朝日』はその社説でつぎのように述べた。

「米国太平洋問題調査会の作成にかかる日本処分案なるものは、不逞なる言辞を弄し、不遜なる野望を暴露せる点において、単にかれらの白日夢として笑殺すべからざるものを含んでいる。なかんずく、神を畏れざるの傲岸をもって、わが国体にまで論究せる点、まさに一億の血を逆流せしむるに十分である。これに対する日本国民の回答は、前線において、国内戦場において、事実により、力によって、示されるであろう。

太平洋問題調査会の名は、わが国ではわりに知られていたが、米国においては、大して権威をもっていない。米国外交政策の決定に対しても、あまり発言権はなかったようである。しかるに、本年一月の第九回太平洋会議には、米国務省の要人が、特に名を秘して出席し、内面指導を行なったと伝えられる。この会議で問題の『日本処理案』を決定したのであるが、その内容として発表されたところは欧州向け放送と極東向け放送とでは、寛大と峻厳と、若干の相違があった。

この辺に、米国的謀略の手が見えているのである。……（中略）

われわれは、『日本処分案』を一読、憤然決起するだけでは足りない。これが敵の謀略のほんの序の口であることを知り、その後に当然来るべき、より苛酷なる、あるいは驚くほど寛大なる、種々の提言ないしは宣伝に備えなければならない。この心の武装なくしては、一死のうちに永劫の生を求め、護国の華と散った特攻隊の勇士に応えることはできないのだ。」

つまり、当時の『朝日』は、ホット・スプリングス会議の提言を米国政府による謀略の一種と見なし、警戒心を呼びかけるとともに、戦場での反撃によって応えるよう訴えていたのであった。それは、交戦相手国の民間団体が日本の敗戦を前提に呼びかけた占領下の改革案であってみれば、当然の反応ではあったが、同時に、ホット・スプリングス会議の議論の中では妥協の産物ともいえるこの提言であっても、軍国主義体制下の日本には全く受け入れる余地がないことも明らかにした。それ故、戦場での決着、つまり、日本の敗戦とその後の占領改革が不可避であることを、この『朝日』の反応が象徴した形となった。

他方、当時の『朝日』は、ホット・スプリングス会議の提言を、「米国務省の要人が内面指導」をしたものと受け取っていたが、それは、この会議の実態に即していえば、不正確であった。確かに米国IPRは、戦時中には、それまでの原則を変更して、政府関係者との連携を積極的に求めるようになった。たとえば、既に見たように、会議の出席者の中には、当時、国務省の中国課長をしていたジョン・カーター・ヴィンセントや陸軍省の民政部に関係していたダニエル・フェイ中佐など対日占領政策の決定に直接的に関係する立場にあった人物もいたし、招待されながら当日は欠席したディーン・アチソン（当時、国務次官補）は大部の報告書を受け取り、それを彼のオフィス・ファイルに保管していた例も、見出される。さらに、先に見たジョンストン報告書は、ハリー・ペンス大佐らの陸・海軍の軍政・諜報関係者にも送付されていたし、国務省や陸・海軍省の内部でもホット・スプリングス会議の討議結果の検討が行なわれていた。たとえば、一九四五年一月二一日には、海軍作戦部長から陸軍民政部長宛に、「軍政活動に関するＩＰＲ大会の重要点」についての報告書が出されていた。また、同年二月八日に開かれた国務省内の極東地域委員会では、ロバート・フィアリーがＩＰＲ会議での討論状況を紹介していた（大蔵省財政史室編『昭和財政史』二〇巻、英文資料、三五～三七）。

それ故、ＩＰＲの活動は、米国政府の対日占領政策決定に少なからぬ影響を及ぼすことになったが、それでも、米国ＩＰＲの討議の基調がそのまま米国政府の政策決定に直結したわけではなかった。戦時中のＩＰＲの活動に政府関係者が多く参加したといっても、あくまでＩＰＲは、民間人主導の団体としての原則は守っていたのであり、政府の政策決定に対する影響は、それ自体の慎重な吟味を必要とする。

第4章　占領改革と太平洋問題調査会

1　対日占領指令の基本的性格

対日占領政策の立案

米国政府の内部で対日占領政策の立案が本格化するのは、一九四四年二月に陸軍省民政部のヒルドリング部長と海軍省占領地域課のペンス課長の連名で国務省に対して極東地域の占領統治に関する四七項目にも及ぶ質問が寄せられた時からであった。国務省内では、既に前年一〇月より極東に関する部局間委員会（後に極東地域委員会と呼ばれるようになる）が発足して、実務家レベルにおける対日戦後政策の検討が進んでいたが、一九四四年一月に入ると、国務長官をも含めた国務省の最高レベルによる戦後計画委員会（ＰＷＣ）も設置され、戦後政策立案の体制が整備されていた。

陸海軍両省からの質問に対する回答の中で、戦後の対日政策の基本的枠組みに関連するものは、国務省の極東地域委員会の議長ブレイクスリーが作成した「米国の対日戦後目的（国および地域委員会の略称をとってCAC一一六文書と名づけられた）」であった。この極東地域委員会には、極東局からバランタイン、ドゥーマン、ヴィンセント、特別政治局地域調査部からブレイクスリーやボートンが参加していたが、戦時中にはいわゆる「知日派」の影響が強い委員会であった。そのため、「米国の対日戦後目的（CAC一一六）」では、「朝鮮、台湾および第一次大戦の開始後に獲得した全諸島」の剥奪とか、「武装解除、軍事的監視、経済活動の制限」などの厳しい領土・軍事条項を含みながらも、それ以外の条項は極めて寛大なものであった。

たとえば、経済・財政条項では、国際的安全保障と賠償上の制限以外では「無差別の原則にもとづく世界経済」への参加が許され、「徐々により高度な生活水準に向かうことができる」とされた。また、政治条項では、「軍部支配から自由」で、「平和の維持を望む文民によって支配される政府」を樹立するため、陸海軍の政治的特権の剥奪、民主主義諸国との知的コミュニケーションの自由化、「日本の穏健派政治勢力」の強化がうたわれていただけであった。さらに、究極的目的としては、「太平洋地域における平和と安全の条件を高めるため、諸国民の家族のなかでの、完全にして平等なる一員として、友好的な日本を復興すること」を掲げていた（詳しくは、五百旗頭、下、二四～二五参照）。

日米戦争の真最中に、このように寛大な対日戦後構想が国務省の実務家レベルで検討されていたこと自体、驚きに値しよう。しかし当然のことながら、この案が国務省首脳部からなる戦後政策委員会にかけられると、ハル国務長官などから強い批判が浴びせられた。とりわけ、「徐々により高度な生活水準に向かう」とした記述や日本の国際社会への復帰を促進する規定は、米国の国内世論からは受け入れられないとして、削除されることになった。その結果、一九四四年五月にまとめられた修正案（CAC一一六b、PWC一〇八b）では、戦後政策が三段階に分けられ、第一段階では、海外領土の剝奪、武装解除、軍事施設の解体などの降伏条件を強制する厳格な占領が予定された。つづいて第二段階では、密着した監視の下に、再軍備の防止、軍事産業の経済規制、民主的思想の助長、リベラル派の助成、超国家主義団体の一掃などの軍国主義除去の処置がとられるとともに、国際的安全と賠償の許す範囲において日本が世界経済に適度な規模で復帰することがゆるされるとした。さらに、第三段階では、具体的な方法は未定であるとしながらも、日本が平和的な国際社会における責任を果たしてゆく方途を探求するとした。

この修正案では、領土処理や非軍事化のための短期的な軍事占領が想定されたものの、政治的民主化は連合国の「密着した監視下」で日本政府が行なうことが含意されており、経済改革についても、軍事産業の規制が盛られていた程度で、財閥解体や土地改革などの徹底した処置は度外視されていた上に、国際社会への復帰促進がうたわれていたことが示すように、依然として、国務省内の知日派の影響の強い対日宥和的な構想であった。

当時の国務省内の知日派を主導していたグルーやドゥーマンは、日本滞在中に培った宮廷グループや財閥、「オールド・リベラル」知識層との親密な関係を重視して、戦後の日本の改革は、軍部の政治的影響力を一掃して、これらの旧エリートの復権が可能になれば十分と判断していた。それ故、彼らは、天皇の権威を利用した「上から」の穏健な改革を主張していたが、それは、日本の民衆が抜き難く「集団主義的」であるとの判断にも裏打ちされていた。たとえば、ドゥーマンは、後の回想でこう語っている。日本は「共同体主義（communalism）的であり、社会構造の上位にあるものが目的や目標を定式化し、それ以下の民衆は追随するような序列化された社会」である。そして天皇は「日本人の民族的持続性の生きた現れ」であり、皇室なしには日本の全社会構造が解体すると評価していた。また、ドゥーマンやバランタインは、特に財閥を危険視しなかったため、一九四四年時点で彼らがまとめた対日経済政策文書では、「占領当局は、日本国内経済の長期的な改革や再編成には関与しない」となっていた（Mayo, 1984, 32〜33）。

対独政策と対日政策のずれ

しかし、このように日本に対して寛大な、ないしは宥和的な戦後政策に対しては、他の省庁のみならず、国務省の他の部署、とりわけ、ニューディール改革の支持者が多かった経済政策担当者から強い批判が寄せられることになった。たとえば、大統領の下に設置され、国務・財務・労働・農務・関税委・外国経済局の代表で構成されていた対外経済政策行政府委員会（ＥＣＥＦＰ）では、一九四四年の六月ごろに対独戦後経済政策の検討を終え、夏ごろから対日政策の検討に入ったが、国務省の内部で検討されていた対日経済政策が著しく対独政策と異なっている点に批判が集中し、外国経済局を代表してこの会議に出席していた、IPRとの関係も深く、大統領補佐官もしていたロークリン・カリーは、冗談半分に、対独文書の中の「ドイツ」を「日本」に変えればよいとまで主張した程であったという。

その結果、対外経済政策行政府委員会における対日経済政策立案の主たる責任が知日派から経済政策専門家、とりわけ、ハーヴァード大学の独占問題専門家から戦略局に転出していたエドワード・メイソンや国際経済学の専門家で、当時は国務省の財政金融課長をしていたエミリオ・コラードなどに移った。しかし、メイソンやコラードはアジア専門家ではなかったため、戦略局や外国経済局などから招聘されたアジア経済の専門家、たとえば、ミシガン大学教授で中国経済の専門家であり、IPRの会員でもあったチャールズ・レーマーや蔣介石政権の財政顧問をしたことのあるオリヴァー・ロックハートなどの影響がたかまった。また、戦前の二年間東京に滞在した後、ラドクリフ大学の大学院で日本の財閥問題を研究した後、戦略局に移っていたエレノア・ハドレーが国務省に移籍したのは、同年一一月のことであった。さらに、翌年四月には、メイソンの依頼により、戦前からニューディールの諸機関で経済政策の立案に従事していたエドワード・マーティンが、戦略局を経て国務省に移籍し、対日経済政策立案の中心人物となった。このマーティンは、終戦後、国務省の日本・朝鮮経済問題課長となり、財閥解体政策などの経済改革を推進することになるが、一九四八年には、米国IPRから『連合国の日本占領』を出版するこことなる（Mayo, 1980, 210～220）。

他方、既に見たように、一九四四年一二月には国務・陸・海三省調整委員会（ＳＷＮＣＣ）が発足し、翌年二月ごろからその極東小委員会（ＳＦＥ）の場を中心として対日占領政策の検討が開始された。また、国務省内部では、一九四四年一〇月に病気のため長官を辞任したハルに代わってステティニアス次官が長官に昇格し、次官には知日派の総帥であるグルーが就任したため、省内での知日派の影響力が強まり、極東局長にはバランタインが、ＳＷＮＣＣの極東小委員会議長にはドゥーマンが就任した。その結果、一九四五年初めの国務省内部における対日経済政策の立案においては、穏健な改革を志向する知日派と徹底改革を提唱する経済専門家との対立が激化し、調整に手間取る状況が生まれていた。

このような状況下の一九四五年四月六日、陸軍省の民政部は、ドイツの降伏が時間の問題となった状況を踏まえて、国務省に対して対独占領指令と類似の対日政策の作成を依頼した。それに対して、国務省側では、極東地域委員会がほぼ一年前に検討し、国務省首脳で構成される戦後計画委員会でも承認されていた「米国の対日戦後目的」（ＣＡＣ一一六ｂ、ＰＷＣ一〇八ｂ）文書に基づいた政策案をＳＷＮＣＣの極東小委員会（ＳＦＥ）に提案した。

その案は、既に見たように、対日政策が三段階に分けられ、第一段階では海外領土の剝奪・武装解除などの厳格な占領が、第二段階では密着した監視下での軍国主義の一掃・民主化が、そして、第三段階では日本の平和的国際社会への復帰が想定されるという形で、対日宥和的な政策を基調とするものであった。しかし、このような案に対して陸軍省民政部長のヒルドリング少将は、四月一六日のSFEの会議で、モーゲンソー・プランの影響を受けて徹底改革路線をとっていた対独指令との不整合を指摘し、その一致が必要であるとして、特に、経済政策面の補強を求めた。

当時の陸・海軍省の首脳にとっては、対独占領指令（JCS一〇六七）が国務省案を抑えて、モーゲンソー財務長官によってローズヴェルト大統領に直接影響を行使する形でようやく決定をみた過程は、強烈な印象を与えるものであった。つまり、三月一〇日に国務省が提出した案が、対独強硬論を主張するモーゲンソー財務長官の影響を受けたローズヴェルト大統領によって否定され、新たな対独政策の作成のために、国務・陸・海・財務の四省代表からなる対独非公式政策委員会が組織され、そこでの激しい論争の末、陸軍次官補のマックロイがとりまとめる形で、三月二三日に成立したのがこのJCS一〇六七の基礎となる政策であった。そこでは、ドイツ重工業の解体などの極端な条項は姿を消していたものの、経済構造の非集中化の原則は明示されていた。この決定は、ローズヴェルトの死後も、トルーマン大統領によって継承され、五月一〇日、対独占領指令（JCS一〇六七／八）として正式に発令された。その中には、非軍事化、非ナチ化、民主化などの原則以外に、産業の非武装化、カルテルの禁止、所有と支配の分散、被雇用者の民主的自治の許容などの広汎な経済改革のプログラムが盛られていた（詳しくは、真鍋、一四四〜一四八）。

陸・海軍省の政策担当者が、このような難産の末に誕生し、ローズヴェルト大統領の死後も正式決定として生きていた対独占領指令をモデルとして、対日指令を構想しようとしたのは、政策の一貫性からも、また、官僚の自己保存の本能からしても、自然なことであった。むしろ、国務省の知日派のように、日本を例外的に扱おうとすることは、米国政府内部のみならず、米国世論対策上もリスクの多い道と見なされたのも当然であった。その結果、陸・海軍省の首脳は、国務省に対して対独政策との一致を繰り返し求めてゆくことになるが、それは、国務省内で徹底した改革路線を主張していた経済専門家にとっては、外からの有力な援軍の到来を意味するものであった。

事実、六月一一日に国務省側から提出された対日政策の基本文書（SWNCC一五〇として整理された）では、三段階の対応や軍政下での日本の行政機関の利用など寛大な姿勢が継続されたものの、新たに経済条項が追加され、その中には、産業の非軍事化や近隣諸国以下の生活水準への限定、「労働・工業・農業分野における民主的組織」の助長、「日本の経済制度の所有・管理・支配のより広範な分配」などの規定が含まれていた。これらの経済条項の作成には、国務省の経済部局にいたマーティンらの改革派が、陸軍省民政部のフェイ大佐と連絡しつつ、主導的役割を果たした（Mayo, 1980, 221）。

ポツダム宣言への道

他方、グルー次官やドゥーマンは、ドイツの降伏後、孤立した日本の敗戦を早めるため、戦後にも天皇制の存続を許容する声明を発表するようトルーマン大統領に働きかけようとしていた。国務省内部では、このグルーの計画に対してはアチソン次官補やマクレイッシュ次官補を中心として強い反対があったが、グルーは、当時、国務長官代理の立場にあったことを利用して、五月二八日に直接トルーマン大統領に直訴し、その際、提案の主旨をつぎのように語った。

「無条件降伏に対する日本人にとっての最大の障害は、それが天皇および皇室制度の破壊ないし恒久的な除去を必然的にもたらすという彼らの懸念にある。もし、いま、日本が徹底的に敗北し、将来戦争を引き起こす能力を喪失した暁には、自ら将来の政治構造を決定することが許されるというなんらかの示唆が与えられるならば、日本人にとっては、面子を立てる方法が与えられ、降伏がずっとたやすくなるだろう。……

日本人から天皇と天皇制を剝奪しようという考えは、不合理である。なぜなら、(我々は永久に日本を占領することはできないのだから)我々が背を向けた時には、日本人は天皇や天皇制を必ず元に戻すであろうからである。長期的な観点からいえば、我々が日本で期待できる最大のことは、立憲君主制の成長であり、経験によれば、日本では民主制は決して機能しないことを示しているのである。」(A-xiii: Grew Papers, Conversation, Box 7)

グルーのこのような提案に対して、トルーマンは陸・海軍長官とよく協議するように指示したが、陸・海軍長官との会合では、スティムソン陸軍長官からの好意的な反応が得られたものの、同席したマーシャル参謀総長が、具体的には明示せずに、原爆のことを含意させながら、「ある軍事的な理由」から「時期尚早」と反対したため、対日声明の発表は延期となった。しかし、七月にはいり、ポツダム会談の日程が明確になるにつれ、再度、対日声明文案の作成が問題となった。そして、七月二日にまとめられた声明文案の一二項には、「平和的で責任ある政府」が日本に樹立された暁には占領軍は撤退する旨を書いた後に、「この政府には、現王朝の下での立憲君主制も含まれる。ただし、その政府が二度と再び侵略を目指さないということが、世界中の完全な理解を得られる程に示されることを条件として」という一句が含まれていた（詳しくは、五百旗頭、下、一六六〜一九六参照）。

これは明らかに戦後の日本に天皇制存続の保障を与えるものであり、国務省の内部では、アチソンやマクレイッシュから猛反対の声が再度巻き起こった。七月六日の国務省の幹部会議で、マクレイッシュは、こう述べた。

「……たとえ譲歩できない条件にせよ、条件つきの降伏は、無条件降伏ではない。……もし、我々が既に発表済みの無条件降伏政策から、日本に対する譲歩不能な条件付きの降伏政策に修正するのであれば、アメリカ国民はそれを知る権利がある。アチソン氏が幹部会議で指摘した通り、皇室制度は、日本国内の時代錯誤的で、封建的なグループが操作し、利用するのに完全に適合的な、時代錯誤的で、封建的な制度である。その制度をそのままの形で残すことは、それが過去において使われたように、将来において使われる大きな危険を冒すことになる。」（U. S., Dept. of States, *FRUS, Potsdam*, I, 895〜896）

さらに、オーエン・ラティモアは、七月三日に中国問題について進言するためにトルーマンに会った際、対日宥和的な政策を牽制して、こう語っていた。日本の指導者は、「ロシアに対する恐怖が、イギリスや米国をして『反革命的な』日本の大実業家に対して『寛大』になったり、日本の大実業家が軍部と同様に軍国主義的である事実に目をつぶらせたりする」ように期待している、と（A-x: Truman Papers, Confidential Files, Box 39)。

つまり、ポツダム会談の開催を間近に控えた七月初めの時点は、米国政府の内部でポツダム宣言の中で天皇制存続の許容を明示すべきか否かをめぐって、対日宥和論と対日強硬論との対立がピークに達していた。それ故、トルーマンとともに、ポツダム会談に臨んだ、就任早々のバーンズ国務長官としては、苦しい判断に迫られたのであり、バーンズはコーデル・ハル元国務長官に打診した結果、米国世論の反発を考慮して、天皇制存続の許容を明示した問題の箇所を、米国側のポツダム宣言案から削除するに至った。

ここに、グルーら知日派の最大の悲願は却下されることになった。しかし、ポツダム会談の席上、チャーチル首相が、米国案の中では、「日本人の間に見られる民主主義的傾向は支持され、強化される」という形で民主化の主体が不明確になっていた所を、「日本政府は民主主義的傾向の復活、強化の妨げとなるすべての障害を除去すべし」と改めるよう主張し、それが受け入れられたため、日本の占領は現地政府を利用する間接統治の形態をとることになった。それは、国務省の知日派が望んでいたことでもあり、彼らは、ポツダム宣言の中で、天皇制存続の許容を明示することには失敗したものの、間接占領のもとで、日本政府の統治機構を戦後にも継続させる手がかりを得ることには成功した。

間接占領方式への歯止め

ポツダム宣言によって、敗戦後の日本に対して、沖縄を除いて、間接占領の形態が採用されることになったことに伴い、対日占領政策文書の書換えが必要になった。たとえば、八月一一日に提出されたSWNCC一五〇／一では、三段階の対応や直接軍政を採用する規定は姿を消し、代って、最高司令官は天皇および日本政府を通じて権限を行使するとの規定が明記されたが、非軍国主義化や政治的民主化、さらに、経済民主化条項は継承されていた。このようなSWNCC一五〇／一は、翌八月一二日、日本の世界経済への究極的復帰規定の削除など若干の修正が加えられ、SWNCC一五〇／二となる。

他方、日本側は、鈴木貫太郎首相が七月二六日に発表されたポツダム宣言を「黙殺」すると表明したため、米国政府は八月六日広島に、九日長崎に原爆を投下し、また、八日にはソ連が対日宣戦をしたため、日本の敗色は濃厚となった。その結果、日本側は、八月一〇日に「天皇ノ国家統治ノ大権ヲ変更スルノ要求ヲ包含シ居ラザルコトノ了解ノ下ニ」という条件をつけてポツダム宣言の受諾を連合国側に通知した。やはり、国務省の知日派が予想したとおり、四年近くに及ぶ全面戦争で多大の犠牲を出しながら、日本政府が最後の最後まで固執したのは、「国体」＝天皇主権の体制の維持であった。
しかし、連合国側は、日本政府側の条件には直接応えず、「降伏ノ時ヨリ天皇及日本国政府ノ国家統治ノ権限ハ降伏条項ノ実施ノ為其必要ト認ムル措置ヲ執ル連合国最高司令官ノ制限ノ下ニ置カルルモノトス。……日本国ノ最終的ノ形態ハポツダム宣言ニ遵ヒ日本国国民ノ自由ニ表明スル意思ニ依リ決定セラルベキモノトス」と回答した。この回答に対して日本政府内部では、「国体護持」の保証が得られたのか否かをめぐって激論が再燃したが、結局、最終的には、天皇の「聖断」の形で、ポツダム宣言の受諾を決定し、八月一五日、アジア・太平洋戦争は、日本の全面敗北という形で終結した。

日本の降伏が予想外に早まったため、米国側では、対日占領指令の送付が緊急の課題となり、策定の主導権は対日占領の直接的命令者たる陸軍省に移ることになった。その際、策定の中心となったマックロイ陸軍次官補は、時間の節約と国務省内の対日宥和派の影響を排除するため、ドゥーマンが議長をしていた極東小委員会を通さず、直接SWNCCの場で大幅な修正を加えて、SWNCC一五〇/三を策定した（秦、一一二）。その主な修正箇所の第一は、経済条項の補強であった。まず、経済民主化については、それまで「民主的組織の助長」と「所有のより広範な分配」が抽象的に謳われていただけであったが、今度は、平和的目的に協力しない経済指導者の追放や「産業上および金融上の大コンビネーションの解体」が具体的に追加された。これらの規定は、まさに後の経済パージや財閥解体の政策上の根拠となった。また、SWNCC一五〇の段階には存在した、生活水準を近隣諸国以下に限定する条項がなくなったかわりに、日本の戦災復旧の責任は日本にあり、連合国にはないとの姿勢が明示されたり、それまでは曖昧であった賠償についても、日本の在外財産や非平和的施設の引渡しが規定されるなど、経済制裁的姿勢も強められた。

しかし、何といっても重要な修正点は、「現存の政治形態を利用するとしても、これを支持するものではない」点を明確にした上で、「封建的および権威主義的傾向の修正のための政治形態の変更は、たとえ市民的騒擾の危険がある場合でも」、占領軍の安全と占領目的に反しない限り、許容される、とした点であった。この条項は、明らかに間接占領方式の採用が、日本の旧体制の擁護にならないように歯止めをかけると共に、占領軍の安全を脅かさない範囲で「市民的騒擾」をも含む日本人の「下から」の変革運動を許容しようという意図を持つものであった。

ただし、この「市民的騒擾」の容認の規定は、占領軍が自らの安全確保を第一義的に追求する性向があるが故に、米軍内でも強い反発が出たのは当然であった。まず、八月二四日の極東小委員会では陸軍代表のロバーツが強く反対し、八月三一日に統合参謀本部から寄せられた意見書では、米国による民主化の助長が「無法行為とか群衆の暴力」の許容を意味するものではないとの条項の挿入が提案された。しかし、マックロイ陸軍次官補は、「市民的騒擾」という表現を「実力行使」と改めたものの、「下から」の変革を助長する政策姿勢は変えなかった。そして、この統合参謀本部による修正意見の一部をとりいれた形でＳＷＮＣＣ一五〇／四が成立し、九月六日、トルーマン大統領の承認を得て、正式に米国政府の対日政策の基本となる「降伏後における米国の初期の対日方針」が確定した。と同時に、マッカーサーに対する正式指令は、このSWNCC一五〇／四を参照しつつ、引きつづき成文化の作業がつづけられ、パージや経済改革面を補充する形で、一一月三日に「日本占領および管理のための連合国最高司令官に対する降伏後における初期の基本的指令」（JCS一三八〇／一五）としてマッカーサーに伝達されることになる。

「初期の基本的指令」の特徴

一一月三日に統合参謀本部からマッカーサーに送付された「初期の基本的指令」（JCS一三八〇／一五）は、Ⅰ一般・政治、Ⅱ経済、Ⅲ財政、の三部からなり、全部で五〇条からなる。SWNCC一五〇／三の場合は、Ⅰ究極目的、Ⅱ連合国の権限、Ⅲ政治、Ⅳ経済、の四部構成で全一七条であったから、JCS一三八〇／一五の場合には、再構成された上に新たに財政（二七条）が加わり、個々の規定もより詳しくなったり、新たな追加が行なわれていた。

政治条項の中では、日本政府を利用するが、支持せずとの規定や、占領軍の安全を脅かさない限り、実力による封建的・権威主義的形態の変革も許容するとの条項は継承されたが、同時に、統合参謀本部との事前協議なしには天皇を退位させてはならないとの規定（四条）が、新たに追加された。また、政治・行政上の再編成を規定した五条では、軍国主義や侵略の積極的担い手の公職追放や超国家主義団体の解散などがより具体的に規定された。

さらに、経済条項の場合はいっそう詳細になった。経済の非軍事化や賠償の取り立て、工業・金融の大結合体の解体、日本経済の復興には責任を負わない、などの規定がSWNCC一五〇／三から継承された。また、経済パージの規定がより詳細になるとともに、被雇用者の民主的組織化を妨げる法規の撤廃や、占領軍の安全を脅かす場合にのみ、ストライキは禁止されるなどの労働条項が新たに追加された。

このように、「初期の基本的指令」は、天皇の扱いについて明示的な保留を追加した以外は、改革姿勢をいっそう強めたものであり、特に経済改革に積極的に取り組むように指令していた。しかも、この指令は、マッカーサー司令部に対する統合参謀本部からの指令として伝達されたもので、指針として暫定的に送られたSWNCC一五〇／三よりもマッカーサー司令部を強く拘束するものであった。後に、占領軍の総司令部（GHQ）で労働改革に従事することになるセオドア・コーエンは、「マッカーサーも命令下にあり、その命令はJCS一三八〇／一五だった。軍の組織では、そのような指令の効果は圧倒的である」と証言している（コーエン、上、三一）。

このJCS一三八〇／一五が、SWNCC一五〇／三を継承した上で、さらにより詳細な改革を支持していた背景として重視すべきは、ドイツに対する厳格な占領を要求したモーゲンソー・プランの影響を受けて決定された対独占領指令（JCS一〇六七）との関係である。既に見たように、SWNCC一五〇文書の決定過程において、陸軍省側はしばしば対日政策を対独政策に合わせるように主張していた。事実、JCS一〇六七とJCS一三八〇／一五を比較すると、その形式と内容の両面で類似性が見られる。

まず、JCS一〇六七の構成を見ると、I一般・政治、II経済、III財政、という形でJCS一三八〇／一五と全く同じであり、条項も全五二条とほぼ同じであった。内容面では、ドイツの場合、分割・直接占領方式の採用、分権化の促進、さらに、非軍事化・民主化以外に非ナチ化処置が詳細に規定されていた点が異なるが、特に経済条項には、かなりの類似性が看取できる。たとえば、経済復興には責任を負わないとの規定（一六条）、被雇用者の民主的自治組織の助長や団体交渉権の付与などの規定（二三・二四条）、工業の所有・支配の分散、企業結合の実態調査（三七条）などがそれである。

「下から」の変革助長のアイディア

すなわち、対日占領指令は、対独指令をモデルとして立案されたが、ポツダム宣言によって日本本土の場合は間接占領方式の採用が決定されたため、日本の降伏後にマックロイ陸軍次官補が中心となってSWNCC一五〇の大幅改訂が行なわれ、経済改革条項の強化と間接占領方式に歯止めを加え、日本人の「下から」の変革を助長する条項が盛り込まれ、それがJCS一三八〇／一五にも継承されたのであった。元来、対独占領指令（JCS一〇六七）の中心的策定者であったマックロイが、対日指令を類似したものにするため、経済改革条項やパージ条項を補強したことは容易に想像できる。しかしポツダム宣言によって、日本本土の場合には、間接占領方式の採用が確定されたのを受けて、どのような背景から、間接占領に歯止めをかけようとしたのかは不明である。

しかし既に見たように、米国IPRがホット・スプリングス会議に提出したジョンストン報告書の中には、つぎのような類似の発想があった点は興味深い。つまり、「もし民衆革命が発生した場合には、連合国当局者はそれを支持するとともに、古い支配集団の抵抗に対しては、必要なら、武力を使って抑圧する」という指摘がそれである。勿論、マックロイの決断を単純にジョンストン報告と結びつけることはできないが、当時の陸軍省の内部には、民政部にいて、JCS一三八〇の作成にもかかわったフェイ大佐のように、ホット・スプリングス会議に出席し、IPRの議論に通暁していた人物がいたことも無視すべきではないであろう。対独政策に対日政策を一致させる必要性を痛感していた陸・海軍省の政策決定者にとっては、国務省の知日派外交官とは違って、日本にも徹底改革路線を適用できるとした米国IPRの主張は、当時の状況では、むしろ自説に専門的根拠を与えてくれるものとして歓迎されたことは十分考えうる。

逆に知日派外交官の多くは、日本の敗戦と前後して一斉に退陣し、米国政府内部における影響力を急速に低下させていった。たとえば、国務次官はグルーからアチソンへ、極東局長はバランタインからヴィンセントへ、さらにSWNCCの極東小委員会議長であったドゥーマンが退官し、ヴィンセントが後任となった。ただし、研究者出身のブレークスリーやボートンは、引き続き国務省にとどまった。このような大幅な人事交代は、それまでに先鋭化していた国務省内部での路線対立と無関係ではなく、戦後初期の国務省における対日政策は、アチソンらの対日強硬派によって担われることになった。それ故、その後の知日派外交官は、ある種の挫折感を抱いて、日本での占領改革の進展を批判的に眺め、中国革命後に米国議会に吹き荒れるマッカーシー旋風の中では、ドゥーマンに見られるように、中国派と呼ばれた外交官や日本の初期の占領改革に関わることになるエマーソンやノーマンに対して、非難を集中させることになる。

マッカーサーの占領方針

このように、ワシントンでは、間接占領方式に切り替えられたものの、改革色をいっそう強めた「初期の対日方針」が採択されたわけだが、日本占領軍の最高司令官に任命されたマッカーサーがそれをどう受けとめるかが、つぎの問題であった。

マッカーサーのもとに、ＳＷＮＣＣ一五〇／三が暫定的な方針として打電されたのは、彼がマニラをたって厚木に向かう直前の八月二九日のことであった。マッカーサーの腹心ホイットニーは、厚木への機中でマッカーサーがこれから始まる日本占領の大綱を一一項目にわたり口述筆記させたと回想している（ホイットニー、七）が、その時マッカーサーの頭の中にはＳＷＮＣＣ一五〇／三の要旨が入っていたはずであった。しかし、その一一項目の中には、ＳＷＮＣＣ一五〇／三では明示的には規定されてはいなかった婦人参政権や農民解放の条項も含まれていた。

元来、マッカーサー司令部では、六月中頃から統合参謀本部の指令により、日本が突然に降伏ないし崩壊した場合の平和的進駐計画を「ブラックリスト作戦」の暗号名で作成し始めていた。その最終案は八月八日付の第三版といわれる（五百旗頭、下、二二五）が、その八月六日案をみると、まだ直接軍政を前提として「信頼しうる日本人官吏と実行可能な限りでの日本の行政機構の利用」が規定されている。また言論・出版・信教・集会の自由については、軍事的安全や法と秩序の維持の制限内で許容するとされ、後にＳＷＮＣＣ一五〇／三にみられるような「下から」の変革を助長するような規定はみられない。

事実、「実力行使」の許容の規定は、一一月三日にマッカーサーに伝達された「初期の基本的指令」にも盛り込まれることになるが、ホイットニーによれば、マッカーサーはそれを発見して衝撃をうけたという（ホイットニー、七一）。

つまり、マッカーサー司令部では主として「外から」と「上から」の改革を想定していた訳だが、それでも、あらゆる政府高官の退陣やすべての軍国主義団体の解散、さらには、経済民主化の一環として軍国主義的経済指導者の追放が盛り込まれ、旧支配層の排除には積極的な姿勢を示していた。

また経済民主化の条項の中には、工業・農業の民主的組織の育成や所有のより広範な分配の規定がみられる上、まだ調査の段階に止めていたものの、企業結合やカルテルの調査に取り組む姿勢を明示していた。労働政策については、民主的組織の助長や被雇用者の自治組織化の法的障害の除去が規定されていたが、このような明確な労働条項はＳＷＮＣＣ一五〇／三にも見られず、むしろ、対独指令(JCS一〇六七)の影響が読み取れる。

このような特徴からみて、マッカーサー司令部が「ブラックリスト作戦」の策定にあたっては、統合参謀本部で対独指令をモデルとして既に進行中であったJCS一三八〇文書の策定過程から影響をうけていたことがうかがえる。しかし同時に、経済民主化条項の中には、後のJCS一三八〇/一五にも見られない農民の土地保有や借地料の調査の規定が盛り込まれ、マッカーサー司令部が農業問題により積極的であったこともうかがえる。

2 「魔法の園」からの覚醒

「国体」は護持されうるのか?

八月一五日の新聞は、一斉にポツダム宣言の受諾を告げる天皇の詔書や内閣告諭を報道したが、そこでは天皇の「大御心」によって「終戦」を決断し、連合国との交渉によって、「国体ヲ護持シ得」たかの如く書かれていた。敗戦の責任をとって総辞職した鈴木貫太郎内閣の後を受けて、首相に就任した東久邇宮も、開口一番、「国体護持という一線は対外交渉の最後の線であると共に、国民指導の根本方針である」ことを力説した(『朝日』八月一七日号)。

また、八月二八日の記者会見においても、「国体護持ということは理屈や感情を超越した固いわれわれの信仰である」と強調した。さらに、敗戦の責任問題に触れ、「ことここに至ったのはもちろん政府の政策がよくなかったからでもあるが、また、国民の道義のすたれたのもこの原因の一つである。この際私は軍官民、国民全体が徹底的に反省し懺悔しなければならぬと思う。全国民総懺悔することがわが国再建の第一歩であり、わが国内団結の第一歩と信ずる」と語った(『朝日』八月三〇日号)。つまり、東久邇宮内閣としては、連合国からの圧力だけでなく、「一億総懺悔」論によって国内からの戦争責任の追及をかわすことによって、「国体」＝天皇主権の体制の維持を自らの最大の使命としていた。

しかし、ポツダム宣言によって課せられた「民主化」の義務と「国体護持」とが果して両立しうるのかどうか、がこの時点の最大の問題点であった。その点に関連して、東久邇宮内閣の外相となった重光葵は、九月二日にミズーリ号上で行なわれた降伏文書の調印式に日本政府の全権として派遣されるに先立って天皇に拝謁した折、つぎのように語った。

「ポツダム宣言の要求するデモクラシーは、その実、我が国がらと何等矛盾するところはないのみならず、日本本来の姿は、これによって却って顕はれて来ると思はれます。かやうな考へ方で、この文書に調印し、その上で、この文書を誠実に且つ完全に実行することによってのみ、国運を開拓すべきであり、またそれは出来得ることと思はれます。」

それに対して、天皇は「まことにその通りである」と同意し、あくまでその方針で行こうと激励したという(重光、下、二九九)。

つまり、敗戦直後の時期の天皇および日本政府は、ポツダム宣言にいう「民主化」は、明治憲法の枠内でも実行可能なものという風に、希望的観測も含めて考えていた。しかも、降伏文書の調印後、マッカーサー司令部が日本政府に対して軍政施行の命令を発したのに対して、重光外相はマッカーサーに直訴して、ポツダム宣言によれば日本は間接占領下に置かれるはずと主張し、マッカーサーの同意を得ることに成功した。これ以降、日本現地においても、占領軍は日本政府を通じて権限を行使することが確定したため、日本政府が様々な改革を骨抜きにする機構的な手がかりが与えられることになった。事実、敗戦とともに、戦時中に制定された言論出版集会結社等臨時取締法は緩和されたものの、治安維持法や治安警察法は存続し、特高警察はひきつづき「反国体・不敬言動」の取締りに眼を光らせていた。その結果、三〇〇〇人近くの政治犯が獄中に止め置かれたし、約七七〇〇人もの人々が「左翼関係要視察人」としてひきつづき警察の監視下におかれていた（粟屋編『資料日本現代史』3、一七〇〜一七一）。つまり、敗戦直後の日本では、ポツダム宣言の民主化規定にも拘らず、「国体」を批判する自由は認められておらず、むしろ戦前・戦中の体制との連続性が顕著であった。

「初期の対日方針」の公表

他方、日本の降伏直前に連合国最高司令官（ＳＣＡＰ）に任命されていたマッカーサーは、九月六日にトルーマン大統領からＳＣＡＰの権限を明確にする指令を受け取った。それによると、「天皇および日本政府の国家統治の権限は連合国最高司令官としての貴官に従属する。……日本と我々の関係は、契約的基礎の上にではなく、無条件降伏の上に立脚する。貴官の権限は至高であるが故に、その範囲に関して日本側からのいかなる疑問もうけつけない」とされていた。つまり、日本占領に関するマッカーサーの権限は絶対的なものであったが、日本軍の武装解除の予想外に順調な進展に自信を深めたマッカーサーは、まだ民主化のための改革が全く実施されていない九月一七日の時点で、「占領の順調な進展」を理由に占領軍を六ヵ月以内に二〇万人にまで削減することが可能であるという極めて楽観的な見通しを明らかにした。ついで、アイケルバーガー第八軍司令官も日本占領が一年以内に終了するだろうと語った（U. S., Dept. of State, *FRUS, 1945*, VI, 715～716)。

しかも、アジア通を自負するマッカーサーは、自らの家父長的体質にも影響されて、アジア人に対しては権威主義的に振舞う方がかえって支配を容易にさせるという確信を抱いており、日本の占領にあたっても、天皇の権威を十二分に利用する意図をもっていた。たとえば、マッカーサーの側近として諜報部（G２）の責任者を務めたチャールズ・ウィロビーは回想録の中でこう語っている。

「既存の日本政府、天皇、伝統的な心理的力を活用するという、いわば単純な方法で、鋭い緊張がまるで魔法でも使ったかのようにほぐれていたからだ。他の方法――たとえばソ連の主張する強硬策――は、どれひとつとして実用的ではなかった。マッカーサーは、既存の政治的、軍事的、社会的ファクターについてよく知っていたし、日本人の心を鋭く見通してい

たから、こういう方法のもたらす多大の効果をあらかじめ計算して利用できたのである。」（ウィロビー、五八）

つまり、マッカーサーは、早い時期から、最高司令官としての自らの権力を、天皇の「魔力」を利用する形で行使し、「上から」の民主化をはかることを意図していたわけであるが、九月段階で見られた日本軍の予想外にスムースな武装解除の進行は、彼にそのような方法の有効性をいっそう確信させるものであった。しかし、日本人が天皇の「魔力」に緊縛された「魔法の園」に閉じこめられたままで、果たして「民主化」などが可能か、という問題は残った。

それ故、米国本国や他の連合国では、日本の占領に関するマッカーサーの楽観的な見通しは、かえってマッカーサーの占領政策に対する懸念を引き起こした。たとえば、ラッセル上院議員は、米国政府が日本に対する「ソフト・ピース」という安易な道を歩もうとしているとの疑惑を抱き、それを防ぐため上院に「天皇ヒロヒトを戦犯として裁くことが米国の政策である」との決議案を提出した。また、ニュージーランドの首相も駐ニュージーランド米国公使に対して「ソフト・ピースはあるべきでない」との申し入れを行なった（US, *Cong. Rec.*, *1945*, 8671-80; *FRUS*, *1945*, VI, 720)。

内外からのこのような疑惑の高まりを払拭するため、トルーマン政権は、九月二二日、「初期の対日方針（SWNCC一五〇／四）」を公表した。その結果、マッカーサーのみならず、トルーマン政権自身もこの「初期の対日方針」の実行を内外から迫られることになった。また、東久邇宮内閣をはじめとする日本の旧支配層の側では、占領軍の予想以上の改革姿勢に衝撃を受けることになった。

たとえば、鳥取県警から内務省に寄せられた報告によれば、ある警防団長は、新聞に発表された「初期の対日方針」を見て、「仲仲手厳シイモノダ。特ニ第二節ニ於テ天皇ノ権能ヲ最高司令官ニ従属セシメラレルトアルガ聞クニ堪エナイ屈辱デアル。終戦当時呼号サレタ国体護持ニ反スルモノデアル」と語ったという。しかし、この報告全体としては、「初期の対日方針」の内容が予想以上に厳しいものでありながら、県民の多くは「諦観的」であると見ていた。

つまり、「其ノ内容ニ就イテハ部民ニ相当ノ衝動ヲ与エル事ヲ予想シ其ノ動向ヲ内査セル処、一般ニ極メテ諦観的デアリ、特ニ治安上注意ヲ要スベキモノナク、就中、独占的金融資本財閥ノ解体及ビ軍国主義者、過激国家主義者等ノ指導的地位ノ除去等ニ対シテハ寧ロ当然ノ措置トシテ之レヲ承服シ居レル状況ニ在リ。只ダ其ノ政策ノ内容ガ政治、経済、社会、教育ノ各般ニ亘ッテ徹底的制度ノ変革ヲ強制セルモノデアリ殊ニ天皇ノ統治権ニ関シテモ最高司令官に従属スル条項ヲ認メ怨憤遣ル方ナク、斯カル圧政ノ下ニ於テ国体護持ハ相当至難ナルモノアリトシテ前途ヲ憂慮シ居レル」と報告していた（粟屋編『資料日本現代史』2、二九七）。

当時の日本人の多くは、長年にわたる戦争の突然の終結に伴う虚脱感や安堵感にかられながらも、戦後のインフレや食糧不足、また職探しに追われる毎日であったから、占領軍の徹底改革方針を見ても、「諦観的」であったのは無理のない所であった。しかし、同時に、戦争指導層に対する不信感もあって徹底改革方針を「当然」と受けとめていた面を警察の側も認めていたのであり、その点は「国体護持」を叫んでいた旧支配層にとっては脅威であった。たとえば、外務省も、「初期の対日方針」を分析した結果、「封建的傾向の実力による修正」の中に天皇制も含まれるのかどうか不明であるが、天皇制の存続のためには、自ら改革の姿勢を示す以外にはない、と受けとめていた（天川、二二一）。

マッカーサー・天皇会談と三木清の獄死

しかし、自主改革の姿勢を示すといっても、天皇主権の体制に慣れ親しんできた旧支配層にとって、ポツダム宣言が求める民主化措置との懸隔はあまりに大きかった。たとえば、九月二七日に天皇がマッカーサーを訪問した折の写真がのった新聞に対して、皇室の尊厳を傷つけるとの理由で山崎内務大臣が発売禁止を命令した事件は、それを最も象徴する出来事であった。確かに、開襟シャツ姿で手を腰にあてた大男のマッカーサーとその脇にモーニング姿の小柄な天皇が並立しているあの有名な写真は、それまで「御真影」ばかりを見させられてきた日本人には衝撃的な写真であった。その写真をみた高見順は、日記にこう書いた。

「天皇陛下がマッカーサー元帥と並んで立っておられる写真が新聞に載っている。かかる写真はまことに古今未曾有のことである。将来は、なんでもない普通のことになるかもしれないが、今は、――今までの「常識」からすると大変なことである。日本国民は挙げて驚いた

図 15　1945年９月27日，第１回マッカーサー・天皇裕仁会見時の写真（両者のサインが見られる）

ことであろう。後世になると、かかる驚きというものは不可解とせられるに至るであろうが、そうして古今未曾有と驚いたということを驚くであろうが、それ故かえって今日の驚きは特筆に値する。」（高見、二九五）

結局、この発売禁止命令は、激怒したマッカーサー司令部によって取り消された。このやりとりを通じて、ＧＨＱは東久邇宮内閣がどれほど旧態依然たるものかを見せつけられることになった。その結果、九月二九日には、「新聞、映画、通信に対するいっさいの制限法令」の撤廃を命じる指令が出されるにいたり、一九〇九年に遡る統制法規の撤廃が求められた。この顚末を高見順は驚きを込めてこう書いている。

「昨日の新聞が発禁になったが、マッカーサー司令部がその発禁に対して解除命令を出した。そうして新聞並びに言論の自由に対する新措置の指令を下した。これでもう何でも自由に書けるのである！　これでもう何でも自由に出版できるのである！　生まれて初めての自由！

自国の政府により当然国民に与えられるべきであった自由が与えられずに、自国を占領した他国の軍隊によって初めて自由が与えられるとは、――かえりみて羞恥の感なきを得ない。日本を愛する者として、日本のために恥かしい。」(高見、二九六)

さらに、GHQと東久邇宮内閣とのギャップは、政治犯の釈放を命令した人権指令でピークに達し、一〇月五日、ついに東久邇宮内閣は総辞職するに至るのは余りにも有名である。

敗戦後も政治犯が引きつづき獄中にあることへの批判は、『日本のジレンマ』を公刊したばかりのアンドルー・ロスによって既に九月二九日号の『ネーション』誌上でつぎのように鋭く展開されていた。

「今度の戦争で反軍国主義・反ファシズム・民主主義のために闘った囚人のグループが二つある。一つは米軍の俘虜であり、もう一つは、日本の官憲によって不当に投獄されている日本政治犯たちである。後者は在監期間からいっても前者の比ではなく、前者がすでに救出されているのに、後者が今なお釈放されていないのは不可解である。マッカーサーが官僚、財閥、宮廷貴族、天皇、軍人の一部にさえ依存し、連合軍が依存しなければならない反軍国主義リーダーの存在をあまりにも無視している、と進歩的な新聞は非難している。反軍国主義のリーダーたちは、占領軍の民主的改革に不可欠であり、彼らはいま、獄中にいる。……占領軍が本当に民主主義を日本に普及しようと思うならば、政治犯を釈放することが先決である。それをおこたると、日本人はポツダム宣言でわれわれが約束した民主化政策の真の意図を信じなくなるだろう。日本の民主化に関心を寄せるアメリカ軍は『宮城』ではなくて、刑務所に目を向けるべきだ。」(竹前、一九八〇年、一〇二〜一〇三)

しかし、「刑務所に目を向けよ」というアンドルー・ロスのこの警告が公刊された時には、著名な哲学者、三木清は豊多摩刑務所で既に獄死していた。三木は、一九四五年三月、治安維持法違反で拘留中に逃亡したタカクラ・テルをかくまったとの容疑で逮捕され、敗戦後も引き続き収監されていたが、警察に拘留されていた時に感染した疥癬が原因で腎臓病を併発し、九月二六日栄養失調と腎臓病特有の腫《むくみ》で水膨《ぶくれ》になって豊多摩刑務所の雑居房で死亡した(社会運動史的に記録する会編『獄中の昭和史』二五六)。時に四八歳であった。

この三木獄死のニュースを知って、『シカゴ・トリビューン』紙の特派員ロバート・クローミーが一〇月二日豊多摩刑務所を取材し、その事実が一〇月三日付の『シカゴ・トリビューン』に掲載された。敗戦後一ヵ月半近くが経過しても、政治犯が獄中にあって、しかも著名な哲学者が獄死したというニュースは、米国の世論に衝撃を与えるに十分であった。その上、一〇月一日には、フランス通信のロベール・ギランも、『ニューズウィーク』特派員のハロルド・アイザックスらと共に、ゾルゲ事件に関連して収監されていた部下を探して府中刑務所の予防拘禁所を訪問し、徳田球一、志賀義雄、金天海などの政治犯に面会していた。その結果はGHQの政治顧問部にいたジョン・エマーソンにも知らされたが、三木の獄死はGHQにもショックを与え、一〇月一日、GHQは日本政府側に報告を求めるに至った(*Nippon Times*, Oct. 3, 1945. 竹前、一九八〇年、一〇六～一一六）。

元来、政治犯の釈放を求める動きは、九月中旬ごろから活発になり始めていた。府中の予防拘禁所にいた徳田や志賀らの共産党関係者は、九月一二日に岩田法相あてに釈放要求書を提出していたし、志賀が書いた英文の釈放請願書は面会者の手で直接、ＧＨＱの情報担当官に渡されていた。また獄外では、朝鮮人や日本人による政治犯釈放委員会の活動が始まっていた（竹前、一九八〇年、一〇四～一〇五）。

人権指令の立案

つまり、ＧＨＱの内部でも、九月半ばには政治犯がなお獄中にあるという具体的な情報を摑んでいたわけであるが、政治犯の釈放を日本政府に命令する人権指令は、一〇月四日にいたるまで出されなかった。その間の事情にはなお不明な部分が多い。しかし当時、ＧＨＱの軍政局にいたチャールズ・ケーディスの回想によれば、政治犯釈放指令の立案は九月の第二週ごろから、エリオット・ソープ准将を責任者とし、Ｅ・Ｈ・ノーマンがその調査分析課長を務めていた対敵諜報部で始まっていたが、なかなか発令されなかったため、ソープとケーディスが参謀長のサザーランド将軍の所に督促に行ったという（著者による一九八六年三月二九日のインタヴューから）。

このケーディスの証言は、ＧＨＱの内部で人権指令の発布に手間取る事情があったことを暗示している。八月三〇日に設置された米太平洋陸軍総司令部（ＧＨＱ／ＡＦＰＡＣ）に代わって、日本占領の民政を担当する機構として連合国最高司令官総司令部（ＧＨＱ／ＳＣＡＰ）が設立されたのが一〇月二日のことであった、という管理機構上の問題もあったであろう。また、九月中は戦犯の逮捕や日本軍の武装解除に追われていたこともあるだろう。しかし、東久邇宮首相が九月二九日にマッカーサーと会見した折の日記のつぎの記述は、マッカーサーの側に共産党関係の政治犯の釈放をためらう意向があったことを示唆している。

「……今度は元帥から、『ソ連、中国から近く日本人の共産党員が帰って来るはずだが、政府はどうするか』と私に質問したので、『私は内閣組織と同時に、共産党員を含む政治犯全部を釈放することを命じたが、官僚の仕事でぐずぐずして未だに実行されていない。また、この内閣は言論、結社、集会、出版の自由を認めているのだから、共産党員に対して、なんら特別の処置はとらない。また差別待遇もしない』と答えたところ、元帥は『それは考えものである』といった。ソ連のこと、共産党員のことについて、いろいろ尋ねてきたが、私はよく知らないと答えた。元帥はこれらのことについて非常に関心をもっているように見えた。また参謀長（サザーランド、引用者注）は、『共産党員を処置しないのは危険ではないか』といったが、私は『そういう人たちには、言いたいことをいわせた方がよいと思う』と答えた。」（東久邇宮、二四〇〜二四一）

このような東久邇宮の証言は、彼自身が後にほかならぬこの政治犯の釈放問題で、首相辞任に追い込まれるだけに、ある程度割り引いて受け取る必要があるが、むしろここでは、マッカーサーの側が共産党関係の政治犯釈放に消極的であったと東久邇宮が受け取っていた点に、注目すべきであろう。東久邇宮の側が当初から政治犯の釈放に熱心であったかの証言には、かなり後からの弁明的なニュアンスの混入が予想されるし、事実、一〇月三日に行われた記者会見で山崎内相や岩田法相が語ったのは全く正反対のことであった。

まず山崎内相は、ロイター通信社の特派員の質問に答えて、「思想取締の秘密警察は現在なお活動を続けてをり、反皇室的宣伝を行ふ共産主義者は容赦なく逮捕する……政府形体の変革、とくに、天皇制廃止を主張するものはすべて共産主義者と考へ、治安維持法によって逮捕される」と語った。また、岩田法相は、中国通信社の特派員による政治犯の扱いに関する質問に対してこう答えた。

「司法当局としては現在のところ政治犯の釈放の如きは考慮していない、かかる犯罪人を刑期より前に釈放することは裁判を無効にすることであり、我々にはかかる権限は与えられていない、かかる権限は天皇の大権に属し、唯一の具体的方法は陛下の御発意による恩赦以外にない。」(『朝日』一九四五年一〇月五日)

つまり、三木清の獄死報道以来、政治犯の釈放問題は内外の注目事となっていたが、それでも、日本政府は自ら政治犯を釈放することも、治安維持法を撤廃することも拒否していた。他方、米国本国では米軍の占領下でなお政治犯が獄中にあることが報道され、マッカーサーへの不信感が高まっていた。その結果、ディーン・アチソン国務次官は、一〇月三日の午前一一時にマッカーサーの政治顧問をしていたジョージ・アチソン宛に「日本の政治犯の釈放に関していかなる処置がとられたか報告されたし。米国では多くの政治犯が未釈放と報道されている」との電報を打った(FRUS, 1945, VI, 734)。この電報は、GHQに一〇月三日の夜半には着いたと思われるが、それが翌四日の午後六時に日本政府に対して指示された人権指令の発布を促進する効果をもったことは容易に想像できる。

人権指令の衝撃

正式には、「政治的・市民的・宗教的自由ニ対スル制限ノ撤廃ニ関スル覚書」と呼ばれる人権指令では、①「天皇、皇室及帝国政府ニ関スル自由ナル討論ヲフクム思想、宗教、集会及ビ言論ノ自由」を制限する法律等の撤廃、②一〇月一〇日までに政治犯を釈放すること、③思想警察と類似の機関の廃止、④内務大臣及び警察幹部、思想警察関係官吏の罷免、が要求されていた。この指令を発表したケン・ダイク民間情報教育局長は、「本指令は、日本政府が自発的に措置をとらないために発するもので、天皇制批判の自由を日本国民は初めて享有できる。これは民主主義の基礎をつくる一連の政策の一つである」と説明した(竹前、一九八〇年、一二〇〜一二二)。

この人権指令が東久邇宮内閣に与えた影響はまさに衝撃的であった。それまで「国体」への批判を封じるために、敗戦後も維持してきた治安維持法や特高警察の廃止が要求されただけでなく、内務大臣以下、約四〇〇〇人に及ぶ警察関係の官吏の罷免も求められたのである。東久邇宮首相はその日の日記に、「内閣は、これらの多数の官吏を見殺しにすることはできないから、彼らと運命をともにするのがよい」。また、「私は近く大赦令を行い、共産党員、大逆罪、不敬罪等、天皇の名で重く罰せられた人々を、天皇の名で釈放しようと考えていたが、その手続きがおくれて、いまマッカーサー元帥の名で、これらの人々が釈放されるようになったのは、陛下に対して申訳がない。現在の状況では内閣独自の考えでは何事もすることができない」と書いた(東久邇宮、二四二)。そして、翌五日、東久邇宮内閣は総辞職し、九日に幣原喜重郎を首班とする新内閣が発足するにいたる。

この人権指令の発布から東久邇宮内閣の崩壊の過程は、ポツダム宣言によって課せられた民主化の義務に応えるには、日本の旧支配層の側があまりに旧態依然としていたことを物語っていた。それ故、外務省は、人権指令発布後の情勢を分析して、今や占領軍は「革命勢力タルノ感アリ」と驚愕し、自主改革なしには、国家としての自主権の全面喪失を招来し、ポツダム宣言受諾の際の帝国の意図が没却される危険がある、との危機感を表明していた(天川、一三二)。

他方、獄中から続々と釈放された人々の動向が新聞紙上にも報道されるようになった。その中には、徳田球一や志賀義雄などの共産党幹部だけでなく、朝鮮人や宗教関係者も含まれていた。それらの人々の証言から特高警察による思想弾圧の生々しい実態も公表されていった。たとえば、一〇月七日の『朝日』は「血に彩られた特高の足跡、文化も人権も蹂躙、言語に絶する拷問」という見出しの下に、共産党指導者の岩田義道の拷問死や哲学者、戸坂潤の獄死の事実から人民戦線事件による労農派指導者の山川均や荒畑寒村などの逮捕、さらには、中央公論社や改造社の解散強行などに至る様々な弾圧の実態が暴露された。また、「晴れて釈放される人々」との見出しで、出獄者だけでなく、晴れて自由の身になれる拘留執行停止中や裁判で係争中の人々の横顔も紹介されていた。かつて法的・政治的に弾圧されただけでなく、「非国民」視されて社会的にも圧迫された人々がいまや「……氏」という敬称付きで呼ばれ、不当な弾圧に抗した抵抗者として描かれているのを見て、多くの国民ははっきり時代の変化を自覚したことであろう。

つまり、人権指令の意義は、第一に、約三〇〇〇人もの政治犯が釈放されることによって民衆運動の活性化を促したことであった。たとえば、一一月二日には日本社会党が結成大会を開催し、翌一二月一日には共産党の第四回大会が開催され、史上初めて合法政党としての活動を開始した。

第二に、このような革新政党の復権以上に重要なこととして、大衆心理に与えた影響が重要である。つまり、敗戦後も日本政府が存続し、「国体」が守られたかのような印象が流布されていた状況下で、占領軍が「天皇制批判の自由を日本人は初めて享有できる」と宣告したことが日本人の大衆心理に及ぼした意義は決定的であろう。換言すれば、「国体」批判をタブー視する風潮が、少なくとも法的レベルでは取りはらわれ、「おかみ」を批判しても法的に罰せられることはない時代が来たという実感を民衆に与えた意味は絶大である。

第三に、占領軍と日本政府の間の矛盾が劇的な形で顕在化したことにより、日本の民衆が旧支配層の戦争責任を追及し、改革の徹底を要求しやすい心理的条件が生み出されたことの意義も大きかった。それ故、人権指令の発布以降、左翼政党のみならず、労働運動、農民運動が急速に活性化してゆくことになり、日本の民衆は「魔法の園」から脱出する手がかりを得ることになった。その意味で、人権指令は、「初期の対日方針」の中に含まれていた「下からの」改革運動の助長という政策意図を実施する第一歩として極めて、重要な指令となった。

政治犯の釈放とノーマン

一〇月一一日、首相就任の挨拶に訪れた幣原に対してマッカーサーは、婦人解放・労働組合の助長・教育の自由主義化・司法警察改革・経済の民主化などの五大改革の実施を指示するとともに、憲法の自由主義化についても示唆した。ここに占領改革はいっそうの弾みがつけられることになるが、他方で、マッカーサーは、日中戦争勃発時の首相であり、東久邇宮内閣の国務大臣であった近衛文麿に対して一〇月四日に憲法改正作業を主導するように示唆していた。そのため、近衛は、東久邇宮内閣の総辞職後には、一〇月一一日に内大臣府の御用掛に任命され、天皇側近の立場から憲法改正案の作成にとりかかろうとしていた。また、幣原内閣の側でも、一〇月一三日、松本烝治国務相を委員長とする憲法問題調査委員会を発足させた。

つまり、一〇月中旬には、占領軍による一連の民主化政策が、かなり広範囲で、徹底したものになることが明らかとなるにつれ、明治憲法の改正問題も議論の対象になり始めた。しかし、問題は、マッカーサーが旧支配層を代表する一人である近衛による改憲案の検討を助長したことで

図 16　カナダ在日代表部でのマッカーサーとノーマン（1947年）

あった。一〇月八日、マッカーサーの政治顧問ジョージ・アチソンは、近衛に対して、衆議院の権威の確立・天皇の拒否権の廃止・天皇の詔勅や命令による立法の削減・軍部の政治的影響力の除去など、立憲君主制の方向を目指した改正要綱を提示した。その席には、高木八尺、松本重治、牛場友彦ら旧日本IPRに関わりの深かった人々も同席していた。以後、近衛は、憲法学者の佐々木惣一などの助言を得て改憲案作成を進めて行くことになる（東京歴史科学研究会、三〇）。

他方、GHQでは、続々釈放されてきた政治犯に対して聞き取りを実施し、彼らのその後の政治活動の方向性を確認すると共に、彼らからも戦争責任者の確定に関わる情報の収集を行なっていた。その中心になったのが、当時、対敵情報部にいたE・H・ノーマンと政治顧問部にいたジョン・エマーソンなどであった。ノーマンとエマーソンは、一〇月五日、GHQの係官として初めて府中刑務所を訪問し、徳田球一や志賀義雄などの政治犯と会見した。さらに、七日には、徳田や志賀など数名の政治犯をＧＨＱに招き、政党や秘密結社、さらに警察や司法の状況について詳しい陳述を求めた（詳しくは、竹前、一九八〇年、一二三～一四七）。この時の尋問は、ノーマンやエマーソンの個人的な志向によるものでなく、ＧＨＱの命令によって実施したものであったが、後に米国の上院でドゥーマンから「大物の共産主義者に東京の目抜き通りを行進させて賞賛と好意を寄せる人びとの喝采を受けさせ、こうして日本共産党に十万の党員を獲得させた」という荒唐無稽の非難をあびせられようとは、思ってもみなかったであろう（エマーソン『嵐の中の外交官』二一二）。

しかも、既に見たように、エマーソンは中国戦線で日本軍に抵抗していた日本人と接した体験を通じて、政治犯の釈放が日本の民主化に果たす積極的な役割について確信をもっていた。その点は、日本人による「下から」の改革運動の盛り上がりを重視していたノーマンの場合も同じであった。たとえば、ノーマンは、一〇月二六日に妻に宛た手紙の中でこう書いている。

「過去二週間私がどれほど忙しかったたか、君には想像つかないだろう。しかし、私の人生の中でこんなに興奮する程いそがしかったことはない。……」(Bowen, 118～119)

ここでノーマンが最高の興奮を覚えた経験とは、府中刑務所を訪問し、政治犯を尋問したことを指しているのだが、続けて彼はこう書いている。

「私は、マッカーサー元帥の命令によって彼ら（政治犯のこと、引用者注）が一週間以内に釈放されることになっていると彼らに告げることができたが、これほど喜ばしいことはなかった。後に我々は、もっと詳しく彼らから聞き取りをする機会をえたが、釈放されてから二、三日後には、彼らは非常に興味深い、最近の情勢に関する政治情報を我々に提供してくれた。」(*Ibid.*, 119)

このように、ノーマンが政治犯の釈放を重視していたのは、日本の民主化は上から与えられるものではなく、民衆自身がかち取るものだと考えていたからであった。

たとえば、彼は、九月二五日の妻宛の手紙の中でこう言っている。

「日本政府の側には（民主化を推進するための、引用者注）適当な政治機関やノウ・ハウが欠如しているように見える。」それ故、長年抑圧され、戦時中には投獄されていた成長期の民主勢力が、助力を得さえすれば、民主的改革のほとんどを自分たちで実施できるだろうし、また、すべきである。

「民衆自身が作り上げた民主主義のみが永続性のある民主主義であり、上から押し付けられた民主主義は失敗するにきまっている。」(*Ibid.*, 121)

戦犯追及の拡大

「下から」の民主化を重視するノーマンにしてみれば、戦争中に権力の中枢にあった旧支配層が占領下でも引き続き強い影響力を保持している状態に危機感を抱いたのは当然であった。とりわけ、日中戦争勃発時の首相であった近衛が憲法改正の音頭をとっていることは、不可解であったろう。一〇月中旬に戦略爆撃調査団の一員として来日したトーマス・ビッソンも思いは同じであり、一〇月二八日付の妻宛の手紙の中でこう書いている。

「このところ、近衛・木戸グループが物静かながら総司令部にとり入りはじめている。そう急に事が運ばないとしても、彼らは髪の毛一本も変えることなく、（戦前の）寡頭政治を残すのに成功するだろう。それにしても、われわれが保守派の官僚たちを何人か尋問して、彼らの口から、われわれ調査団が望むすべての経済関係データを提供するのを聞くのは皮肉なものだ。いまや彼らは昔とは一転してまったく逆の態度をとっているのだ。明らかにこれは、データをわれわれに提供することによって自分をなくてはならぬ人間だと認めさせようという気持ちがあるからだ。左翼の政党の発展は遅く、最強の政党は右翼の側にできつつある。この右よりの政党はほとんどが戦前の政治指導者に率いられていて、旧秩序にほんの少々の修正を加えるという方向をめざしている。」（ビッソン、一九〜二〇）

他方、ノーマンは一一月五日、近衛と木戸前内大臣の戦犯容疑に関する覚書をジョージ・アチソン宛に提出したが、その中で近衛についてこう述べている。

「過去十年ばかりのあいだに内政外交を問わず重大な曲り角があるたびに、近衛はいつも日本国家の舵をとっていたこと、しかもこういう重大な曲り角の一つ一つでかれの決定がいつも、侵略と軍およびその文官同盟者が国を抑えこむ万力のような締めつけを指示したことを明らかにせずにはおかない。近衛が日本の侵略のために行なった最も貴重な勤めは、かれだけがなしえたこと、すなわち、寡頭支配体制の有力な各部門、宮廷、軍、財閥、官僚のすべてを融合させたことであった。」（ノーマン『全集』Ⅱ、三四三）

勿論、近衛に対する批判はノーマンだけでなく、米国本国のマスコミも近衛が改憲作業の中心人物となっていることへの非難を書き立てていた。そのため、マッカーサーの参謀長代理マーシャルは、一一月六日にジョージ・アチソンに対してつぎのような警告を発した。

「マッカーサー元帥は、貴官が彼（近衛、引用者注）との間の会合をこれ以上続けると、貴官に多大の個人的危険が及ぶと信じています。なぜなら、元帥は、適当な時期に近衛が貴官との接触の事実を公表するのは疑いないと考えているためです。そうなれば、貴官はアメリカの世論に対して極めて危険な立場に置かれることになるでしょう。」（A-xi: Decimal File 894, Box 7084, RG 59, National Archives）

このような内外での近衛批判の高まりの中で、ジョージ・アチソンは一一月一七日、バーンズ国務長官に対して近衛の戦犯容疑についての報告書を送付することになるが、その際、アチソンはノーマンの覚書を高く評価してそれを添付した。そして翌一二月四日に梨本宮、平沼元首相、広田元外相ら五九名に続いて、同月六日には、近衛、木戸ら九名に対して戦犯容疑者としての逮捕状が出された。その範囲は軍人のみならず、外交官、政治家、実業家、言論人、さらには皇族にも及んでいた。それだけに旧支配層に与えた衝撃は大きく、近衛は一二月一六日、逮捕を前に服毒自殺をとげた。

ついで翌年一月四日に、総司令部は、軍国主義者や超国家主義者の公職追放や関連団体の廃止を命令し、結局、旧軍人を中心に政界・官界・財界・言論界・教育界などから総計二〇万人もの人々が公職から追放されることになる。このように広汎な公職追放は、戦犯逮捕とともに、旧支配層に多大の打撃を与え、保守層の再編成を促した。

天皇の戦争責任問題と象徴天皇制の成立

米国政府の内部では、終戦後も、天皇制の扱いや天皇の戦犯問題をめぐって激しい論争が続いていたが、一九四五年一〇月一九日にいたり、国務・陸・海三省調整委員会において、ようやく、当面、天皇制の扱いについての最終決定は延期し、戦犯容疑についてマッカーサーに対して証拠を収集し、訴追の是非を統合参謀本部に報告するように指示することだけを決定した。この指示を受けてマッカーサーは、翌年一月二五日、陸軍参謀総長アイゼンハワー宛にこう回答した。

「指令を受けて以来、天皇に対して起訴できるかどうか慎重に調査してきた。過去十年間の大日本帝国の政治的決定に何らかの形で天皇が関ったという特定かつ明白な証拠は発見されなかった。……私は終戦までの天皇の国事行為との関わりは主として補助的なものであり、側近の助言に自動的に対応したものという強い印象をうけた。……天皇の告発は日本人の間に多大の混乱を引き起すことは疑いない。その反響は測り知れないものであろう。天皇はすべての日本人の統合の象徴である。彼を破壊すれば、国民は瓦解するであろう。」

そして、もし、天皇を訴追すれば、日本国内は混乱し、「少なくとも百万の軍隊を何年も維持する必要がおこる」と警告した（*Foreign Relations of the U. S.*, 1946, VIII, pp. 395-396）。

このマッカーサーの回答は、前段で天皇無罪論を主張しながら、後段では天皇訴追の政治的困難さを強調するという形で、矛盾した内容になっているが、マッカーサーは早くから天皇の権威を利用して占領統治をスムースに行なうことを考えていただけに、むしろ後段に彼の本音があると見るべきであろう。事実、前年の暮れに、戦犯逮捕が近衛や木戸などの天皇側近や梨本宮にまでおよび、つぎは天皇に及ぶとの予測が飛び交っていた状況の中で、マッカーサーは、天皇側近や総司令部の一部で進んでいた天皇自身が神格否定を宣言する計画を積極的に支持し、天皇免罪の環境づくりに努力していた（詳しくは、ウッダード、二九八〜三一四）。

その宣言は、一九四六年元旦に年頭の詔書として発表され、天皇の人間宣言と呼ばれることになる。それは、明治天皇の五箇条の御誓文の意義の再確認から始まり、戦災復興への努力を訴えた上で、「朕ト爾等国民トノ間ノ紐帯ハ、終始相互ノ信頼ト敬愛トニ依リテ結バレ、単ナル神話ト伝説トニ依リテ生ゼルモノニ非ズ。天皇ヲ以テ現御神トシ、且日本民族ヲ以テ他ノ民族ニ優越セル民族ニシテ、延テ世界ヲ支配スベキ運命ヲ有スルトノ架空ナル観念ニ基クモノニモ非ズ」と述べた。この宣言を受けて、マッカーサーは、翌日の新聞に天皇が「日本国民の民主化に指導的役割を果たさんとしている」ものとして歓迎の意を表明した（『朝日』一九四六年一月一〜二日）。

しかし、二月初めになり、幣原内閣が検討していた改憲案が、天皇主権の体制を維持し、明治憲法の若干の手直し程度のものに過ぎないことが明らかになると、マッカーサーは、極東委員会の発足以前に改憲案の作成を終えるため、急遽、ＧＨＱの民政局（ＧＳ）に命じて国民主権の下で天皇制を象徴天皇制の形で残す改憲案を作成し、幣原内閣に認めさせた。この新憲法の成立によって、主権は天皇から国民に移行し、旧支配層の悲願であった天皇主権の体制としての「国体」の護持は果たされないことになった。

このように、人権指令からＧＨＱによる改憲案作成に至る過程の特徴は、日本の旧支配層が、オールド・リベラルも含めて、あまりにも旧態依然たる精神状態にとどまり、ポツダム宣言や対日占領指令によって課せられた民主化の課題に対応できなかったことであり、その点では、米国国務省の知日派や英国のチャタム・ハウス・グループの期待は裏切られることになった。その点では、むしろ、米国ＩＰＲのジョンストン報告書やビッソン論文が提言し、対日占領指令にも見られた、「下から」の改革運動を助長して、新しい指導層の台頭を促進する政治姿勢の重要性が浮き彫りにされることにもなった。

象徴天皇制の問題性

しかしマッカーサーは、ソ連やイギリス連邦諸国の影響の強まりを恐れて、極東委員会の発足以前に日本の統治体制の大枠を決定しようとしたため、実際の改憲作業は占領軍による「外から」の改革という性格を色濃くすることになった。勿論、改憲案については、一九四五年の一一月から翌年一月にかけて各政党や民間の研究団体からそれぞれの改憲案が提示され、その中には、国民主権に基づく立憲君主制の採用を提案した憲法研究会案のように、GHQの改憲案に影響を与えたものもあったが、全体としてはGHQ主導の性格は否めなかった。

とりわけ、天皇の戦犯問題や天皇制の存否については、日本人が自由に討議する権利が人権指令などによって与えられながら、その権利が十分行使される以前に、マッカーサーによって「国民の象徴」という形で天皇制の存続が決定されたことは、「下から」の改革運動の助長という占領政策の基本姿勢に反する決定であった。それ程、マッカーサーは、天皇の権威を利用して占領の円滑化をはかることに固執したのであり、その結果、占領改革は、天皇から国民への主権の移動という政治革命を天皇の権威を利用して実現したという皮肉な結果を生むことになった。つまり、戦後日本の民主化は、ジョン・ダワーが指摘する通り、「権威主義的民主化」という性格をもつことになり、極言すれば、精神革命なき政治革命という性格を帯びることになった（同様の指摘は、袖井、七三〜七四）。

それ故、象徴天皇制の成立については、IPRの中でも鋭い評価の対立が生まれることになった。たとえば、国務省知日派の一人であるロバート・フィアリは、一九五〇年にIPR国際事務局の補助を得て『日本占領』を出版した。これは、カーターに代わってホランドが事務総長になって以来、国務省の知日派にもIPRの門戸を開いていったためであったが、その中で、フィアリは、こう書いている。

「天皇は、新憲法の下における新しい役割によく適応してきたように思われる。天皇の人望は、個人的には従前よりもまさるようになってきておるが、天皇自身は、権力を持たぬ国家の象徴としての地位に不安を抱く様子もなく、国民もまた天皇を従来の地位に復帰させることを望んでおる模様もない。多くの論者は、天皇制に対する政策ほど占領政策中重要なものはなかったし、またこの政策ほど成功したものもない、と称している。」（フィアリ、五七）

他方、日本にバプティスト教会の宣教師として三〇年も滞在し、『日本の国民的信条』や『近代日本と神道ナショナリズム』などの著書のあるダニエル・ホルトムは、米国ＩＰＲの機関誌『ファー・イースタン・サーヴェイ』の一九四六年三月一三日号に「〝新しい〟天皇」という論文を寄せ、その中で、日本の寡頭勢力が絶えず、天皇と国民の関係を親子関係にアナロジーした上で、「天皇の慈悲という観念を権力の手段として利用してきた」ことを指摘した。そして、天皇が突然、一片の「詔勅」によって、天皇と国民の紐帯は「神話と伝説」によるのではなく、「相互の信頼と敬愛」に基づくと宣言しても、過去においてその紐帯が「神話と伝説の未曾有の操作の上に成立ち、日本の最良の学者は、自らの生命と自由を危険にさらすことなしには、それに疑問を呈することはできなかった」事実を簡単に忘れることはできない、と警告した。

また、トーマス・ビッソンは、ＩＰＲの国際事務局の補助を得て一九四九年に出版した『日本における民主主義の展望』の中で、こう書いている。

「天皇の存続は、たとえ彼の憲法上の公的権限にどれほど大幅な修正が施されたとしても、古い構造の土台を無傷で残し、寡頭勢力がその支配を維持する努力を促進した。日本では『王権神授』の伝統が依然として強力であり、我々が西洋で見出すような、王権を制限する民衆闘争という前提はない。占領当局が天皇を通じて統治を行なったという事実は、日本人をして、新しい自立した道を歩み始めさせる代わりに、引き続き以前からの天皇への依存関係の継続を助長させるに十分であった。」(Bisson, 1949, 24〜25)

つまり、ホルトムやビッソンがここで強調していることは、天皇の憲法上の地位が主権者から「象徴」へ転換したといっても、それを、日本における立憲君主制の成立という形で単純には評価できないのであって、天皇と国民の関係を親子関係の延長上に位置づけるような血縁的な国家観、換言すれば、本来、権力関係として理解されるべき「国家」が「家」の延長として理解されるような共同体的国家観の影響が根強く残ったことの問題性であった。なぜなら、このような国家観こそが日本人の精神構造を権威主義的かつ大勢順応的なものに止め、ひいてはアジア・太平洋戦争に「挙国一致」の形で突入させる強力なイデオロギーとなったからであった。

さらにビッソンは、同じ本の中で、新憲法において天皇が「日本国民統合の象徴」とされたことが、日本人のナショナリズムに及ぼす影響について警告を発した『ニューヨーク・ヘラルド・トリビューン』紙の特派員が一九四七年一二月に書いた、つぎの記事を引用している。

「日本人の天皇崇拝は、西洋の風によって曲がることはあっても、折れることはない丈夫な樹のようなものである。天皇制の〝民主化〟は注意深く計画されたものの、以前よりまして

天皇を日本ナショナリズムの偉大なシンボルにする可能性がある。」(Bisson, 1949, 25)

この記事では、戦後の日本ナショナリズムの具体的な特徴については指摘していないが、たとえば、天皇という血縁的なシンボルを「国民統合の象徴」とすることによって、「単一民族国家」的なイメージが強化され、外国の民族に対するいわれのない優越感や国内の少数民族に対する差別感が存続する危険性などが指摘できるだろう。

確かに、初期の占領改革は、天皇主権の体制から国民主権の体制へと政治体制の革命的変化をもたらしたが、それは、米国国務省の知日派が想定したような軍部以外の旧支配層による「上から」の改革によって実現したのではなかった。それは、日本の旧支配層が、オールド・リベラルも含めてあまりに旧態依然としていたためであり、その結果、占領軍は、当初は「下から」の改革運動を助長して政治指導層の交代を促したが、肝心の、戦後日本の基本的枠組みをなす新憲法の制定にあたって、マッカーサーは、結局、天皇の権威を利用した形での改憲を実施したため、初期の占領改革は、精神革命を未完とした政治制度革命にとどまったのである。

3 総司令部の改革派と太平洋問題調査会

GHQ改革派の群像

一九四五年一二月初め、『シカゴ・サン』紙の特派員として東京に着いたばかりのマーク・ゲインは、一二月七日の日記にこう書いている。

「東京はいまや歴史の焦点に立つ都会だ。総司令部の各部局を一めぐりしてみたが、私と話し合った人は、歴史上最大の実験と将来称されるであろう仕事、すなわち敗戦国の再形成という仕事にみんな没頭していた。……いま、彼らは自分自身を、そして敵をも洗い清めつつある様な感じを抱いている。『改革者』は総司令部に充満している。新しい民主日本の設計図の作成に若い人たちが働いている各ビルディングは、いずれも夜おそくまで電灯をあかあかとともしている。」（ゲイン、上、四）

ゲインがここで「改革者」と呼んだ人々は、しばしば「ニューディーラー」と呼ばれたが、その多くは、修正資本主義的な立場に立っていた。しかし、少数にせよ、社会民主主義者やマルクス主義者も存在した。GHQ内の「ニューディーラー」と呼ばれた人々の中で最も高い地位をしめたのは、一九四六年五月まで民間情報教育局（CIE）の局長として人権指令や神道指令を主導したケネス・R・ダイク准将や、一九四九年四月までの長期にわたって民政局（GS）の次長として公職追放や憲法改正に辣腕をふるったチャールズ・L・ケーディス大佐であった。

ダイクは、戦時中は心理作戦に従事していたが、それ以前はNBCの宣伝担当重役を経験し、報道の自由の重要性を認識していた人物であった。また、ケーディスの場合は、ハーヴァード大学の法律学校卒業後、ニューディール改革進行中の内務省や財務省で、公共事業関係の法律事務に従事した文字通りのニューディーラーであった。戦時中は歩兵・参謀学校を経て、陸軍省の民政部に配属され、一時フランス占領に関与した後、民政部長のヒルドリング少将の要請で、「バターン・ボーイズ」などの側近で固められたマッカーサー司令部に対する監視も兼ねて、東京に派遣された人物であった。当時、弱冠三九歳であったが、作成されたばかりのSWNCCやJCS文書を持参し、ワシントンでの対日政策立案の最新動向に通暁していたため、マッカーサー司令部でも重用されることになった（Williams, 36, 竹前、一九八八年、二五〜三三）。

課長レベルでは、経済科学局（ESS）の反トラスト・カルテル課の三代目の課長（一九四七・四〜五〇・六）となったエドワード・ウェルシュとか、二代目の労働課長（一九四六・二〜四七・四）となったセオドア・コーエンが典型的であった。ウェルシュは、オハイオ州立大学から独占問題で博士号を受け、戦時中は価格統制局に勤務した後、請《こ》われてGHQ入りした時には、弱冠三八歳であった。また、コーエンの場合は、コロンビア大学大学院で日本の労働運動に関する修士論文を書き、戦時中は戦略局の調査分析課や外国経済局で日本の労働問題の分析にあたっていた人物で、来日の時点では二八歳の若さであった（竹前『GHQ』一一四、同『証言日本占領史』八二〜八三）。

また、平の課員の中には、ニューディール的改革よりも徹底した改革を主張したラディカルも存在した。たとえば、労働課にいたアンソニー・コンスタンチーノやレオン・ベッカーは、一九三〇年代の米国で活性化した労働運動に関与し、その経験から日本の労働運動の再建を助長しようとした人々であった。米国IPRの関係では、トーマス・ビッソンが一九四六年四月から四七年五月まで民政局で経済追放や財閥解体などに従事したし、日本の農業問題に通じていたアンドリュー・グラジダンツェフが一九四六年一月以来、民政局に勤務し、農地改革などに関与した。さらに、米国IPRの事務局にいたミリアム・ファーレイは、一九四六年一月から翌年二月まで民政局や民間情報教育局に関係していたし、戦前に日本IPRの編集出版活動に関与したことのあるエレノア・ハドレーも一九四六年三月から翌年九月まで民政局に勤務し、財閥解体などに関与した。また、ジョン・マキは一九四六年八月まで短期間民政局にいた。

図 17　軍服姿のT. A. ビッソン

ビッソンも言っているように、「このころの東京は、アジアを専門とする者たちをひきつけてやまない磁石のようなものであった」(ビッソン、二九)。米国IPRの会員では、ケネス・コールグローブやサイラス・ピーク、さらに、ジョン・マキなどもその例であろう。つまり、占領への参画は自らの研究成果を実地に検証するまたとない機会と受けとめられたのであった。しかも、外国経済局などの戦時中に臨時に設置された機関には、多くの進歩的な人物が働いていたが、終戦とともに、それらの機関が廃止されたため、占領軍への参加が貴重な転職の機会ともなった。また、GHQの中には、アジアや日本の専門研究者は少なかったため、占領初期における彼らの影響は数以上のものとなった。

勿論、ＧＨＱ要員の多くは、保守的な職業軍人であったし、民間人出身者の中には経済科学局を中心として保守的実業家もいた。それ故、進歩派がＧＨＱ要員の多数を占めたとも言えないが、ＧＨＱ要員の多くは、当時三〇～四〇歳台であり、青年期に米本国でニューディール改革の洗礼を受け、大戦中はローズヴェルト大統領の提唱した「四つの自由」などの理想に燃えて従軍した世代に属していた。それだけに、多くがなんらかの形で改革者的な情熱を共有していた。しかも、初期の対日占領指令自体が改革促進的であったため、この傾向はいっそう促進されることになった。

ＧＨＱの内部対立

そのため、日本の旧支配層にとっては、ＧＨＱの改革的傾向は一大脅威と映っていたのであり、吉田茂はその点についてこう回想している。

「民政局を始め、一体に参謀部以外の部局の比較的若い職員の間に、いわゆるニューディーラーと呼ばれる革新分子が、特に占領の初期の頃に多くはいりこんできていた形跡があった。これらの人々は私が前にのべた理念派の典型的な連中であって、彼等が日頃抱懐する進歩的な革新論を実行してみる実験場として、占領中の日本を利用した傾きがあった。……私は民政局はじめ、私のいわゆる理念派の人々から、余り好かれていなかったようだが、不思議と生粋の軍人連とは気が合ったとでもいうか、親しくなった。」（吉田『回想十年』Ⅰ、一〇九～

一一〇)

吉田が特に親しくしていたのは、GHQの諜報機関であるG2の責任者、チャールズ・ウィロビー少将やマッカーサーの副官L・E・バンカー大佐などの保守派であった。中でも、ウィロビーは、特異な経歴と思想の持ち主であった。彼は、ドイツの貴族であった父とアメリカ人の母の間に一八九二年に生まれ、一兵卒から身を起こして、カンサス州にある陸軍学校で戦史を講じていた頃にマッカーサーと知り合った。スペインのフランコを崇拝する極めて貴族主義的人物であるとともに、すべての左翼をソ連のスパイ視する徹底した反共主義者として知られていた。またバンカーは、ハーヴァード大学出の弁護士で、モルガン商会にも関係をもつ人物であり、吉田とマッカーサーの間のパイプ役を勤めた(T・コーエン、上、一五〇~一五三)。

「バターン・ボーイズ」と呼ばれるマッカーサーの側近の中で、占領初期の改革を促進する上で重要な役割を果したのは、民政局長のコートニー・ホイットニー准将であった。ホイットニーは、一八九七年にメリーランドで生まれた後、一三年間もマニラで弁護士を開業している間にマッカーサーと知り合い、大戦中はフィリピン人の抗日ゲリラの組織化を担当した。彼は、誰よりもマッカーサーの心を読むことに長《た》けていたといわれ、日本占領中も予約なしでマッカーサーの執務室に入りうる唯一の局長であり、ホイットニーとマッカーサーとのこのような親密な関係は、占領初期に民政局がGHQ内の最重要部局として、改革を推進する上で、決定的な意味をもったという(ガンサー、一一九、T・コーエン、上、一四三~一四五)。

ホイットニー自身の政治哲学は、二〇世紀初めの革新主義時代を代表する共和党の大統領であるタフトに近いものだったといわれ、共和党支持者の中でも改革志向の強いグループに属していた。その上、ワイルズによれば、「ホイットニーは戦前の日本を知っているものを信用せず、彼らを旧日本派と呼び、冗談でなく、彼らはいまだに朝起きるとまず、皇居にむかって礼拝する輩だと非難していた。ホイットニー自身は保守主義者だったが、日本の戦前の政府はあらゆる面において『封建的』であり、ホイットニーを批評する者たちが、桃色がかったと評した方向で、急激かつ徹底的な変革をおこなうことによってのみ、改革は達成できると確信していた」という(Williams, 86, ワイルズ、一〇七〜一〇八)。

その結果、占領初期のGHQの内部では占領改革の実施にあたって、その推進をめざす民政局とそれに反対するG2との対立がしばしば表面化し、最終決定はマッカーサーに委ねられる事態が発生した。それは、特に、旧統治機構の改編に直接的にかかわる公職追放とか、警察改革とか、財閥解体などの政策をめぐって表面化したが、その際、マッカーサーは、初期指令に依拠して決定を下すことが多かった。その点についてビッソンはこう回想している。

「基本指令の権威ある言葉は、全部局の進歩的なメンバーにとっての拠り所であった。マッカーサーは、骨の髄まで軍人であり、結局は統合参謀本部の指令に従って行動していた。私の経験では、そして他の人々もそうだと思うが、だれかが論争の多い問題をするどい言葉でとりあげる。しかし、その言葉が統合参謀本部の指令でのべられている言葉に準拠している

ことが明確であれば、通常、マッカーサーの承認はとりつけられると期待できた。」(ビッソン、八五)

その上、マッカーサーは、ホイットニーと類似した日本認識を持っていたため、少なくとも占領初期においては民政局の見解に傾くことが多かった。たとえば、マッカーサーは回想記を書くにあたって、ホイットニーの回想記を参照したことはよく知られているが、戦前の日本についてもつぎのようにホイットニーと類似の認識を示していた。「日本は二十世紀文明の国とはいうものの、事態は西欧諸国がすでに四世紀も前に脱ぎすてた封建社会に近いものであった。……天皇の権力は、軍部、政府機構、財界を支配する少数の家族によって支えられ、民権はむろんのこと、人間としての権利すら認められていなかった」(マッカーサー、下、一三二〜一三三)と述べて、ほとんどホイットニーの記述を踏襲している。

また、マッカーサーが財閥解体を初期には推進しようとしたのは、彼が財閥を「民間社会主義経済組織」という形で把握した上で、自由競争経済の回復のために必要と判断したためであった。このことが示すように、マッカーサーの政治信条の特徴は、古典的自由主義への不動の信頼にあった。それは、彼がちょうど一〇代の多感な時期を、当時ポピュリストと呼ばれた反独占的農民運動が広汎な盛り上がりを見せていた一八九〇年代のテキサスや中西部で過ごしたことと無関係ではあるまい。ガンサーも、その点を「かれにはウィスコンシンの荒野をきりひらいた開拓民の血が流れており、経済的不正や特権の濫用を心からきらっている」と述べている(ガンサー、一二五)。

つまりマッカーサーには、二〇世紀の後半になっても、古典的自由主義に絶対的信頼を寄せる思想傾向があり、そのため社会主義は勿論、ニューディールにも敵意を抱く米国の保守主義者の特徴を共有していた。しかし、日本占領にあたっては、軍人としてワシントンから送付された極めて改革的な初期指令を遵守しなければならなかっただけでなく、日本を極めて「前近代的な国家」と見なしていたため、古典的自由主義者の立場からも日本の改革は不可避なものと認識されたのであった。この点にこそ、日本で占領初期に、かなり徹底した改革が実施された根拠があったし、GHQ内の改革派が重要な影響力を行使できた理由があった。

日本IPR再建の始動

占領改革が進行し、言論の自由や大学の自治の保障が確実なものになるにつれ、多くの研究団体が復活したり、新設されていった。とりわけ、旧日本IPR関係者の場合には、進駐した占領軍の中にかつてIPRの国際会議で交友を深めた人々の顔が見られただけに、日本IPRを再建する気運が盛り上がっていった。しかし、満州事変から日中戦争を経て太平洋戦争にいたる過程で、日本政府や軍部の侵略拡大政策に対して抵抗できず、追随していった上で、結局、太平洋戦争中には解体を余儀なくされたという苦い過去をもつ旧日本IPRをそのままの形で再建することは困難であった。それ故、再建にあたっては、いかにして過去の反省を示すかが問題となった。

国際IPRの事務局関係者と旧日本IPR関係者との接触は、敗戦の年の一〇月には始まっていた。その年の二月以来、戦時情報局の重慶事務所の責任者として中国にいたウィリアム・ホランドは、帰国の途上、一〇月末に東京に立ち寄ったが、その折、旧日本IPRの事務局に関係していた牛場友彦や松本重治に会い、各国IPRの近況を伝えるとともに、東京大空襲で焼失したIPR関係図書の送付を約束した（A-viii: Holland, IPR Memoirs, Activities: 1939-46, 14）。

また、同じ頃の東京にはビッソンやノーマンのほか、国務省の中国担当の外交官で、IPRとの関係も深かったジョン・サーヴィスなども滞在していた。たとえば、一〇月二八日付のビッソンの妻への手紙にはこう書かれていた。

「数日前のことだが、ジャック（ジョン・サーヴィスのこと、引用者注）が夕食会を催したことがあった。同席者にはジャックの上司ジョージ・アチソン（マッカーサーの政治顧問、引用者注）、ジョン・エマーソン（米大使館付）、ビル・ホランド（重慶・上海からニューヨークへ帰る途中だった）、ハーブ・ノーマン、それにスピンクスがいた。これは実にいい食事で、帝国ホテルの個室ダイニング・ルームを使い、中国や日本のことについて議論は緊張して熱のこもったものになった。」（ビッソン、一九）

さらに、一一月一七日の手紙にビッソンは、戦略爆撃調査団のメンバーと旧日本IPRメンバーとの意見交換があったことを伝えている。

「昨夜も長時間外出した。まず日本外交問題調査会の招きで日本風の夕食会。出席したのはほとんどが経済専門家で、おもに日本太平洋問題調査会のメンバーから選ばれた日本人たち、アメリカ側からはジェンキンス（賠償委員会の一員のソーシャリー・ジェンキンスの夫で後にIPR職員、引用者注）のほかにわが総合効果課（戦略爆撃調査団の一部局、引用者注）からガルブレイス（後にハーヴァード大学の経済学教授となる）、ギルバート（ミルトン・ギルバート）、バラン（後にスタンフォード大学の経済学教授）とぼく。夕食のあと、これからの議題として、日本側から日本の経済状態にかんする重大問題をわれわれアメリカ側と詳細に論じようではないかという提案があった。」（同、三七）。

このように、知米派の知識層や実業家を多数含んでいた旧日本IPR関係者は、占領軍のみならず、米国から派遣された様々な調査団にとっても、日本の実状を知る上で貴重なパイプ役として期待されていた。また、日本側としても、米軍の占領により外交権を失い、海外渡航もままならない当時の状況下では、IPRのような国際的民間団体を再建することは独自に海外の情報を入手しうるネットワークを確立する魅力的な道であった。

その結果、一九四六年四月ごろには再建の動きが、オールド・リベラル派を中心とする戦前の指導者だけではなく、新しい革新的な知識層も加わる形で始まった。そのあたりの事情をビッソンは、旧友である都留重人からの情報として、四月一四日の手紙で妻にこう報告していた。

「われわれは、長時間、楽しく語り合った。一部は仕事の話だった。日本側は、太平洋問題調査会（IPR）支部を東京で再建しようと努力中なので、重人は最近の状況に通じていてほしいといった。事がうまく運べば、東京のグループに力となる強力な進歩的グループを加入させる機会もあろう。もっとも、ニューヨークのＩＰＲ本部と再び正式の関係を樹立するには、まだしばらくの時間がかかるだろうと、ぼくは彼に注意しておいた。」（同、六七）。

日本ＩＰＲの再建

結局、このような日本ＩＰＲ再建の動きは、一九四六年一〇月一一日に日比谷市政会館で旧日本ＩＰＲとは別個の組織が創設される形で結実した。名称も、戦前の日本国際協会太平洋問題調査部から日本太平洋問題調査会と改められたが、その設立趣意書にはつぎのように過去との決別が述べられていた。

「調査会発足以来十五年に亘る太平洋諸関係の調査、啓発の真摯なる努力にも拘らず、遂に不幸にも大戦の勃発を見るに至ったことはかへすがへすも遺憾の極みでありました。我々は既往をかへりみて猛省すると共に、誓って過去の誤謬を繰返さないよう万全の策を考えねばなりません。

終戦と共に我国は恥ずべき過去の絆から解放せられ、新たな歴史の門途に発つに至りましたが、それと同時に新生日本は茲に新しい基礎の上に、新たな覚悟を以て、戦後面目を一新した国際社会の一員として平和の確保、文化の向上に貢献せねばならぬこととなりました。

此の機に際し、我々は現に二十年の伝統と歴史を有し、今次戦争を通じて益々その重要性を増しつつある太平洋問題調査会（ＩＰＲ）の国際的活動に再び参加することにより、太平洋諸問題の科学的究明に協力し、之等問題に関する我国民の正しい輿論醸成に資したいとの念願から、茲に日本太平洋問題調査会を再建するに至りました。

新調査会は、日本の新しい出発にふさわしく旧調査会と何等かかわりなく、全く白紙の立場に於て発足することとし、去る十月十一日日比谷市政会館に於てその創立総会を開催致しました。」（Ａ－vi：高木コレクション、ファイル一三）

このように、組織として旧日本ＩＰＲと一線を画した戦後の日本ＩＰＲは、その世話人の顔ぶれにおいても、戦前からの関係者では松本重治・松尾松平が名を連ねた以外は、新しい、しかも極めて革新色の強い顔ぶれとなった。たとえば、理事長には共和制憲法案の提唱者として知られた高野岩三郎が就任したし、その他の理事には、労農派経済学者の大内兵衛や講座派に属する歴史学者の羽仁五郎が参加したほか、横田喜三郎・末川博・羽仁説子・西園寺公一などが名を連ねていた。また、設立の呼びかけ人の中には、以上の人々以外に、矢内原忠雄・山田盛太郎・恒藤恭・都留重人・松方義三郎などの名が見られた。このように、戦後の日本ＩＰＲは、戦前の指導者の中心をなしたオールド・リベラルではなく、革新的知識人たちが主導する形で再建されたが、このような指導権の移行には知識人としての戦争責任の反省が作用していたことは、明らかであった。

勿論、日本ＩＰＲが再建されたからと言って、ただちに国際ＩＰＲへの復帰が承認されたわけではなかった。ビッソンから日本ＩＰＲの再建の動きについて報告を受けていた国際ＩＰＲ事務局長のホランドは、日本ＩＰＲの再建大会の直前の一〇月八日付のビッソン宛の手紙に、こう書いていた。

「全体として、そのグループは私に大変有能で、進歩的なグループという印象を与えています。私は、あなたが彼らに対して、とりわけ、矢内原、横田、松方、西園寺に対して非公式に私の最大限の好意を伝えてくださるよう希望します。……あなたは、もし彼らが十分に的確な人々による学問的な調査計画の実施能力を示せれば、ＩＰＲへの再加入のチャンスは大いに改善されると指摘してかまいません。……あなたは、この問題をこのグループと話し合っているので、どんな主題が実行可能か、私よりずっとよく知っているでしょう。しかし、あなたとハーブ・ノーマンとアンドリュー（グラジダンツェフ）は、日本経済史（ないしは、一八六八年以来の日本経済史）に関する卓越した研究の一部ないし全部の翻訳を示唆しうることを心に止めておいてよいでしょう。」（A-vi：高木コレクション、ファイル一三）

折しも、翌一九四七年九月にＩＰＲの第一〇回国際大会がイギリスのストラットフォード・オン・エイヴォンで開催されることになり、日本ＩＰＲはそれに水準の高い報告書を提出して、再加入のステップとするべく研究を組織してゆくことになった。

ＩＰＲ第一〇回大会の開催

第一〇回大会には、英・米・加・中・仏・インド・インドネシアの六ヵ国から七〇名の正式代表が、ビルマ・インド・朝鮮・オランダ・シャムから一三人のオブザーヴァーが参加して開催された。イギリス代表団の中にはアーノルド・トインビーが、米国代表団には、ジェームズ・ウォーバーグ、ラティモア、フェアバンクなどが、さらに、カナダ代表団にはノーマンが入っていた。会議では、中国、東南アジア、日本・朝鮮に関する地域別の円卓会議と農業の発展、工業化、教育・技術、国際経済などのテーマ別の円卓会議が開催された上で、日本問題、極東情勢、食糧・人口問題に関する本会議がもたれた。

日本側では、羽仁説子による「日本の家族制度」、矢内原忠雄による「近代日本における宗教と民主主義」、大内兵衛による「戦後日本における金融と財政」、山口辰六郎による「日本における農業改革の諸問題」、立木康男による「終戦後の日本における輿論の動向」、大窪愿二による「戦後における天皇制の問題」などの報告書を準備したが、日本からの代表派遣は出来ず、当時、カナダの駐日代表であったノーマンが代わって報告書を大会に提出した（『日本太平洋問題調査会要覧』一九四七年版、A-vi：高木コレクション、ファイル一三）。

日本問題に関連したその他の報告書としては、米国から、当時、国務省の日本・朝鮮経済課の課長をしていたE・マーティンが「連合国による日本占領の諸結果」を提出したが、これは翌年に『連合国の日本占領』と題して米国IPRから出版された。また、イギリスからは、スチュアート・カービーによる「日本経済の将来」が提出され、さらに、国際事務局からは、事前の参考資料として、ジョン・マキによる「過渡期の日本ナショナリズム」が配布されていた。

日本・朝鮮に関する円卓会議では、民主化政策と経済復興政策との関連に最も関心が集中した。それは、ヨーロッパで既にマーシャル・プランの受け入れをめぐって米ソが対立し、東西ヨーロッパの分裂が進行していた状況の影響でもあった。それ故、日本を西側陣営に確保するために日本の経済復興を急ぐべきとの見解が出される一方、日本をキツネにたとえて、敗戦と占領によって毛を刈られたキツネが人をだます能力まで失ったわけではないとして、経済復興と民主化政策の矛盾を強調する見解もあった。後者の立場は、占領下で実施された様々な改革政策がどれだけ日本人の精神構造の変革にまで及んでいるか、の評価に関わっており、この点も円卓会議での重要な争点となった（A-vi：高木コレクション、ファイル一一）。

たとえば、イギリスから提出されたカービーの報告書の中にはつぎの指摘がある。

「日本では、一方、新しい思想なるものが未だ変革が起こる前に既に旧環境の中で成熟していると同時に、他方旧思想なるものも上述の変革によって打ち破られず、転換期に際しては単に用語上の変化以外の何等の影響も受けず、旧時代と同様に新時代に於ても強い力をもっている。」

そして、カービーはこのような新旧思想の二重性は戦後にも見られるとして、「昔ながらの侵略的な民族精神が他の名前でこそ呼ばれるが、少しも衰えを見せず依然戦後の日本に存在している。……何となれば、この様な遺産は法令によっては排除出来ず、ただ組織的社会的な国内革新によってのみ取り除かれ得るものだからである」と主張している。その上で、「新時代の日本人はたとえ新しい衣服をつけ、新しい言葉、新しいゼスチュアを使っても、昔の日本人と結局内容では同じものである」と結論づけていた（カービー、八〜一〇、A-vi：高木コレクション、ファイル一四）。つまり、カービーは、占領改革によっても日本人の侵略的な民族精神は容易には変わらないとみなし、占領後も米国が「監視と指導」を継続することに戦後の日本において民主主義が保たれる保障を求めた。

このようにカービーは日本における民主化の将来に悲観的であったが、類似の見解は、教育と技術に関する円卓会議でもアジア社会一般の問題として出されていた。それは、アジアにおける民族主義や共産主義の急成長の現実を捉えて、人口稠密なアジア社会では、元来、権威主義的傾向があり、西洋的な個人主義は根づき難いとみる見解であった。そこには、西洋社会を絶対化し、アジア社会を「停滞的」と蔑視するニュアンスも感じられるが、中には、民族主義や共産主義の台頭を個人の解放と対立的に把握するのは誤りとする意見も出されていた（Round Table VI-Education and Technology, Rapporteur's, Report, A-vi：高木コレクション、ファイル一二）。

これに対して、短期間でも占領に関与した経験をもつジョン・マキの場合は、占領改革を通じて日本人の民族意識は変わりうるとの見解を示していた。彼は、「民主主義は、まだ実現したとか、理解されたというにはほど遠いが、日本人の生活の中に出現し、日本人の心を捉えるべく古い排外主義と少なくとも争う状態にはある。人民の統治責任とか、戦争放棄とか、国際協力といった新しい考えが出現し、それを新しい日本ナショナリズムの潜在的要素と見なしうる」という。ただし、マキの場合は、幣原や吉田らの戦後日本の政治指導者が民主化の基本的意義に無理解である点を重視して、新しいナショナリズムは日本社会の徹底的な変革の完遂によってはじめて実現するとしていた。すなわち、「古いナショナリズムは日本の古い社会秩序全体の表現であるので、新しいナショナリズムは、日本社会が新しい社会秩序を形成するようになるまで、またそうならない限り、出現しないだろう」と。そして具体的には、日本人が史上初めて自らの文化や歴史を科学的に研究し、その結果、他の民族との共通性を自覚するようになること、また、人民主権の統治形態が長期間定着することによって、権威への盲従という過去とは違った政治的態度の形成が期待できることなどを挙げていた（Maki, "Japanese Nationalism in Transition," Library of Congress 所蔵）。

つまり、マキにいわせれば、戦後の民主主義日本にふさわしい新しいナショナリズムが根づくか否かは、占領改革が、占領軍によってか、または日本人自身によってか、いずれにしても完遂されるかどうかにかかっていた。しかし、マキの論文が提出された一九四七年の秋には、ヨーロッパでは米ソ間の「冷戦」が顕在化しており、日本の占領改革は大きな曲り角にさしかかっていた。

米ソ「冷戦」の激化と米国IPR

米ソ対立が激化する以前から米国IPRの中では、中国共産党の評価をめぐって対立が先行していた。その急先鋒となったのは中国製装飾品の輸入商であり、親蔣介石的な立場をとっていたアルフレッド・コールバーグであったが、彼は、大戦末期の一九四四年一一月にIPRの機関誌における中国関係の論文が親中国共産党的で偏っているとして、米国IPRの親共産党的な幹部の一掃を要求した。それに対して米国IPRの理事会は根拠がないとしてコールバーグの非難を拒否したが、コールバーグの側は、追及をやめず、一九四六年には『プレーン・トーク』という雑誌を発行して非難を続けた。そのため、翌年四月、米国IPRはコールバーグとの公開論争を開催した上で、両者の主張を会員投票に付した結果、一一六三対六六の圧倒的多数でコールバーグの見解は否決され、彼は、米国IPRを脱会した（Thomas, 40〜44）。

他方、戦後のIPRでは、植民地問題の取り扱いをめぐる対立からカーターが事務総長を辞任した後を受けて、ウィリアム・ホランドが一九四六年三月から事務総長に就任した。また、『パシフィック・アフェアーズ』の編集長も一九四四年以来フィリップ・リリエンソールに交代していた。その結果、一九三〇年代のカーターとラティモアがコンビを組んでいた時代に比べると、米国IPR幹部の指導方針は全体として穏健化し、国務省の知日派も含めて保守的な人物も多く紙面に登場するようになった。しかし、現実の政治問題を積極的に取り上げる姿勢は継承され、また、フレデリック・フィールドなどのラディカルをも許容する思想的寛容の姿勢も堅持していた。そのため、元来、文化問題中心のアプローチを主張していた西海岸支部の不満が高まり、一九四七年には、サンフランシスコ支部や南カリフォルニア支部が脱会するに至った（Thomas, 55〜61）。

このような運営方針上の対立に加えて、戦後の米国において多くの大学が独自にアジア関係の研究所や講座を開設していった結果、米国ＩＰＲの存在意義が相対的に低下することにもなったため、戦後の米国ＩＰＲは、寄付や会員数の減少に悩むことになった。たとえば、会員数は一九四六年にピークを迎え、一九八五名であったが、一九四九年には、一三五二名にまで減少したたし、財政規模も一九四五年の二四・五万ドルから一九四九年には約九・一万ドルへと激減した。この財政規模の激減の背景としては、会員数の減少よりも、財団などからの寄付の減少の影響が甚大であった（American Council, IPR, *Windows on the Pacific, 1946: Annual Report*, 1949）。

つまり、中国における内戦の勃発や米ソ間の緊張激化といった国際情勢の激動に対応して、米国の国内世論が極めて反共的に傾斜してゆく中で、ソ連にも支部があり中国共産党にも寛容な姿勢を取り続けていたＩＰＲのような組織を、米国国内で維持してゆくのは至難の業となった。特に、中国本土に社会主義政権が樹立され、中国のＩＰＲ支部も解散を余儀なくされて以降は、インドとの交流を重視するようになり、一九四九年一二月には米・印の二国間会議を開催し、翌年一〇月には第一一回の国際会議をインドのラクノウで開催してゆくことになる。

日本における「逆コース」と財閥解体政策の挫折

勿論、〝冷戦〟の影響は、やや時間差をもって日本にも及び、米国の対日占領政策は改革から経済復興へと重点移動してゆくことになった。この過程を一般に〝逆コース〟と呼ぶことが多いが、その始まりをいつに求めるかについては諸説がある。一九四七年二月一日のゼネスト禁止指令を画期とする説、一九四八年一月のロイヤル陸軍長官演説を転機とする説、一九四八年一〇月の国家安全保障会議の決定（NSC一三／二）とする説など様々である。

ここでは、この始点の確定について詳述する余裕はないが、ワシントンでの対日政策の転換という意味では、一九四七年九月のドレーパー陸軍次官の来日や同一〇月のケナン国務省政策企画本部長による対日政策の再検討の提言などから始まり、翌一九四八年一〇月にNSC一三／二として結実するまでであろう。この時期以前の、たとえば、二月一日ゼネストの禁止は、ワシントンの政策の変化によるのではなく、マッカーサーがそれまでの「下からの」変革運動の助長から占領軍の治安維持優先ないしは日本の保守党助成の政策姿勢に重点移動させたことの現われとみるべきであろう。

既に触れたように、GHQの内部には占領改革の進め方をめぐって当初から鋭い対立が見られた。たとえば、G2の責任者ウィロビーは、GHQ内のラディカル派を敵視し、一九四六年八月頃よりその動向調査を開始していたが、翌年六月には、「GHQ内の左翼的要員」という報告書をまとめて、マッカーサーに提出した。その中では、IPRも「極めて有力な左翼的圧力団体」と決めつけられていたが、GHQに勤務していたIPR関係者では、グラジダンツェフ、ビッソン、ファーレイなどが名指しで批判されていた。それは、GHQ内のラディカル派が、特に、公職追放とか警察改革とか財閥解体のように、日本側の統治機構の再編を強く主張したためであったが、初期にはワシントンからの対日指令が改革的であったためもあり、マッカーサーは改革促進的な対応をみせていた。たとえば、財閥解体政策についても、GHQの内部で推進論の民政局と消極論の経済科学局との対立が激化したが、結局、マッカーサーの決断で一九四六年七月に財閥解体指令が出されるに至った。

その間の状況をビッソンは妻にこう書いていた。

「……財閥解体指令は反カルテル課から出されるだろうが、その内容の大部分は以前、きみへの手紙に書いたようにケーディス、エレノアとぼくが大奮闘して準備したものだ。……ホイットニーがマッカーサーに影響力をもっていること、基本指令が明確に改革の実行を義務づけていることは、ともにわれわれにとって大きな味方だ。われわれに反対しているのは、急激なトラスト分割に本能的に反対するアメリカ人実業家がたくさん配属されている経済科学局反トラスト課だ。」（ビッソン、一〇八）

この財閥解体指令に基づき持株会社の整理が進行するが、一九四七年一月には経済界の戦争協力者を追放する経済パージが指令され、主要会社における役員の世代交代が促進された。さらに、同年五月には極東委員会（FEC）が財閥解体政策を承認し、FEC二三〇を決定したため、財閥解体は連合国全体を拘束する基本政策となった。しかし、同年九月に来日した陸軍次官就任直後のドレイパーは、戦前から日本に進出していたアメリカ企業の顧問弁護士をしていたジェームズ・カウフマンがＦＥＣ二三〇を「社会主義的な性格」のものと非難しているのを知り、財閥解体政策の見直しが必要であると痛感し始めた。折しも、ドイツに対しては、米ソ対立の激化とともに、米国議会による占領経費削減の圧力に対応するためにも、被占領国の経済復興を助長する必要性を痛感し、そのために、同年七月、それまでの改革的なＪＣＳ一〇六七に代わってＪＣＳ一七七九が発せられていた。それ故、これに対応して、対日政策も見直しが必要になっていたのであり、その結果、翌年一月にロイヤル陸軍長官が日本の経済パージを批判し、経済復興を促進する演説が行なわれた。また、経済集中排除政策の実施についても、陸軍省はマッカーサーに圧力をかけて、その骨抜きをはかっていった（ショーンバーガー、二二三～二三三）。

また、イタリアに対する講和条約が一九四七年二月に調印されたのを受けて、国務省の内部では、当時、東北アジア課長をしていたヒュー・ボートンなどを中心として日本軍国主義の復活に警戒的な講和条約案の検討が進んでいたが、政策企画本部の責任者ケナンは、ヨーロッパにおける「冷戦」状況の進展に照らしてこの講和条約案は不適切と判断し、一九四七年一〇月に対日政策の全面的再検討を提言するに至った。この動きが翌年一〇月にＮＳＣ一三／二に結実することになる（詳しくは、五十嵐、六九～一一四参照）。

このように、日本における「逆コース」は、ヨーロッパにおける「冷戦」の論理を極東にも持ち込もうとしたケナンらの主張と、米国議会の財政削減圧力をかわし、かつ、日本への再進出を狙っていた米国企業の利益を守るために、財閥解体政策を転換し、日本の経済復興を促進しようとした陸軍省高官の判断とが合体する形で進行した。それ故、ワシントンでは対日政策の転換は一九四七年末から四八年初めに始まり、四八年一〇月のNSC一三／二の決定で確定したと言えるであろう。また、米国本国では、マッカーサーの占領政策を批判する人々が中心になって一九四八年六月に「ジャパン・ソサイエティー」が結成され、対日政策の転換を民間レベルから促進しようとする動きが表面化していた。その名誉会長にはグルーが就任し、指導的メンバーには、ドゥーマンやカウフマン、『ニューズウィーク』のハリー・カーンなどが就任した（Schonberger, 339）。

他方、GHQのニューディーラーを代表する民政局次長のケーディスの場合は、一九四七年一二月の時点で民政局のスタッフに対して政治改革プログラムの終結を宣言していた（Williams, 47）が、GHQ内のラディカル派は、ほとんど、一九四七年末までには、自発的にか、強いられて、本国に帰国していた。ケーディスの場合は、一九四八年一一月に本国に一時帰国し、そのままGHQを辞職するに至った。辞任後ケーディスは、ニューヨークの法律事務所に入って弁護士として活躍するかたわら、米国IPRにも参加し、米国IPRが、一九五〇年代の米国社会に吹き荒れた〝赤狩り〟旋風のあおりを受けて、学術団体としての免税特権を剥奪された際には、法廷での弁護活動にも従事した。ちなみに、国務省を辞めた後のヒュー・ボートンも、米国IPRの常任理事となった（American Council, IPR, *Annual Reports*, 1952–1958）。

こうして、ＧＨＱに勤務していたＩＰＲ関係者がほとんど帰国した後も、ノーマンはひき続き、在日カナダ主席代表として一九五〇年一〇月まで日本に滞在していたが、日本での「逆コース」の進行を憂慮する報告を本国に打電していた。たとえば、朝鮮戦争勃発後に、マッカーサーが指令した新聞界のレッド・パージに関連して、ノーマンはこう打電している。

「現在の傾向が続くならば、それまで米国の政策の熱心な賞賛者であった日本のリベラル勢力は、離れてゆくであろう。」そして、立憲的・議会制的な手続きが「単に困難になるだけでなく、むしろ不可能になる」と（Bowen, 106）。

終章　日本人はどれだけ変わったのか？

1　未完の占領改革とアジア

かけられなかった「歯止め」

占領の初期に革新的な筆致で日本から記事を送り続けたマーク・ゲインは、一九四八年五月三日にニューヨークで記した日記にこう書いた。

「日本における我々の最悪の過失は、民主主義的改革がこれを憎悪する人々によって実施され、もしくはされうると最初から思いこんだことだった。……

この時期――占領の初期――は政界の頭をチョン切りはじめるべき時期だった。そしてこの仕事は日本の支配機関の全体を改革し得るまでつづけられるべきだった。ところが我々は遅疑し、我々の逡巡の一日ごとに日本人は我々の弱点と、その弱点を我々の計画を覆えすのに利用する方法の知識を増して行った。そしてまた一日ごとに総司令部内の『改革派』の勢力は衰え、『軍備派』の勢力が増大して行った。『改革派』は『降伏後の対日初期方針』の目的と精神を改革の設計図に引きうつして諸々の指令を起案した。が、時すでに期待の時期は去って、実施の時期に入っていた。『改革派』は一人去り二人去り、遂にことごとく追いのけられた。」（ゲイン、下、二二六〜二二七、一部改訳）

また、トーマス・ビッソンも、一九四七年五月に帰国してから、カリフォルニア大学バークレー校で教えるかたわら、一九四九年に『日本における民主主義の展望』を刊行したが、その中で、「一九四八年春をもって日本占領における〝改革期〟が終わった」とみなした。そしてそれを、日本を「極東の工場」として復活強化しようとするワシントンにおける政策転換に対応させて理解していたが、占領改革が未完に終わった原因についてはこう述べていた。

「著者の意見では、この国（日本、引用者注）は、降伏後の対日初期政策において公表された目的を達成することに失敗した。これらの目的が達成できなかったのは、主として、日本の旧勢力のためである。旧体制の代表が、ひとたび、SCAP指令の実施を管理する機会を与えられるや、彼らは、自分たちの権力の制限を意図したあらゆる措置を挫折させるか、少なくとも緩和させうるようになることは事実上、不可避であった。」（Bisson, 1949, 123, 127, 130）

このようにゲインもビッソンも、軍部を除く旧支配層を利用した間接占領方式の採用に占領改革が不徹底に終わった最大の原因を求めていたわけである。しかしこの危険は占領当初から自覚され、それ故初期の指令に「日本政府を利用するが、支持はしない」とか、日本人の「下から」の変革を助長する規定が挿入されたのであったが、マッカーサー司令部は結局占領のごく初期にしかこの「歯止め」をかけようとはしなかった。その上に、ワシントンにおける政策転換が重なる形で日本の占領改革は未完に終わったというのが、ゲインとビッソンに共通する認識であった。

つまり、占領改革は、ワシントンによる政策転換によって財閥解体などの経済改革が不徹底に終わっただけでなく、初期の占領指令には明記されていた「下から」の改革を助長する姿勢が早くから放棄されたため、軍部を除く旧支配層が戦後にも影響力を持続することになった。その結果、西ドイツとは対照的に、日本では、支配層における戦前と戦後との連続性がかなりの程度残ることになった。

未完のアジアとの和解

さらにビッソンは、改革が不徹底に終わった日本が他のアジア諸国に与える脅威に警告を発していたが、一九四六年春から四八年七月まで京都や和歌山の軍政部で民間教育情報官を務めたロバート・テクスターも、一九五一年に『日本における失敗』と題した本を出版した中で、類似の指摘をしていた。ただし、テクスターの場合は、アジアにおける共産主義の台頭に対抗するためにも、日本の徹底した民主化が必要とする立場から、日本の旧支配層の存続が他のアジア諸国に与える脅威を重視していた。すなわち、「それ(旧勢力)は、すでに、我々が熱心に友情を求めるアジアの諸国に対する経済的脅威として再登場した。我々が、余りにもかたく旧勢力と手を握ると、我々が苦心し、――大金を投じて――築き上げたアジアとの友情は崩壊するかも知れない」と。そして彼は、米国が「日本を公正な、実行可能な条件でアジア経済に再統合するための基礎を発見する義務がある」と主張していた（テクスター、三六、五九〜六〇）。

このテクスターの著作には、オーエン・ラティモアが序文を寄せていたが、ラティモアも日本の占領改革が日本を戦後のアジアに再統合する課題と結合されなかったとして、つぎのように批判していた。

「日本は一国として、アジアにおける最も重要な国の一つである。しかし、合衆国の『日本政策』が、合衆国と日本だけの関係に限定されてしまったのでは、成功の見込みはない。日本の将来の、最も重要な問題は、日本とアジアの他の地域との関係である。一九四五年以来の占領期間、日本におけるアメリカの政策は、殆どこれらの問題の処理に対する準備をすることができなかった。占領期間を通じて、日本に対するアメリカの実質的独占支配は、将来の日本が共同生活を営まなければならないアジアに対するアメリカの支配力のたゆみない減退によって相殺されたからである。」（テクスター、vii〜viii）

つまりラティモアは、米国による日本の占領改革の基本目的として、アジアに受け入れられる日本への改造を目指すべきと考えていたわけであるが、具体的にはつぎのように西欧における独仏和解に基づく地域統合のアジア版を想定していた。

「戦前、アジアにおける最大の強国として、イギリスと日本の間には、いく分、力の均衡に似たものがあった。戦争以来、ヨーロッパと同じく、アジアでも、こういった古典的な力の均衡は不可能になった。戦後ロシア及び戦後中国の力に対抗する平衡力は、力の均衡の古典的原理の上ではなく、西ヨーロッパで希望されている力の統合に匹敵する非共産主義アジアの統合の上に築かれなければならない。」（テクスター、xi）

ここで、ラティモアは、社会主義化した中ソを除く「非共産主義アジア」の地域統合を提唱していたが、その場合でも、多くの日本人が明治以来抱いてきたアジア蔑視観の克服なしにはそれは不可能であった。それ故、この問題が具体性をもちうるためには、東アジアの諸民族の動向と共に敗戦と占領改革を通じて日本人の民族意識がどれ程変容したか、が問題となったが、折しもＩＰＲの第一一回大会では、日本を含めたアジアのナショナリズムの性格が論争の焦点となった。

一九五〇年一〇月三日〜一五日まで、インドのラクノウで開催されたＩＰＲの第一一回国際会議は、「極東のナショナリズムとその国際的影響」をメイン・テーマとして開催された。この会議には、米・英・仏・加・印・比・日・パキスタン・ニュージーランドの九ヵ国から八一名が出席し、それ以外に、豪・ビルマ・セイロン・インドネシア・マラヤ・オランダ・ヴェトナムの七ヵ国から一三名のオブザーヴァーが参加していた。前年の一一月に正式復帰が認められていた日本は、まだ占領下にあったものの、松岡駒吉を団長とする正式代表団を派遣したが、中国ＩＰＲの場合は、革命後、多くの指導者が台湾や米国に亡命したため、組織は解体していた。また、ソ連は引き続き欠席したため、社会主義国からの参加はなかった。

ラクノウ会議とアジアのナショナリズム

ジャワハラル・ネルー首相の劈頭演説で始まった会議は、南アジア・東南アジア・東アジアの三地域別の円卓会議と、政治問題、経済・社会問題、経済・財政問題の三テーマ別の円卓会議に分かれて進められた。当時、朝鮮半島では激しい戦闘が継続中であったため、米ソ対立とアジアのナショナリズムとの関係や中国革命の評価、さらに、日本の講和のあり方などが論議の中心となった。なかでも、主催国インドが、朝鮮戦争において中立的立場をとっていたことの是非が問題になった。

政治問題の円卓会議で、西欧のある代表は、インドが朝鮮への国連軍派遣を支持しなかったことを批判したのに対して、あるインド代表は、「インド政府は国連を支持して来た。インドが朝鮮に派兵しなかったのは国内事情によるものであり、インド人は三八度線突破を挑発行為と感じ、平和交渉の調停役をつとめるために少なくとも一国は中立を保つべきである」と反論した。それに対して、米国のある代表は、「この場合インドが中立を守ろうとした衝突は二大勢力圏の衝突ではなくて、国連憲章とそれに対する挑戦との衝突であると述べ、アメリカは一度は中立を守ろうとしたがそれが誤りであることを多大の犠牲を払って学んだ」と反駁した（日本太平洋問題調査会訳編『アジアの民族主義』二一八）。

つまり、国連における多数意見を背景として「自由の守り手」としての西側への同調を求める米や西欧のＩＰＲ代表に対して、インドのＩＰＲ代表は東西対立に対して中立的な立場をとろうとしていた。それは、ソ連に対する評価にも表われていた。たとえば、あるパキスタンの代表は、「ソ連では自分のような民衆の状態が非常に改善されたと考えている。なるほどソ連には言論の自由はない。しかし言論の自由は彼にとっては大して意味がない。彼の必要とするのは食物と住居である」（同、二二九）と語っていた。

逆に、米国に対しては、アジアにおける米軍基地の拡大や朝鮮におけるような戦争拡大政策の実施などを根拠として、「今日アジア諸国の西欧に対する反感がしばしばイギリスに対してでなくアメリカに対する反感という形で現われている」との強い批判や、米国のアジア援助政策が「帝国主義的」であると警戒する見解も出されていた（同、二二三、二四八）。

このように、会議を通じて、欧米の代表がソ連や共産主義の「脅威」を強調しても、インドやパキスタンなどの新興独立国の代表の多くはそれに同調せず、むしろ東西対立に対して中立的立場の選択を強く希望したため、同じ国際ＩＰＲに所属しているとはいっても、欧米代表とアジア代表との間には、世界の現状認識をめぐって大きな溝があることが判明した。

ラクノウ会議へのイギリス代表団は、既に外交官を辞めコロンビア大学の東アジア研究所長となっていたジョージ・サンソムによって率いられ、米国ＩＰＲ代表団の方は、スタンフォード大学教授のハロルド・フィッシャーを団長とする一六名の団員からなっていた。米国ＩＰＲの代表の中には、第二次大戦中の国際会議の常連では、ミシガン大学のレーマーがいた位で、既に、米本国でマッカーシィー旋風の矢表にたたされていたラティモアやカーターなど進歩派の多くの顔は見られなかった。そのため、南北間の意見対立がいっそう大きく出ることになり、「冷戦」的思考を自明のものとしていた米国人にショックを与えることになった。たとえば、一九五〇年一〇月一二日号の『ニューヨーク・タイムズ』の社説は、ラクノウ会議についてこう論評した。

「ここ数日のインドからのニューズは、アメリカ人、とりわけ、インドの友人を自認するアメリカ人にとってはショッキングである。……アジアの独立保持を援助し、アジアの生活水準を上げるために、アメリカ人の血が流され、あらゆる納税者の金がつぎ込まれている現状にあって、ラクノウで開かれているIPRの国際会議において合衆国の代表がインドやパキスタンの代表から非難されることなど到底受け入れられない。」

また、一〇月七日の『ニューヨーク・タイムズ』には、インドからの特派員電でつぎの記事が載せられていた。

「国際会議の非公開セッションからの情報によれば、当地のIPRの会議で合衆国の極東政策が議論されると、きまってインド代表が熱心に『ちょっかい』を入れてくるので、合衆国の代表団は何か被告を弁護する弁護士の立場に立たされている。……

今朝の円卓会議の後で、ある合衆国代表の一人は、『国では、私はある種の左翼と見なされてきたが、ここでは、あたかも極右の側にいるかのように感じられる』と。」

元来、オーストラリアに予定されていた第一一回のIPR国際会議をインドで開催するように変更したのは、米国IPRの強力な後押しによるものであった。米国IPRは、中国革命により中国IPRの活動が困難になるとの見通しから、インドとの交流を重視し、一九四九年一二月に米・印の二国間会議を開催して下地を造っていたのであったが、朝鮮戦争勃発以降のアジア諸国における反米的ナショナリズムの高まりは、彼らにとっても予想以上のものであった。それは、独立直後のアジア諸国にとっては、自由主義か共産主義か、というイデオロギー的な二者択一を迫るような「東西」の論理よりも、依然として、帝国主義か民族独立か、という「南北」の論理の方がより切実であったことを示していた。

ラティモアと革命的アジア

勿論、米国IPRの中でも、「冷戦」的思考から自由になって、アジアにおける革命的ナショナリズム台頭の独自の意味の自覚化を訴える研究者もいた。その代表はラティモアであったが、彼は一九四九年に刊行した『アジアの情勢』の中でつぎのように述べていた。

「統制がきかなくなったアジアでは、二つの勢力がうごめいている。それは、ナショナリズムと革命である。この二つの中ではナショナリズムがより基本的な勢力である。ほとんどのナショナリズムは〝革命的〟である。それはまさに、従属から独立への、また、押しつけられた権力による専断的統治から〝被治者の同意〟によってのみ可能となる統治形態への、そして少なくとも代議制政府の素朴な始まりへの変革が進んでいるが故である。アジアにとって、これらの変革はあまりにも突然かつ大規模におこったので、それは進化の段階を飛び越え、革命的とのみ呼びうるものとなった。」(Lattimore, 1949, 52)

しかも、ラティモアは、これらの革命的なナショナリズムの動向を西欧諸国は言うに及ばず、米国もソ連も統制できないと考え、それらが〝第三勢力〟として発展することを予想し、つぎのように述べていた。

「これらの第三諸国の台頭は全体として健全な現象である。中国、インド、パキスタン、そしてたぶん後の日本やインドネシアにおける第三国的発展の成功がヨーロッパにおける第三国的発展への傾向を助長する可能性がある。スウェーデン、ノルウェー、デンマークではすでに強い第三国的傾向がある。ユーゴスラビアもそうした国になるかもしれない。オーストリアもそうであろう。」(*Ibid.*, 221)

つまり、ラティモアは、一九四九年の時点で既に後に〝第三世界〟において非同盟諸国運動として結実する動向を予想していたわけであるが、その中に日本をも含めていたことは、興味深い。しかし、勿論ラティモアは、日本の第三国的発展は米国がそれを許容することなしには不可能であることも自覚して、こう述べていた。

「第三国的なタイプの政治・経済的独立に対してアメリカが友好的政策を採用すれば、健全な対日政策が可能になる。かなりの年月がたてば、日本は最も重要な第三国の一つになりうる。しかし、それは、日本がアメリカとの間と同様に、中国、ロシアそしてインドとの間でも自由に協定を結びうる場合にのみ可能となる。……

北太平洋における我々の軍事的拠点の問題が残っている。我々は、日本と南朝鮮が、我々の存在と支配に対して徐々に政治的な反発を強める傾向にあるため、その二国が我々の軍事的安全にとって恒久的な価値をもつなどという危険な幻想を取り除かねばならない。」

(*Ibid.*, 235〜236)

このように、アジアにおける「第三国的」発展を許容し、日本に対しては、全面講和によって「第三国的」＝中立的な発展を促すというのがラティモアの提案であった。しかしそれは、米国政府がアジアにも「冷戦」戦略を適用し、日本には片面講和と日米安全保障条約を押しつけたため、現実には捨てられた選択肢になってしまった。

米国ＩＰＲの苦悩

その上、アジアの独自性の許容を訴えてやまなかったラティモアが、一九五〇年三月に、やはり米国ＩＰＲの中心的メンバーであり、当時は無任所大使であったフィリップ・ジェサップとともに、マッカーシィー上院議員から名指しで、国務省の中国政策を「歪め」た「ロシアのスパイ」と非難されるにいたった。この嫌疑は、同年七月の上院タイディング委員会による調査結果の報告によって一時は晴れたものの、朝鮮戦争の激化につれて〝赤狩り〟ムードはいっそう激化し、翌五一年七月から今度は、上院司法委員会国内安全保障小委員会（通称マッカラン委員会）によって、米国IPR全体に対する〝赤狩り〟にエスカレートしてゆくことになった（詳しくは、長尾、二二六～二八五参照）。

その結果、米国内ではアジアの革命的なナショナリズムに寛大な見解はおしなべて「親ソ的」とか「容共的」というレッテルを貼られ、発言の場を奪われていった。それは元来、アメリカ人の民族意識には自由主義を絶対視し、それ以外の政治体制に対して著しく不寛容になる傾向があった上に、第二次大戦を通じて資本主義世界の覇権国となった結果としてグローバルな利害関心と「全能の幻想」がそれに加わっていたためであった。しかもその上に、中国革命や朝鮮戦争が起こったため、米国国内で「反共十字軍」的意識が一挙に高まったためであった。本来、中国革命にせよ朝鮮戦争にせよ、中国や朝鮮における革命的なナショナリズムの台頭の反映という側面を無視できないものであったが、当時のアメリカ世論の大多数は、それをもっぱら「東西」対立の論理で理解し、「南北」問題としての独自性を無視してしまった。発足以来、アジア・太平洋地域の独自性を強調してきた米国IPRにとって、それはまさに苦難の時代の到来であった。

この苦難の時代を通じて、一貫して国際IPRの事務総長であったウィリアム・ホランドは、保守派の発言機会を拡大するなど、研究組織のスタンスの軌道修正によって米国IPRの生き残りに努めたが、アジアの独自性を尊重しようとする姿勢においては、ラティモアとも共通する面を持っていた。たとえば、一九四九年にジョン・フェアバンクやエドウィン・ライシャワーらと出版した『アジアにおける次の政策』の中で、こう述べていた。

「『冷たい戦争』の発展は、極東事情に関するアメリカ人の理解を混乱に陥れる他の恐るべき錯覚の発生を助長してきた。この錯覚はアメリカの極東諸国に対する諸政策および諸計画に関する大部分の障害が、ソ連または極東共産党によって慎重につくり出されているという確信の形をとるのである。アメリカの政策のほとんどすべての面について、ソ連の反対、さらには極東共産党の反対が重大な意義をもつことはもとより疑いのないところである。しかし極東の諸問題においてモスクワの赤い手のみをみることはあまりにも単純すぎる。極東の諸問題はコミンテルンよりはるか以前のものであり、アジア社会の伝統的な構造のうちに深く根を下ろしているものなのである。このような考え方は、アメリカ極東政策の再検討という緊急な仕事において、アメリカを不利な立場におくことになる。

このようにソ連の影響を過大視することによって、アメリカは、ときにはアメリカが政治的安定や社会的近代化のための先決条件としていた諸改革に、根本的に反対する諸運動や関係グループを支持するように誘導されたこともあった。そのことは特に中国および朝鮮においてみられた。」（フェアバンク他、一四三〜一四四）

ラクノウ会議と日本ＩＰＲ

他方、日本ＩＰＲにとってラクノウ会議への出席は、戦後初のＩＰＲ国際会議への参加を意味しただけでなく、なお占領下におかれていた当時の状況では、日本自体が国際社会に復帰する地ならしの意味も持った。それ故、幣原喜重郎を委員長とし、高野岩三郎理事長の死後、理事長代理となっていた北代誠弥と副理事長であった大内兵衛を副委員長とする第一一回太平洋会議準備委員会を発足させて、幅広い募金活動に乗り出していた。その委員には、政財界から一万田尚登、中島久萬吉、石川一郎が加わっていた。

つまり、IPRの国際会議への復帰は、当時の関係研究者の悲願であっただけでなく、外交権を喪失した状況下で外国とのパイプを切望していた官界・財界関係者にとっても、切実な関心事であった。それ故、当時の日本IPRの理事には、羽仁五郎、羽仁説子、末川博、矢内原忠雄、横田喜三郎などの研究者だけでなく、財界からは、日本郵船社長の浅尾新甫、山一証券社長の小池厚之助、日商産業会長の高畑誠一、三菱石油社長の竹内俊一なども参加していた。また、言論界からは、日本新聞協会会長の馬場恒吾、日本放送協会会長の古垣鉄郎、共同通信社専務理事の松方義三郎などが加わっていた（『日本太平洋問題調査会　要覧』一九五一年三月、A-vi：高木コレクション、ファイル一三）。

また、大会に提出する報告書については、政治問題では、横田喜三郎を中心とする「日本の安全保障」と丸山真男の執筆になる「戦後日本のナショナリズムの一般的考察」が、また経済問題では、都留重人を中心として「日本経済の課題」と関西の会員を中心として片山謙二の執筆になる「アジア貿易における日本の役割」がまとめられた（『要覧』一九五一年三月、八〜一〇、A-vi：

高木コレクション、ファイル一三）。しかし、これらの報告書の作成者自身はラクノウ会議に出席できず、報告書は、衆議院議員の松岡駒吉を団長とし、団員には浅尾新甫、松方義三郎、村山高、高畑誠一が加わり、事務局員として戦前から日本IPRに関わり、当時は日本IPRの事務局幹事であった松尾松平などが参加していた日本IPR代表団によって会議に提出された（『アジアの民族主義』巻末、二〜三）。

ラクノウ会議のメイン・テーマであるナショナリズムに関連する報告書は、横田論文と丸山論文であった。横田論文の方は、横田を委員長とし、矢内原忠雄、岡崎勝男、笠信太郎、曽根益、入江啓四郎、高野雄一などを委員とする安全保障研究委員会での検討結果に基づいてまとめられたものであった。その論旨は、日本国憲法の戦争放棄条項からの帰結として、また、対中貿易を不可欠とする日本の貿易構造の制約からも、講和後の日本が「対立する二つの陣営の外に超然として立つ」という中立主義をとるべき、と主張していた。しかも、この中立主義の立場をインドのそれと類似のものと位置づけていた。つまり、「安全保障の問題は戦争の場合で、平時の冷い戦争期間中の日本のあり方としては、ちょうどインドが国内的には反共であるけれども、国際的には反共にも容共にもいずれにも属さない態度をとっている。日本もやはりそういう態度で平和を守るという立場に立つべきである」（A-vi：高木コレクション、ファイル二七）。

ラクノウ会議では東アジアに関する円卓会議の場で日本の講和問題が議論されたが、主催国インドや他のアジア諸国の代表の間でも中立志向が強かったこともあり、全面講和を求める日本I

ＰＲの主張は好意的に受けとめられ、議事録にもつぎのように書かれた。

「対日講和条約の問題もきわめて重大な問題であることについて代表たちの意見はほぼ一致した。数人の代表は、いかなる条約でも敗戦国にとっては全く満足すべきものではありえないことを指摘した。しかし最近日本で実務に携わった人々は日本国民は何らかの条約が一、二年のうちに締結されねばならないし、また締結されるだろうと感じていることに意見が一致した。多くの日本人は、この条約がソ連を含む全面講和となることを望んでいるが、これは連合国が自ら決める問題であることを進んで認めようとしている。日本の世論に通じている人々の意見によれば、日本には特定の一国または少数の国家群に基地を許容する講和に対して強い反対がある。もし基地を許容せねばならぬものならば、国際連合がそれをもつべきであるというのが日本人の希望である。」（『アジアの民族主義』二一一〜二一二）

丸山真男の戦後日本ナショナリズム論

また、丸山論文は、岡義武を委員長とし、清水幾太郎、丸山真男、木下半治、松方義三郎、美濃部亮吉などを委員とするナショナリズム研究委員会での討議を、丸山がまとめたものであった。この論文では、戦前の日本における超国家主義は、その制度と思想の両面において、敗戦と初期の占領改革によって解体し、戦後初期にはナショナリズムの感情が沈滞し、社会的に分散したと見ていた。たとえば、それはつぎの指摘に表われている。

「敗戦後数年間日本におけるナショナリズムの運動ないし感情は少くも表面に現われたところではきわめて弱かったが、それでも全く影をひそめたわけではない。むしろ敗戦まで強大な軍国的＝帝国的シンボルに向って集中していたナショナリスティックな感情は、そのシンボルの崩壊によって目標を失い、再び社会構造の底辺をなす家族、村落、地方的小集団のなかに分散し還流したといった方がより適当であろう。」（『アジアの民族主義』一七七）

しかし、丸山は同時に、「戦後日本の『デモクラシー』が、いまだ国家機構の制度的＝法的な変革にとどまっていて国民の生活様式にまで浸透していないこと、従ってデモクラシーはまだ『舶来品』であって、古いナショナリズムに代って国民の日常生活を内部から規定する積極的なシンボルになっていない」（同、一七八）ことも重視していた。つまり、地方に拡散し潜在したナショナリズムが、再び超国家主義の形をとって復活するのを阻止できるかどうかは、日本人の生活様式のレベルにまで民主化が浸透するかどうかにかかっている、と予想していた。

と同時に、「冷戦」状況の進行につれて、右翼による反ソ的なナショナリズムと左翼による反米ナショナリズムが台頭する条件が形成されてくる一方、日本の中立と全面講和を求める運動の台頭をつぎのような新しいナショナリズムの動きを示すものとして注目していた。つまり、「その基底にはインドのネルーや西欧の社会主義政党の動きに見られるのと相似た第三勢力への願望が流れている。その限りにおいて、そこには新たなナショナリズムの動きが看取される」（同、一七九〜一八〇）と。

この三種のナショナリズムが将来どう展開してゆくかについて、丸山は、このラクノウ会議への報告書の時点では、戦後日本のナショナリズムは「まだ混沌とした未定形の状態」にあるとして、安易な予想は避けていた。しかし、つぎの指摘からも明らかなように、ヨーロッパではナショナリズムが「時代遅れ」になっているのに対して、アジアではなお広汎な大衆をとらえていると理解した上で、日本でも民主的なナショナリズムの発展が必要であると訴えていた。

「われわれにとっての問題はナショナリズム一般を否定したり抹殺したりすることではない。たとえば西欧諸国においてナショナリズムがその歴史的過程を歩みつくして、いまや明らかに高度に発達したコミュニケーションとテクノロジーの前に時代遅れになっているとしても、アジアにおいてはそれはなお広汎な大衆のエネルギーと活動力の重要な源泉である。アジアは一九世紀においてヨーロッパ大陸諸国が人民主権に基づく封建的専制の排除と民族的独立という二つの課題の統一的な解決に直面したのと同じような状況に今日漸く到達したばかりである。そうしてこの根本的な課題に直面している点においては、日本は決して他のアジア諸国に対する例外ではない。」(傍点原文、同、一八四〜一八五)

そして、最後に丸山は、民主的なナショナリズムの担い手についてこう述べていた。

「徐々に興りつつあるナショナリズムを嘗ての危険な方向ではなく民主的な鋳型に流し込む主体的な勢力は軍国日本の支配勢力の後継者あるいはその亜流とは全くちがったところに求められねばならない。」(同、一八六)

このように丸山は、ヨーロッパと対比して、戦後のアジアがナショナリズムの高揚期にあるとみた上で、戦後の日本もその例外ではないと予想していたが、敗戦と占領改革によって超国家主義的ナショナリズムが解体した後に生まれるべき「民主的な鋳型」にはいったナショナリズムの実態については、明確な答えを留保していた。それをあえて推測すれば、たぶん、中立の日本を求める全面講和運動の中に具現されたナショナリズムであったであろう。確かに、ラクノウ会議においてインド代表などが示した中立志向と共通した信条が戦後の日本でも見られたことは、注目すべきことであったが、日本とアジアの新興独立諸国とでは、第二次大戦における侵略体験の有無や戦後世界での位置が著しく異なるため、ここでは、戦後日本の独自な条件に対応した民主的ナショナリズムのあり方が問われていた。

そこで、他のアジア諸国だけでなく、ヨーロッパの敗戦国、ドイツのそれとも比較しながら、戦後日本ナショナリズムの特徴を析出し、敗戦と占領改革によって、日本人の精神構造、とりわけその民族意識がどれだけ変わったかを検討して、本書の結びとしよう。

2　ナショナリズムの世界史的転換

戦後日本における平和意識の定着と戦争責任意識の希薄化

ラクノウ会議の参加者の間では、概して戦後日本のナショナリズムに関して楽観的評価が主流を占めた。勿論、日本人の根本的欠陥としてなお「事大主義的傾向」が根強いことを指摘する論者もあったが、東アジアに関する円卓会議の議事録には、つぎのような楽観的評価が書かれていた。

「多くの参加者は、日本帝国が滅亡したことを承認し、日本国民は再び軍国主義の道に進むことはあるまいと感じた。民主化は日本の象徴となっており、またこれは一般の充分な注意をひかぬかもしれないが、天皇が再び前の威勢をとりもどすことはほとんどあるまい。国民大衆に民主教育を行う上からはまだなすべきことが多々あるが、しかしその端緒はすでに得られたようである。」(『アジアの民族主義』二一〇〜二一二)

確かに、朝鮮戦争の最中においても、日本人の間では「戦争はもうこりごり」という意識が持続し、平和意識の定着が見られた。たとえば、一九五〇年八月三〜六日に『読売』が実施した世論調査の中で「日本国民は何らかの形で朝鮮戦争に協力すべきと考えますか」という質問がされたのに対して、五七%が否と答えたが、その理由としては「戦争が嫌いだから」が四〇%、「親類が被害を受けるから」が六%、「日本が空襲を受けるから」が五%という形で、戦争に反対する根強い感情が表明されていた。このような平和希求の意識の定着こそが、何度も改憲の動きがあったにも拘らず、憲法九条が今日まで維持されてきた最大の根拠であったことは言うまでもない。その点を、同じ敗戦国の西ドイツが一九五五年の主権回復とともに、「基本法」を改正して再軍備の道に踏み出したことと比較すると、戦後日本における平和主義の定着ぶりはいっそう明らかであろう。

しかし、戦争責任の主体的反省という点では、逆に日本より西ドイツにおける方がはるかに徹底していることもよく知られる。たとえば、西ドイツの主権回復を決定した一九五五年のパリ条約の中で、西ドイツ政府は引き続きナチス戦犯の追及を継続することを約束し、一九五八年にはナチ戦犯追及センターを設置して、現在にいたるまでその追及を継続している。それに対して、日本の場合は、一九五一年九月に調印されたサンフランシスコ講和条約で極東裁判の判決の遵守が規定されたものの、その後の追及継続の規定はなく、A級戦犯容疑者がその後首相に選ばれる事態さえ生まれたのであった。

それはドイツの場合、連合国の直接占領下の「非ナチ化」措置により、かなり徹底した大衆レベルからの戦争責任の追及が行なわれたこと、たとえば、米国占領地区では、一八歳以上のすべてのドイツ人にナチスとの関わりを尋ねる質問票が配布され、その結果、成人人口の四分の一位にあたる三四四万人もの人々が起訴され、最終的に七八万人が何らかの処分を受けたという (US. Dept. of State, *Germany 1947–1949*)。そしてドイツ全体では、一一二万人が公職追放された (Fried-man, 332)。

それに対して、日本の場合は、公職追放された者は約二〇万人であり、その八〇%が職業軍人であった。大政翼賛会などに関係した政治家は三・四万人（一六・五%）に達したが、元来、大政翼賛会は一九四二年に改組され、隣組や町内会幹部も組み入れた時点では一五四万人もの会員をもっていたことを考えると、日本の公職追放はあくまで軍部を中心とする指導者追放であり、大衆レベルからの責任追及はされなかった。また、官僚や実業家の被追放者は全体の〇・九％にすぎず、さらに、海外膨張団体や占領地責任者などの海外侵略に直接関わった者で追放された者の比重は、全体の〇・二一％にすぎなかった（ベアワルド、一三六）。

つまり日本の場合は、軍部を中心とした指導者の戦争責任が追及され、その結果、軍人の政治的影響力が著しく減退することにはなったものの、大衆レベルの戦争責任の反省は深められることなく終わった。それに対して、西ドイツの場合は、連合国による非ナチ化措置が大衆レベルからナチとの関わりを問うものであったため、集団的に戦争責任が問われることになった。

その上、西ドイツの場合は、非ナチ指導者自らが主体的な戦争責任を痛感していた点が大きい。たとえば、哲学者のカール・ヤスパースは、終戦直後の一九四五年から四六年にかけて大学で行なった講義の中で「ドイツ帝国の名において犯された犯罪については、あらゆるドイツ人がその咎を分かつべきである。われわれは集団的に責任がある」（嬉野・赤羽編『ナチス』三四六）と述べていた。また、西ドイツの初代首相になるアデナウアーは、回想録の中で「ナチス時代に私はドイツ人であることをしばしば恥じた。心の奥底まで恥じた」（アデナウアー『回想録』I、四二）と書いていた。

このように、西ドイツの非ナチ指導者でさえ、自らの戦争責任を自覚せざるをえなかったのは、ユダヤ人の大量虐殺などナチスによる戦争犯罪がごく身近かでも行なわれながら、それに対して有効に抵抗できなかったという自責の念を感じたからであった。つまり、非ナチのドイツ人の場合でも、戦争による被害者意識だけでなく、他民族に対する加害者意識を否定できなかった。それは、本土での戦闘が避けられたため、本土の空襲や飢えなどによる被害体験を強く意識し、「外地」での加害体験は伝承され難かった日本の場合とは、著しい対照をなしているといえるだろう。

西ヨーロッパにおける地域主義の台頭

しかも、日本の場合、米ソ間の「冷戦」状況の進展とともに、米国側が日本の戦争責任追及を棚上げしていったのに対して、西ドイツの場合は、米国が同様な対応をしたにも拘らず、他の連合国、とりわけ、フランスが西ドイツの戦争責任を容易に免罪しなかったことの影響が大きい。たとえば、アデナウアーは回想録の中で、「すべての旧対独交戦国では、対独安全保障要求の声がきわめて強かった。だから問題は、欧州諸国の安全保障要求を満たすと同時に、ドイツを含む西欧の再建をも許すような道を発見することであった」(同、二五〇)と述べていた。

つまり、米国が対ソ戦略上、西ドイツの経済復興を促進し、マーシャル・プランやＮＡＴＯへの西ドイツの参加を実現しようとしても、ドイツ軍国主義の復活を恐れるフランスなどの対独不信を払拭せずには、その実現は困難であった。西ドイツが一九五五年の条約でナチ戦犯の継続的追及を約束したのは、まさにフランスなどのこのような不信を軽減するためであった。逆に、日本の場合は、中国が社会主義国化し、米国が革命中国に対して敵対的姿勢をとったため、極東においてフランスの役割を果たしうる他の連合国が存在せず、米国の政策転換後には戦争責任の追及が棚上げされやすい状況にあった。

その上、ヨーロッパの場合には、第一次大戦の反省に基づいて一九二〇年代からドイツのクーデンホーフ・カレルギーやシュトレーゼマン、フランスのブリアンなどを中心として独仏和解を軸とする「ヨーロッパ合衆国」建設の運動があり、一九三〇年代のナチス支配期には一時的に後退したものの、第二次大戦中にはカトリック系のレジスタンス運動を中心として戦後のヨーロッパに合衆国を建設しようとする動きが再燃していた。これらの動きは戦後、キリスト教民主党や社会民主党によって継続されていったが、米国政府は、対ソ「冷戦」を推進するためにこれらの動きを助長しようとした。たとえば、マーシャル・プランの作成にあたって国務省内に設置された外国援助拡充検討委員会が作成した報告書の中には、つぎのような指摘がある。

「フランス、イタリア、ドイツにおいてナショナリズムというシンボルは本質的に破産し、わが国が支持したくない反動的かつネオ・ファシスト的政治勢力によって利用されるおそれがある。西欧ではヨーロッパ統一という超民族的な理想の背後に強力な衝動が成長する可能性がある。」(油井、二八二)

さらに、西欧の経済復興には、ルールやザール地方の工業資源の利用が不可欠であったが、これらの地方の帰属問題は積年の独仏対立の焦点となってきたものであり、第二次大戦後にもその対立が再燃していた。これを防ぐためにも、西欧の経済統合、つまり各国のナショナリズムを超えた西欧の地域主義（Regionalism）的結集が不可欠となり、一九五二年に後のヨーロッパ経済共同体の萌芽となるヨーロッパ石炭鉄鋼共同体が発足することになった。

つまり西ドイツにおいては、戦争責任の反省は西ドイツの自民族中心主義（Ethno-centrism）的考え方への反省をもたらし、ナショナリズムを超えた西欧地域主義の形成をうながした。それは、米国による「冷戦」戦略の産物でもあったため、ヨーロッパの分裂やドイツの分断という悲劇を生み出したが、ナショナリズムの歴史の中ではきわめて重要な変化でもあった。たとえば、西ドイツの歴史教育は意識的にこの西欧地域主義的な観念の育成を重視するようになり、一九五一年に書かれた教科書には、つぎのような記述が見られた。

「今度の戦争のはかり知れない苦悩の衝撃から、ヨーロッパは統合することによってのみ、まだ残っているその世界的意義を主張でき、西洋文明の崩壊を回避することができるという意識が育ってきた。……かつてしばしば抗争の的となったシュトラスブルクで、ヨーロッパ審議会が開催された。ヨーロッパの諸国家そして国民はいまや、自国本位の目的および主権の一部を放棄して、活力に満ちた共同体にまとまるか否かの問題の前に立たされているのである。……新しいドイツ国家も、これに原則的に賛成する態度を表明している。連邦共和国はボン基本法ですでに、平和維持のため、超国家的統一体の下に自国を組み入れ、この目的のためには主権の制限を認め、共通に義務づけられた仲裁裁判所を支持する旨、宣言したの

である。」（藤沢、一九六〜一九七）

このように、西ドイツにおいては、第二次大戦の戦争責任の反省がナショナリズムを乗り越え、西欧地域主義の下に結集させる契機となった。それは、相克を特徴とした近代以来のナショナリズムの歴史の画期的転換を意味したが、皮肉なことに、日本においては、大戦中に「大東亜共栄圏」構想という歪んだ形で発揚された「アジア地域主義」が、敗戦とともに一掃されることになった。

第二の「脱亜」過程としての戦後

たとえば、竹内好は一九六四年に書いた「日本人のアジア観」の中でこう言っている。

「当時（太平洋戦争中のこと、引用者注）、アジアは深く日本人の心のうちにあった。そのアジア認識がじつは誤っていることを敗戦によって教えられるわけだが、誤ったにせよ、ともかく主体的に考える姿勢はあった。そしてこの姿勢は、明治以降の近代化の歴史のなかでつちかわれたものだった。

敗戦とともに、文明開化のやり直しが始まり、その風潮のなかで大東亜戦争は一から十まで否定された。最初に述べたように、これはやむをえないといえばやむをえないが、そのために大切なものを失う結果になった。

失ったのは、明治以来つちかってきたアジアを主体的に考える姿勢である。アジアの一員

として、アジアに責任を負う姿勢である。……」（竹内好『評論集』3、八三〜八四）

つまり、竹内はここで、戦後の日本人の意識がアジア離れしていったことを批判しているわけだが、それは、日本の占領が事実上米国の単独占領であり、その下で、日本人は米国の科学技術の優秀さや物資の豊富さに圧倒されるとともに、占領下での改革にともなって米国の生活文化の影響が急速に拡大したため、戦後の民主化が事実上、「アメリカ化」を意味したためであった。

その上、占領の終了を決定したサンフランシスコ講和条約は、単にソ連という社会主義国が調印しなかったという意味で「片面講和」になっただけでなく、会議に大陸中国や朝鮮は招かれず、インド、ビルマが欠席し、出席したインドネシア、フィリピン、パキスタンも不承不承調印したことが示すように、「南」軽視の講和条約ともなった。その結果、日本人の意識の中で、対米戦争責任については痛感し、「二度と米国と戦争をしてはならない」という意識が強まり、戦後の保守政権は向米一辺倒の外交姿勢を固定化させてゆくことになった。しかも、そこには、ある種の事大主義的精神が作用しており、明治の文明開化期に見られた「脱亜入欧」と共通する精神構造の再現が見られたと言えるだろう。

その反面、実際に多大な戦争被害を与えたアジア諸国に対する戦争責任を、軽視する姿勢が残っていった。それは既に触れたように、ドイツの場合と異なり、外地での加害体験と本土での被害体験が断絶していたためでもあるが、同時に、社会主義中国が講和会議から締め出されたため、東アジアにおいてフランスの役割を果たす国が存在しなかったことも大きかった。

しかも、米国側が日本を東アジアにおける「反共の防波堤」とするため、意識的に日本人のアジア蔑視感情を利用した側面すらあった。たとえば、対日講和交渉の米国代表であったジョン・F・ダレスは、一九五一年一月に来日した折、駐日イギリス代表部と会談した際にこう語ったという。

「わたしは、日本人がアジア大陸の民衆に対してある種の優越感を抱いているという印象を持っている。……日本人は、イギリス人、それに次いでアメリカ人によって代表される西欧文明は、その国際的に優位した地位をアジアの民衆が認めざるをえないような精神的な勝利を収めていると考えており、日本人も同様に（アジアの民衆に対して）優位を達成しているので西欧諸国の仲間入りをしたい、あるいは受け容れてほしいと望んでいる。わたしはこうした日本人の気持ちを満足させるものは何であれ、日本人がわれわれと友好的な関係にとどまるように日本人の心をつかむのに役立つと思っている。それも、中国本土が日本人を惹きつける経済的資源を持っているのに対して、たぶんわれわれが経済的に対抗できないとしてでもある。」（五十嵐、一四六）

これは、ダレスが、経済的・文化的に関係の深い日中関係を分断し、講和後の日本に米国の中国敵視政策に協力させるために、日本人の西洋崇拝意識とアジア蔑視感を利用しようという意図があったことを、示している。

現代型ナショナリズムの模索

事実、その後の日本の進路は、ダレスのこの狙いがかなりの程度成功したことを示した。戦後の日本は、焼け跡から出発して、ひたすら米国に経済的に追いつくことを目標に歩んできたが、その過程で、多くの国民は憲法九条を維持して戦前型の軍国主義化には反対しつつも、経済成長の度合によって諸民族の優劣の尺度とするようなある種の「経済ナショナリズム」を共有してきたと言えるだろう。そこでは、明治初期とは、レベルを異にするにせよ、「先進」的欧米の仲間入りを果たし、「後進」的アジアから脱却することが国家的目標とされてきたのではないだろうか。その意味で、日本の戦後は、第二の「脱亜」過程の始まりであった。

しかも、天皇制が「国民統合の象徴」として残ったことは、既に述べたように、日本人の権威主義的で、集団主義的な精神構造を存続させることになっただけでなく、血縁的な紐帯で維持されている天皇制を民族の「象徴」とすることによって、日本人の間で日本を「単一民族国家」とみなす神話を牢固たるものにさせ、国内の少数民族に対する差別を構造化させることにもなった。たとえば、敗戦前には「皇民化」を強制された在日朝鮮人は、一九五二年のサンフランシスコ講和条約の発効と同時に、一転してマイノリティとしての権利さえ奪われ、一律に定住外国人としての扱いをうけることになった。

折しも米国では、第二次大戦中の中国系移民への差別撤廃に続いて、東洋系移民の流入を禁止し、東洋系移民一世の帰化を禁止した条文の廃止をさだめたウォルター・マッカラン法が、一九五二年に成立した。ここに、日系一世にも米国市民となる道が開かれ、一九世紀末の中国人移民排斥法以来続いていた、東洋系移民に対する法律上の差別が撤廃されたのであった。それは、第二次大戦以来、世界の覇権国としての指導性を発揮するためにも、また、国内での少数人種・民族からの批判に応えるためにも、米国としては避けて通れない道であった。

つまり、戦勝国である米国においても、第二次大戦と戦後世界体制形成期の激動は、それまでの白人優越主義的な人種意識に反省を迫ったのであり、それは、西ヨーロッパにおける地域主義の形成とともに、近代以来のナショナリズムが大きな転換期に入ったことを象徴するものであった。翻って考えてみれば、近代の欧米で成立した民族国家は、外への膨張と内における民族・人種差別を車の両輪として発展してきた。封建時代の特徴である地方的割拠性と身分制による分断を、上からにせよ、下からにせよ、資本主義の発展によって克服した近代型の民族国家では、ナショナリズムの発揚が一般的特徴となったが、それは、その国の多数民族による自民族中心主義的性格を免れず、それ故に、外への膨張と内における少数民族差別を不可避的にともなうものであった。

そのような近代型のナショナリズムは、第二次大戦におけるその極限的な形態であるファシズムの敗北によって、多かれ少なかれ転換を余儀なくされたのは、当然のことであった。西ドイツにおける西欧地域主義の成長、米国における人種主義克服の始まりも、そのような世界史的な流れの中に位置づけて考えてみる必要があるだろう。その上で、日本の場合、敗戦と占領改革を経て、その民族意識がどれだけ変わったか、を反省してみる必要がある。平和意識の定着はかなりの程度みられるものの、近代型ナショナリズムの核をなす自民族中心主義は、どれだけ清算されたであろうか。集団主義的また権威主義的な精神構造は、どれだけ克服されたであろうか。

勿論、これらの精神変革は、戦時中の米国IPRの議論の中で指摘されていたように、日本人自身の主体的課題であって、そもそも占領軍による改革に期待すべき事柄ではなかった。それ故、米国IPRの対日占領構想では、日本人自身による「下から」の変革の助長が重視されたのであった。しかし、その方針は、初期の占領指令には影響をもったものの、結局、途中で放棄されたのであり、未完に終わった課題は、日本人自身によって完成されることが求められている。

しかも、誰よりも日本の徹底した変革を願ったラティモア、ビッソン、ノーマンなどの知識人が、その後、米国議会における狂信的な〝魔女狩り〟の犠牲になったことを想うと、なおさらである。

米国IPRの悲劇

マッカーシィズムと通称される米国の〝赤狩り〟旋風は、朝鮮戦争の勃発以来、ますます激しさを加え、米国IPRは、議会、裁判、そしてマスコミなどの場を通じて防戦に努めていったが、ロックフェラー財団などからの寄付は絶たれ、会員数は、一九五三年には最高時の約四分の一に相当する五五〇人に激減した。それでも、一九五四年には京都で第一二回の国際会議を、また、一九五八年にはパキスタンのラホールで第一三回の国際会議を開催するなどして、会の存続に悪戦苦闘していったが、ついに一九六一年一〇月、米国だけでなく国際組織としても解散を余儀なくされた。国際IPRの機関誌『パシフィック・アフェアーズ』だけは、カナダのブリティッシュ・コロンビア大学に拠点を移して刊行を継続したが、組織としてのIPRは消滅することになった。

議会での〝魔女狩り〟的追及に対して断固として反論したラティモアは、偽証罪で告発され、長い裁判闘争の末、事実上、勝訴したものの、ジョンズ・ホプキンス大学にはとどまれず、イギリスに渡った。また、ビッソンはマッカラン委員会に喚問された後、カリフォルニア大学バークレー校で講師としての契約更新を拒否され、一九六八年まで実に一六年間も大学の教職につくことができなかった。さらにノーマンは、当時カナダ政府の駐エジプト大使であったにも拘らず、米国議会による内政干渉的な攻撃をうけ、一九五七年四月四日、カイロのホテルから投身自殺をとげた。

まさに、IPRの末路は悲劇的であった。しかし、その悲劇性は、単にIPRの会員のそれにとどまらず、米国国民全体にも及ぶものであった。何故なら、IPRの消滅によって米国国民は、激動するアジアの実態をありのままに伝達してくれる組織的媒体を失い、革命的なアジアの激動を「東西」の論理で割り切ることの危険性に警鐘をならす文化的集団を喪失したからである。その結果、革命的なアジアに対する不寛容な政治風土が固定化し、一九六〇年代の半ばになって、った。米国政府がヴェトナムに泥沼的に介入してゆくのを、事前に抑止する力を喪失させることにもなった。

今日、世界は再び、激動の転換期を迎えている。日米間の経済摩擦の激化に対応して、日米の双方で新たなナショナリズムの高まりが目立ち始めている。また、経済摩擦を緩和させる方途として日米を含む「太平洋経済圏」の強化を訴える声も高まっている。この転換が最終的にどのような形で決着するのかは、まだ不透明であるが、その将来を占うためにも、過去の事例が参照されるべきである。悲劇的な結末を遂げたといっても、ＩＰＲは歴史上初めてのアジア・太平洋地域における地域主義的な文化運動であり、国際的な非政府組織（ＮＧＯ）の先駆でもあった。

それが、一度は太平洋戦争の勃発で挫折し、最後には、中国革命と朝鮮戦争に対する米国議会の狂信的反応によって消滅させられたことは、アジア・太平洋地域において地域主義的な連携をはかることがいかに難しいか、を示している。この地域を構成する国々の間には、南北の格差と東西の体制差が交錯しており、その間を取り結ぶ地域主義は、イデオロギー的に寛容であるだけでなく、過去の植民地主義の清算においても徹底した姿勢をもたない限り、成功しないであろう。ＩＰＲの悲劇的な実験は、そのことを我々に教えている。

あとがき

本書は、著者が一九八四年から八六年にかけて長期の在米研究に従事した折の成果である。前著『戦後世界秩序の形成―アメリカ資本主義と東地中海地域・一九四四～四七―』を書きあげた後には、米国による日本の占領改革期の問題、それも占領軍の中で「ニューディーラー」と呼ばれた人々の知的背景、とりわけ、太平洋問題調査会の対日占領構想とその影響について研究してみたいと考えていた。ちょうどそのような折に、現代歴史学研究会に参加する機会を得たため、「新しい世界史」シリーズの一冊を『未完の占領改革』と題してまとめてみようと決意していた。

つまり、本のタイトルだけは早くから決定していたのだが、前著のまとめに予想以上に手間どったため、在米研究中は、全米各地を飛びまわり、太平洋問題調査会や日本占領関係の一次史料を収集するだけで精一杯であった。そのため、一九八六年七月に帰国した時点ではまだ目次も確定できない状態であった。しかし、その年の暮れから「新しい世界史」シリーズは華々しくスタートし、刊行スケジュールを気にしながら、史料を読み進むという苦しい日々が始まった。

ある高名な歴史家は、執筆の段階になったら、いつも「史料は必要にして十分」と自分に言いきかせていたというが、「史料中毒症」は歴史家の持病のようなものであるだけに、膨大な史料を横目に見ながら書き始めても、すぐ行き詰り、また史料に戻るという悪循環にしばしば陥った。そうした結果、大幅に刊行計画が遅れることとなり、現代歴史学研究会の仲間や東京大学出版会の皆さんには多大のご迷惑をおかけすることになった。心からお詫びしたい。

確かに、スケジュールに追われ、急がざるを得ない仕事ではあったが、自分なりに限られた条件の中では精一杯やった積りである。幸い、米国の日本占領については、構想から実施の段階に至るまで多くの優れた先行研究があったため、それらの研究成果に太平洋問題調査会の歴史を重ね合わせることに本書の独自な狙いを置くことができた。

果たして、この独自性が十分発揮できたかどうかは、読者諸氏の厳しい批判に委ねるほかはない。しかし昨年(一九八八年)九月一九日以来、日本社会の隅々に蔓延した「自粛」ムード、そして本年一月七日以降の事態は、奇しくも、本書の中心テーマである、占領期の「民主化」を通じて「日本人はどれだけ変わったのか?」という疑問が今日なお重大な問題であることを浮き彫りにした。

文字通り、連日連夜、新聞やテレビから伝わってくる大量の天皇報道に接し、著者は、重苦しい気持に陥らざるを得なかった。重病に苦しむ人や他界した人に対して、それが誰であっても、憐憫や哀悼を禁じえないのが人の情であろうが、しかし、日々の生活や市民の権利に、事実上制限を及ぼす程に「自粛」が押しつけられる事態は、やはり民主的社会にあっては、異常なことと言わねばならないであろう。

戦後改革を通じて、日本国民は「主権者」となったと言われるが、それはどれだけ精神構造や生活スタイルのレベルにまで定着しているのだろうか。また、敗戦後も「昭和」が続いたことの反省はどれだけ深められているのだろうか……。この間の事態は、そうした重苦しい問いを私たちに投げかけずにはおかない。

敗戦の年に生まれ、占領期に幼少年時代を過ごした著者は、勿論、「戦中派」に属するわけではないが、かといって「戦無派」とも言えない。あの戦争中、伯父を中国で、義父をフィリピン沖で亡くしている著者の周囲には、今なお戦争の傷跡が残っているからである。

それ故、「戦中派」と「戦無派」とを架橋しうる歴史認識の形成に資することこそが、著者の世代の責任のように思われる。著者が占領改革期にこだわるのはそのためである。果たして架橋しうる程の歴史認識を示しえたか否かは、読者諸氏の厳しい批判を待つ以外にないが、願わくば、黙殺ではなく、世代間の何らかの対話が生まれる契機になれば、と願っている。

拙い書物ではあっても、本書の脱稿は多くの方々の協力なしには不可能であった。まず、アメリカ学術団体評議会（ＡＣＬＳ）や日本証券財団のフェローシップ並びにそれに基づく長期の在外研究を了解して下さった一橋大学社会学部の諸氏のご協力に感謝したい。

また、二年間、客員研究員として受け入れて下さったカリフォルニア大学バークレー校東アジア研究所の皆さん、とりわけ、日本研究センターのアーウィン・シャイナー、ロバート・ベラー両教授や秘書のユージン・ブルックさんに謝意を表したい。

東アジア研究所で定期的に開かれていた研究会では、米国人のみならず、アジア各地からの研究者との交流を通じて、日本の占領を戦後の東アジア史全体の中に位置づけ直す視点の重要性を再確認する機会を得た。また、研究所のコロキュアムで著者が日本の占領初期の問題を報告するにあたっては、マイク・ギブス氏に大変お世話になった。さらに、カリフォルニア大学バークレー校のロナルド・タカキ氏やロスアンジェルス校のユージ・イチオカ氏からは、アジア系アメリカ人研究やエスニック・スタディースの成果を日本の占領研究に生かす視点を学んだ。

太平洋問題調査会に関する一次史料の収集については、コロンビア大学、ハワイ大学、スタンフォード大学フーヴァー研究所、東京大学教養学部アメリカ研究資料センターにおいて史料の閲覧・複写の機会が与えられたことが決定的であった。また、故大窪愿二氏とジョン・ダワー氏は、FBIが所蔵していたIPR関係資料を、情報公開法の権利を行使して公開させ、複写により収集していたが、それらの貴重な公開史料の閲覧を著者に認めて下さった。特に、故大窪氏は自分自身で、戦前の日本IPRの歴史を書かれる計画であったが、その途上で、不慮の事故により、他界されてしまった。著者の研究は扱う時期からしても大窪氏の計画に代替しうるものではなかったが、大窪郁子夫人をはじめ、ご遺族の皆さんは心よく史料を閲覧・整理する機会を許して下さった。さらに、戦後の日本IPRの再建に関係された都留重人先生からも、貴重な史料を見せて頂いた。

また、対日占領関係史料に関しては、トルーマン図書館より短期調査の援助を頂いたほか、国立文書館、マッカーサー図書館などで貴重な史料を見る機会が与えられた。その上、細かい事実の確認についても、多くの方々の助言を得た。特にホット・スプリングス会議に関する『朝日』の報道については、吉見義明氏に、中国人の人名表記については、三谷孝氏に、教えて頂いた。

さらに本書は、著者が初めてパーソナル・コンピューターを使って書いた著作となった。締切りに追われて書かざるを得なかった本書の作成に、パソコンは絶大な威力を発揮してくれたが、短期間でその操作法をマスターする上では、中野聡氏に大変お世話になった。また、木戸衛一氏は著者の手書き原稿の一部を、パソコンに打ち込むのを手伝ってくれた。記して感謝したい。

それにしても、パソコンを駆使して五〇〇枚もの原稿を約五ヵ月間に集中して書きあげたのであるが、よく五体無事に脱稿したものだという思いが強い。夏休み中には、ほとんど連日、半日以上もパソコンに向かい、指先に痛みを感じ、氷でひやしながらやったことすらあった。コンピューター時代に適した健康法の必要性を痛感した次第である。

最後に、本書を祖父鈴木義男に捧げることを許して頂きたい。祖父は占領期の司法改革に関わり、GHQのチャールス・ケーディス、アルフレッド・オプラー両氏とも交流があった。今回の在米調査の折に、ケーディス氏に直接インタヴューする機会を得たのも、祖父との因縁が大きかった。祖父は、著者が高校三年の時に他界したため、直接祖父から占領期の体験を聞くことができなかったことは大変残念であるが、もし、存命であったら、果たして本書をどう評価してくれるか、恐る恐る想像している。

それにしても、人との出会いとは不思議なものである。現代歴史学研究会の多くの諸氏とは一九七〇年前後の激動期の大学院生時代からの付き合いである。この研究会での討論を通じて、著者は、植民地主義や人種主義に象徴される〝西洋近代〟の負の側面の克服過程にこそ〝現代〟の世界史的意義があると確信していった。著者なりに日本の占領改革期をそのような世界史的文脈の中に位置づける必要性を自覚できたのも、この研究会での議論の賜物である。改めて研究会の諸氏に感謝したい。また、予定を大幅に遅れながら、忍耐強く脱稿を待って下さった渡辺勲氏には、前著以来お世話になり通しである。改めて、心からの感謝をささげたい。

一九八九年一月

油井大三郎

増補新装版の刊行にあたって

占領期研究を再訪する

1　はじめに

一九八九年に本書を「新しい世界史」シリーズの第一一巻として出版してから、はや四半世紀以上が経過しているが、本書への関心が衰えないと聞き、ありがたいことと感謝している。当時四〇歳台の中堅の歴史研究者が一人一冊を書き下ろすという趣旨で、何度か合宿までして出した「新しい世界史」シリーズ自体が異例に多くの読者をえた影響もあり、本書も一万部を超える読者をえた。また、一九九〇年には毎日新聞・アジア調査会によるアジア太平洋賞・特別賞に選ばれる栄誉にも浴したので、著者にとって思い出深い著作となった。さらに、二〇〇三年には八社共同復刊の一冊として復刊されることとなったが、それも品切れとなったのであろう、今回、新装版が出されることとなり、再版にあたっての寄稿を依頼された次第である。

そこで、近年の占領期研究を概観するため主な著作をリスト・アップしてみて、メディアやジェンダー、教育などの分野で実証的研究が多数蓄積されてきているのを発見した。しかし、もっと驚いたのは、占領期を「アメリカによる日本人の洗脳」とか、「日本人が国を愛せなくなった」原因とみなす扇動的な著書が出はじめていることであった。その背後には、日本におけるネオ・ナショナリズムの台頭があり、外国軍隊による日本占領は、まさに「屈辱の時代」とみなされるのであろう。しかし、当初の占領研究は、日本の非軍事化や民主化を高く評価するものが多く、明らかに占領研究の見方に重大な変化が発生していると痛感した。

これらの占領に関する「歴史修正主義」は東京裁判の否定や「大東亜戦争」の肯定という本家本元の「歴史修正主義」から派生したもので、しかも手堅い実証研究というより、ジャーナリスティックな時評的性格のものであるが、歴史は絶えず現在から読み直されるものであるとすれば、無視できない動向であろう。しかし、過去を現在の風潮に合わせて歪曲することは全く実証的歴史研究の基本に反する行為でもあり、近年の占領期に関する「歴史修正主義」にはこのような現在の都合で過去を歪曲する「現在主義（Presentism）」の欠陥を感じざるをえない。

そこで、以下、この「歴史修正主義」の動向も含めて、近年における占領期研究の主要な動向を概観してみたい。ただし、時間や紙幅の制約から、個別的な実証研究のすべてを網羅することはできないので、占領期に関する通史的著作や戦後史の見直しを迫る著作のなかで占領期がどう位置づけられているかを検討することにしたい。

2　占領期をめぐる「歴史修正主義」の台頭

まず、二〇一四年に出版された高橋史朗『日本が二度と立ち上がれないようにアメリカが占領期に行ったこと』では、「GHQがプログラミングし、『戦後民主主義』と称賛された日本の制度設計とは、一言でいえば、日本国内に『臆病者』や『卑怯者』を増やし、日本人としての『誇り』や『品格』を失わせるシステムであった」（九頁）と断言している。具体的には、農地改革による農地の狭隘化、GHQの教育政策による自虐史観の押し付け、GHQのニューディーラーによる日本の「社会主義化」を狙ったとする憲法改正、「外国にひたすら迎合」するものになった戦後外交、などが列挙されている。この著作では、GHQとの交渉にあたった政治家、官僚などの回想録などに依拠して、GHQによる改革の「押し付け」＝「屈辱」と描いているが、依拠した史料が戦前思想にとらわれた旧エリートのものである制約に自覚的でない欠陥がある。

次に、二〇一五年に刊行された山村明義『GHQの日本洗脳』では、ルース・ベネディクトの『菊と刀』など戦時中の米国における日本研究や日本人「再教育」政策の検討過程に注目して、占領政策が「日本の伝統文化を破壊し、日本人から歴史を奪い取る行為」であった（二二頁）と評価している。また、米国による「太平洋戦争史観」の押し付けを「精神的武装解除」とみなした上で、それは「左翼やリベラル派を利用することによって、『内部からの自己崩壊』を『教育民主化』の名の下に支援」（八七頁）したものと断じている。

このように近年の占領期に関する歴史修正主義では、非軍事化や民主化は日本の伝統文化を破壊する意図をもったものとして否定的に評価する特徴があるが、同時に、占領改革の中心的主体を「ニューディーラー＝左翼」と決めつけ、ソ連崩壊後に見られる社会主義の権威低下の風潮に合わせて占領改革を否定的に評価しようとする傾向ももっている。しかし、ニューディールは、元来、資本主義を「福祉国家」的に改変することで資本主義の存続を図ろうとした政策という特徴をもっていたであり、一部の行政機構に社会主義者が入っていたからといって、社会主義をめざす政策とはいえないことは米国史の常識となっている。また、占領期にＧＨＱの労働課長をつとめたセオドア・コーエンの回想（『日本占領革命――ＧＨＱからの証言』）が指摘するように、ＧＨＱ内部には諜報活動を担当するＧ2のウィロビーのように、反共思想からＧＨＱ内の「左翼」を告発する活動を展開した人物がいたにも拘わらず、ＧＨＱ内の共産主義者はごくわずかで、むしろ改革に熱心なリベラルを「左翼」として攻撃する傾向があったこと、また、マッカーサーは、ニューディールに反対する保守派であったが、日本の「共産化」を防止するには民主化を進めることが有効と考え、初期にはリベラル派を積極的に登用したとの指摘（上、一五四―一五九）には説得力があると思われる。

一方、占領下の非軍事化や民主化政策には全面的には肯定できない矛盾があったことも確かである。それは、江藤淳がすでに一九八九年（『閉ざされた言語空間』）で指摘していた通り、占領期を通じてGHQは日本における言論やメディアを「検閲」し、占領軍の犯罪や原爆情報などを日本人に知らせないようにしていたからであった。つまり、占領改革は、外国軍隊による異民族統治であるだけに、被占領者の民族感情からくる反発は避けられないのであるが、一方で、非軍事化や民主化の進展による戦前の軍部独裁的な体制が一掃されたことへの賛同も生み出すものであった。換言すれば、日本における占領改革の評価には、ナショナリズムとデモクラシーの相克という側面があるのであり、GHQによる民主化政策を全面的に肯定する議論も、全面的に否定する議論もともに一面的となる恐れがある。それだけに、占領期の評価にあたっては、日本の主権が制限されていた面と改革が進展した面とを総合的に評価する視点が必要になる。

3 「戦後」の見直しと占領期評価の変化

これまで「戦後」の終了宣言は何度かなされてきた。サンフランシスコ講和条約で占領が終了し、日本が主権を回復した一九五二年、戦前の生産力の水準を回復し、『経済白書』が「もはや戦後ではない」と宣言した一九五六年、さらに、石油ショックによって高度経済成長が終了した一九七三年、などである。しかし、そのたびに「戦後」という言葉は生き残り、日本人の時代意識を規定してきた。それは、戦後の日本の基底的な政治秩序である憲法九条と日米安保条約という相互に矛盾する二元的な政治秩序がその後も続いてきたからであろう。

しかし、この矛盾は、戦後保守政治の主流であった吉田茂の路線、つまり、主権回復後も米軍基地の存続を許しながら、米国からの再軍備圧力に対しては憲法九条を根拠に軽軍備で済ませ、ひたすら貿易の振興で経済成長を実現し、国民の不満を緩和する軽軍備・貿易立国路線で糊塗してきた。それが、一九九〇年代に入り、冷戦の終結で日米安保の存在意義が流動化するとともに、バブルの崩壊で長期の不況が始まり、長期に続いた自民党政権が倒れる事態が発生するや、「戦後」の終焉が再び強く意識され始めた。例えば、中村政則は、『戦後史』（二〇〇五年）で「冷戦の崩壊をもって、『戦後』は終わった」（二八三頁）と語る一方、「従軍慰安婦」などに対する補償が未解決であることを捉えて、「終わった戦後」と「終わらない戦後」の二重構造の存在を指摘している（二八五頁）。

また、キャロル・グラックは、A・ゴードン編『歴史としての戦後日本』（二〇〇一年）で、昭和天皇が死去した一九八九年をもって「長い戦後」の終焉とし、「終戦から五〇年経った時点で、問題はもはや『歴史としての戦後日本』ではなく、戦後日本がすでに歴史になった」（上、一九三、一九八頁）としている。同時に、昭和天皇の死は、昭和の戦前期と戦後期の連続性の問題にも関心を及ぼした。中村政則は前掲『戦後史』の中で、戦中と戦後を連続として把握する「戦貫史」という把握法を提起した。それは、農地改革などがアジア太平洋戦争中に総力戦体制を構築するため、官僚によって戦中から構想されたものが、戦後、GHQによって一層徹底した形で実現したことなどに現れている側面である。この論点は野口悠紀雄の『一九四〇年体制』（一九九五年）

や山之内靖などの『総力戦と現代化』（一九九五年）のような、主として経済学や経済史的研究が強調する側面であるが、しかし、この連続説は、敗戦と占領による主権者の天皇から国民への移動という、制度論的には「革命」的な変化を過小評価する欠陥がある。

確かに、今の若者に訊いても、日常「戦後」という言葉を使用することはないという。時代感覚は世代とともに変化してゆくことを考えれば、新しい時代表現が求められているのかもしれない。しかし、第一次安倍政権が「戦後レジームからの脱却」を掲げたように、政治の世界では依然として「戦後」という時代意識が生きている。それは、保守政治家が憲法九条による制約を撤廃したがっている証左であり、憲法九条は「終わらない戦後」を象徴しているのだろう。事実、二〇一五年九月における安保法制の強行採決にいたる過程は、一内閣による憲法九条の解釈変更という立憲主義の否定によって、これまで禁止されてきた集団的自衛権の行使を可能にしようとしたもので、憲法九条が保守政治家にとっていかに「終わらない戦後」であったかを示すものであった。

確かに、憲法九条に関しては、自衛隊の発足によって「戦力不保持」の条項の空洞化が進んだが、「戦争放棄」の条項によって自衛隊の海外派兵を阻止してきた。しかし、今回の安保法制の強行採決はその歯止めをもなくそうとしたのであり、戦後日本で長く存続してきた憲法九条と日米安保の二重性を、日米安保を優先させる形で解消しようとするものであり、もしこの安保法制が今後実効性をもつようになるのであれば、この二重性は解消され、日本の「戦後」は文字通り

「終焉」したことになる。ただし、この安保法制に関しては、違憲訴訟の準備や選挙による政権交代の模索などが進んでいるので、「戦後」の終結を宣言するのは時期尚早であろう。むしろ、今回の安保法制の顚末では、日本における憲法九条に象徴される「戦後」の根強さが改めて証明されたともいえるだろう。

他方、吉見俊哉は『ポスト戦後社会』（二〇〇九年）の中で、一九九〇年代に冷戦終結後に進展する米国主導のグローバリゼーションに日本が「無理やり組み入れられ、大きなダメージを受けた」（ii頁）ことを「第二の敗戦」とみる見方の存在を指摘している。これも、一九九〇年代に日本の「戦後」が終わったと理解する例となるだろう。

このように米国に対して日本が絶えず敗北してきたとの主張は、白井聡による『永続敗戦論』（二〇一三年）でも展開されている。白井は、アジア太平洋戦争における「敗戦を否認しているがゆえに、際限のない対米従属を続け」（四八頁）ている状態を「永続敗戦」と呼んでいる。この主張は、沖縄の米軍基地問題などを念頭におくと分かりやすい主張であるが、同時に、「戦後」を「かくも長きにわたってわれわれの認識と感覚を拘束してきた」「牢獄」と規定し、東日本大震災以降、「戦後の終焉に立ち会っている」（三四頁）と断言する。この主張では、日本において「戦後民主主義」が果たしてきた歯止めの役割は軽視され、安保条約に象徴される「対米従属」が専ら強調されるという逆の一面性をもっている。しかし、このような「永続敗戦論」がマスコミでも注目されたのは、バブルが崩壊し、長期の不況に苦しむ一九九〇年代以降の日本では、軽軍備・貿易立国路線で憲法九条と安保条約の矛盾を糊塗してきた吉田路線の限界が露呈し、米国主導のグローバリゼーションを押し付けられていることへの不満が噴出した結果であろう。

この「永続敗戦論」と基調を同じくして、元外交官の孫崎享は、『戦後史の正体』(二〇一二年)で、戦後の日本外交では、絶えず鳩山一郎などの対米自立派が短命に終わり、吉田茂などの対米追随派が主流となってきたことを告発している。つまり、冷戦後の日本では、対米追随の外交姿勢に対する不満が各所に噴出しているわけであるが、同時に、憲法九条を時代に合わせて改めてゆく提案も出てきている。

例えば、加藤典洋は、『戦後入門』(二〇一五年)の中で、日米同盟の「耐用期限が過ぎつつある」として、「敗戦後七〇年目を迎え、『戦後』は剝げかかって」いると主張している(一二頁)。戦後保守の主流であった吉田茂の路線では、「対米従属からくる政治的焦慮を経済大国化による自尊心の醸成によって緩和」してきたが、一九八〇年代に入って中曽根政権は「戦後政治の総決算」を主張し、吉田路線を否定していった。さらに、バブル崩壊後には、経済成長の神話が崩れ、自民党内の親米穏健派が溶解していったという。しかし、復古的国家主義は戦後世界秩序と衝突するため、見込みがないとして、加藤は国連中心外交を積極的に展開できるようにするため、憲法九条を改正して、自衛隊を「国連待機軍」や「国土防衛隊」に改組するとともに、外国軍隊の基地を否定する条項を盛り込むことを提案している(三七八、三八七、四四五頁)。

つまり、加藤提案の特徴は、冷戦後の世界で重要性を増している国連の平和維持活動に日本が積極的に参加する方向で、憲法九条を改正すべきというものであり、革新側からも九条改正論がでてきた点が新しい特徴であろう。国連の平和維持活動は、九条を改正しなくても、非軍事的分野であれば、実行できると思うが、いずれにせよ、戦後日本の二元的な政治秩序の内、安保条約を強化する方向ではなく、九条の精神を強化する方向の憲法改正論がでてきたことは「戦後」の転機として注目に値するだろう。

他方、近年、離米・反米的右翼の台頭がみられる。例えば、西尾幹二は『同盟国アメリカに日本との戦争の意義を説く時がきた』(二〇一三年)でこう述べている。「戦後レジームの脱却、言い換えれば、東京裁判史観の清算を理路整然とアメリカに対して説明することは難しいことだけれども、しかしそれをやるべき時期がきている……それはアメリカがすでに覇権国ではなくなりつつあり、他国のことに介入する余裕を失いかけているので日本は自力で生きていくためには、アメリカにも侵略の概念の更新を改めて要求してゆかなければならない時期にきている」(三六—三七頁)と。戦後の日本では、米ソ冷戦の影響をうけて、反米右翼はほとんど姿を消し、親米右翼が主流となってきたが、戦後七〇年が経過し、米国の覇権が低下し始める中で、離米・反米右翼の台頭という新しい現象が生じはじめている。

以上のように、近年の日本では、様々なタイプの「戦後」見直し論が出てきているが、ここではそれ自体の是非を論じる場ではないので、それらが占領期の位置づけにどのような影響を及ぼすかだけ指摘しておきたい。第一は、占領=対米従属の側面と非軍事化や民主化などの諸改革との関連をどう評価するか、第二は、戦中と占領期の連続と断絶をどう考えるか、第三には、憲法九条が途中から米国にとって桎梏になったにもかかわらず、なぜ占領後期から今日まで改憲されずに残ったのか、といった点であろう。

4 占領改革は「押し付け」だったのか

日本における占領研究のパイオニアとして、竹前栄治と袖井林二郎の二人を挙げることに異論はないだろう。その袖井は『戦後日本の原点』(一九九二年)で次のように語っている。「対日占領の理念はあまりに理想主義的であったために、その実現されなかった面に目をむけて〈未完の占領改革〉を惜しむ声があるが、私はその立場をとらない。現実の世界では、達成されずに終わったものより、達成されたもののほうがはるかにその意味は重いからである。戦後日本の発展は占領の遺産の上に築かれた」(上、ii頁)。

占領期では、初期には改革的であった政策が、米ソ冷戦の影響で後期には改革に背を向け、公職追放者の復帰や経済復興に重点が移ったことは多くの研究が認めるところであろう。その転換を「逆コース」と呼ぶことが多いが、袖井は、逆コースがあったとしても、全体として「占領のもたらしたものは、基本的にプラスであった」(上、三頁)と指摘しているように、占領改革がもたらした成果の方が大きいと主張しているわけである。しかも、ここで『未完の占領改革』といっているのは、拙著を意識したものと思われるが、占領後期における改革の放棄を重視する拙著と評価を異にしていることが分かる。

このように初期の占領研究では、占領を高く評価する傾向が強い。そうした評価の背景には、少年時代に占領を体験し、アメリカの「豊かさ」に感動した体験があったと思われる。例えば、宮城県生まれの袖井は、鉄道で通学していた時代に占領軍専用列車をみたときの印象をこう語っている。「こっちはスチームの入った列車どころか、貨物列車みたいなのに乗って二駅先の学校に通うわけですから、それ［立派な占領軍専用列車］を見て、『ああ、占領軍は強くて豊かだなぁ』と……」（下、三〇三頁）実感したという。また、長野県の山村で育った竹前は、ラジオ放送で流れた「カムカム英語」の愛聴者となっても、英語が支配者の言語という受け止め方は全くなかったとしてこう語っている。「支配者というより、むしろアメリカ様々で、アメリカの物質文明というか、『アメリカはすごいなぁ』と。だから戦争の影響はあまりないんです」（下、三〇九頁）と。

つまり、占領期に少年であった占領研究の第一世代の場合は、敗戦のくやしさよりアメリカの豊かさに圧倒された面が強かった。それに対して、小学生時代に占領を体験し、教師から「民主主義の子」と教育される一方、米兵からもらったガムやチョコレートを父親が投げ捨ててしまった体験をもつ保坂正康の場合は、占領改革を醒めた目で観察し、『占領下日本の教訓』（二〇〇九年）でこう結論づけている。「戦後民主主義、アメリカンデモクラシーこそ、私たちに植えつけられた理念であった。これはその前の大日本帝国の軍事主導体制よりもはるかに秀れている。しかし、同時に、これはまさに『戦後』(占領下日本)そのものであり、『アメリカン』(GHQ主導)なのである。『占領下日本』と『GHQ主導』をどのように外して、普遍性のある『民主主義』、『デモクラシー』を己のものにしていくか。それこそが私の世代の歴史的な務めである」(二八七―二八八頁)と。このように、保坂の場合は、占領下で行われていた反民主主義的な検閲の実態にも目を向け、占領改革の成果を評価した上で、その限界をも指摘していたのであった。

他方、米国の占領政策の形成過程に関する詳細な研究で知られる五百旗頭真の場合は、幼児期に占領を体験している世代に属している。その五百旗頭は、『占領期――首相たちの新日本』(一九九七年)で、憲法の制定過程に関して、幣原内閣の下に設置された松本委員会案が明治憲法の微修正程度のもので、「期待にまさる松本案の保守」的であることを毎日新聞のスクープで知ったGHQが、直接改正案の作成を決断したものの、民政局内で憲法問題に携わっていたラウエル法規課長は、国民主権と象徴天皇制を柱とした「高野岩三郎ら憲法研究会の『憲法草案要綱』を分析して『民主主義的で賛成できるもの』と高く評価した」(二〇八―二一一頁)と指摘している。つまり、現憲法は、GHQが主導して作成したものであるが、それは日本政府案があまりに「保守的」であったためであり、むしろ高野ら民間の案が取り入れられた可能性を示唆しているのである。

このように五百旗頭は、占領改革の実施過程を冷静に検証し直しているのだが、全体として、占領改革について、財閥解体のような「GHQ指令型」だけでなく、婦人参政権や労働組合法のような「日本政府先取り改革型」や農地改革のような「混合型」の三類型に区分して考えることを提唱している（一六四―一六九頁）。つまり、占領改革を全体として「アメリカの押し付け」とする議論の一面性を指摘しているのであるが、他方、吉田茂内閣の政治について次のように高く評価している。吉田は「親英米主義者、通商経済重視論者として、戦後日本を米国と結びつけ」、「米国主導の占領改革を受け入れ、安保条約を結んで米軍基地を存続させ、同時に米国との通商、資本導入を図る。自由民主主義をとり、軽軍備で経済重視の親米国家として戦後日本を、再出発させた」（三九六―三九八頁）と。

しかし、吉田は、幣原内閣の閣僚としてGHQの憲法改正案に抵抗し、他の改革でも民政局としばしば衝突していたことはよく知られた事実であるので、吉田が「占領改革を受け入れ」たとする評価には疑問が残る。同時に、占領改革をすべて「押し付け」とする評価に疑問を呈する姿勢は、占領が終了直後に生まれた福永文夫の場合も同様で、二〇一五年読売・吉野作造賞を受賞した『日本占領史 1945–1952』（二〇一四年）で、本土と沖縄の占領を比較しながら、「押しつけられた」戦後像からの脱却を提唱している（八頁）。福永は、占領期の中道政権とGHQの関係を研究した著作を発表しているが、この本のあとがきで、執筆の動機についてこう指摘している。「占領が日本を駄目にしたという論調に対する、違和感である。六年八カ月ばかりの占領で、日本および日本人は駄目になるほどひ弱で怠惰なのだろうか。それこそ自虐史観ではないだろうか」と（三四七頁）。

他方、福永とほぼ同世代の井上寿一は、『終戦後史　1945–1955』（二〇一五年）で五百旗頭の前掲書について次のように批判している。「ドイツと異なり、敗戦後、分断国家になることもなく、平和を享受し経済を発展させた戦後日本を肯定する立場は、戦勝国アメリカによる占領の重さよりも、日米『合作』による戦後日本の形成を重視する。このような政治史研究は、占領の影響による戦後日本のナショナリズムの屈折に対する関心が乏しい」（五頁）と。井上の場合は、戦後日本の経済復興策に関して大来佐武郎などが提唱したプランに注目して、東アジアとの分業を強化して、対米依存経済から脱却する構想の重要性を指摘している。つまり、このような関心は、占領下の日本人に形成されたナショナリズムの屈折に注目するが故であった。しかし、同時に、井上の場合は、この屈折したナショナリズムがアメリカからの大衆消費文化の浸透によって薄れていったと評価している（二〇五頁）。

つまり、占領直後世代になると、占領＝異民族支配に対する日本人のナショナルな反発への関心が浮上してくるのであるが、一九六〇年代生まれの世代になると、小熊英二の『民主と愛国』（二〇〇二年）のように、革新的な立場の研究者の中からも「戦後民主主義」「戦後民主主義者」の「愛国」的側面を指摘するとともに、「戦後生まれの左派にとって、『戦後民主主義』とは、形骸化した『保守』と『革新』の対立図式の一部としか映らなかった。秩序が安定した『第二の戦後』に成人した世代の多くにとって、世界とは安定した退屈な既存秩序であり、多少の反抗をしても崩壊しないものであった」(八〇〇頁)という醒めた認識が登場してくる。それは、戦後民主主義の原点としての占領にも醒めた目をむけさせることになるが、同世代の道場親信の場合は、『占領と平和』(二〇〇五年)の中で、戦時下の米国で日本人イメージ形成に大きな影響を及ぼしたルース・ベネディクトの『菊と刀』を批判するとともに、日本占領を中国や朝鮮の「脱植民地化過程」に対する米国の干渉の歴史と関連づけて検討する視点を打ち出している。

5 占領期に関する個別研究の動向

近年の占領研究では、メディア研究と女性史・ジェンダー研究の分野で多くの成果が出されている。まず、第一に、メディア研究では、占領中の検閲を担当したプランゲ・コレクションの日本での公開によって研究が飛躍的に進んだ。例えば、山本武利による『占領期メディア分析』(一九九六年)では、占領期における新聞・通信社・出版・放送・紙芝居などの実態と占領当局による検閲を分析している。また、山本武利ほか編『占領期雑誌資料体系』(I—V巻、二〇〇八—〇九年)では、占領期の検閲の対象になった雑誌の復刻という貴重な史料が提供されている。また、土屋由香の『親米日本の構築』(二〇〇九年)では、民間情報教育局(CIE)などによる日本人に対する「再教育・再方向づけ」の性格やそのための映画などの分析を通して、それらの政策の背後にある親米派の育成や「オリエンタリズム」的特徴が検討されている。さらに、土屋と吉見俊哉の共編になる『占領する眼・占領する声』（二〇一二年）では、冷戦期のアメリカの心理作戦と映像や放送の関係を韓国の事例も含めて分析している。

第二に、女性史・ジェンダー研究では、占領下の女性解放政策の研究が進展した。まず、上村千賀子の『女性解放をめぐる占領政策』（二〇〇七年）では、労働省婦人少年局の設立や女性教育改革などに注目して、エセル・ウィードなどGHQ内の女性スタッフの影響を検証している。また、豊田真穂の『占領下の女性労働改革』（二〇〇七年）では、女性労働者を男性と平等に扱う「男女平等賃金」原則と、深夜業の禁止など女性労働者を保護する規定との矛盾が発生した原因を分析している。この二著では、GHQ内の女性スタッフと日本の女性解放運動家の「政策同盟」が女性解放政策の実現に大きな影響を及ぼした点が指摘されている。さらに、『占領と性』（恵泉女学園大学平和文化研究所編、二〇〇七年）では、占領下の「特殊慰安施設協会（RAA）」や性病の管理、混血児の扱いなど、占領と性の関連を分析している。

第三に、GHQの占領方針やスタッフの研究がある。ここでは、初期の占領改革が徹底した形で進行した原因について関心が集まっている。占領改革を否定的に評価する研究では、日本が再び米国の軍事的脅威とならないようにするための非軍事化政策の一環として民主化が推進されたという解釈がなされることが多い。米国による南朝鮮占領ではおよそ民主化が実行されていないのに対して、日本では民主化が遂行されたのは、日本が米国と戦争をしたという特殊な条件が作用していたことは事実だろう。しかし、米国は、一九四一年八月に発表した大西洋憲章の中で、民族自決や軍縮、貿易の自由化、社会保障の充実、国際機関の再建など戦後世界構想を発表しており、そのような基本姿勢が対日占領政策にも反映していたことは前述のセオドア・コーエンが指摘している通りである。

つまり、反ファシズム・民主主義擁護の戦争という連合国側の基本姿勢が対日占領政策にも反映していたのであり、米国の国益の反映だけで説明するのは一面的であろう。また、英米首脳が一九四三年一月のカサブランカ会議で、枢軸国に対して「無条件降伏」という最も難しい終戦方式の採用を発表したのも、戦争原因が枢軸側のファシズムや軍国主義という政治体制にあり、一定期間、連合国が枢軸国を占領し、民主化などの改革を実施しないと戦後世界の平和は確保できないという決意もあった。そのため、まず、徹底した非軍事化や民主化、非ナチ化を規定した対独占領政策が策定され、それを参考に日本版が作成されたのであった。米国側にはジョセフ・グルーのように天皇制の存続を認めた穏健な改革を主張する向きもあったが、陸軍省の民政部が占領政策を策定する過程ではむしろ徹底改革派の主張が貫徹したという。しかも、戦中の米国政府にはニューディールを支持する知識人や官僚が多く参画していたので、対日占領政策には、財閥解体などニューディール色の強い政策も盛り込まれる結果となった。元来、ニューディールに反対する保守派であったマッカーサーが、対日占領の初期には徹底した改革を追求したのは、まさに陸軍省から発せられた対日占領指令自体が日本社会の徹底改革を志向していたためと解釈するのが自然であろう（前掲コーエン『日本占領革命』、三二一—三二四頁）。

また、ＧＨＱのスタッフは、まず参謀部や幕僚部の局長クラスには「バターン・ボーイズ」といわれるマッカーサー側近が任命されたにもかかわらず、初期の改革では民政部を中心に徹底した改革が推進されたのは、ホイットニー民政局長がマッカーサーのフィリピン在任時代の顧問弁護士として強い信頼を得ていたこと、また、課長級のスタッフには、ワシントンで対日占領政策の策定に関与したケーディスやコーエンのような改革派の役人が登用されたためであった。増田弘『マッカーサー』（二〇〇九年）では、フィリピン時代から日本占領期に至るマッカーサー人脈を詳述していて興味深い。

日本における占領改革否定論は、初期の徹底改革を専ら「ニューディーラー」のせいにして、改革の成果を否定する傾向にあるが、ＧＨＱのスタッフはウィロビーなどの超保守派からビッソンのような社会主義者まで極めて多様であった。しかも、反ニューディールの保守派であったマッカーサーが初期には改革に熱心であったのは、大統領選挙に向けた業績稼ぎという個人的野心だけでなく、徹底した改革を指令した初期の指令を軍人であるマッカーサーも無視できなかったという側面が重要であろう。

第四に、占領期と戦時期の連続性を強調する研究がある。雨宮昭一の『占領と改革』（二〇〇八年）では、総力戦体制下での「革新官僚」などによる改革政策の準備や敗戦による海外植民地の喪失などが占領改革の前提条件となったことが強調されている（九四頁）このような戦中・戦後の連続説は、既に指摘した通り、敗戦と占領改革による天皇から国民への主権移動という、制度論的にいえば、「革命」的な変化を過小評価する欠陥をもっている。また、豊下楢彦の『昭和天皇・マッカーサー会見』（二〇〇八年）では、昭和天皇とマッカーサーとの会談記録を詳しく検討して、象徴天皇制が確立した後の一九四七年七月に沖縄の米軍占領の延長を認めるメッセージがあること指摘したように、昭和天皇が政治介入をしていた事実が指摘されている（五四頁）。この問題は、憲法改正による主権の移動という「制度改革」が行われても、同じ天皇が「象徴」となったため、本人の意識面では連続性があったという矛盾を示している。

第五に、占領の初期と後期との間の「断絶」より「連続」を強調する見解もある。例えば、浅井良夫の『戦後改革と民主主義』（二〇〇一年）では、ビッソンの『日本における民主主義の展望』や拙著をとりあげ、次のように批判している。「『挫折した占領改革』という視角は、別な歴史的な選択肢の存在に気付かせることにより、実際にたどった歴史過程の特徴を鮮明にすることができる」が、「改革の目的が抽象的・理念的になりがちである。そのため、改革を自己目的化する議論であるとか、空想論的な理想論であるとかの批判を招きかねない」（二三二頁）と。具体的には、財閥解体は途中で挫折したといわれるが、独占禁止政策は日本に定着したと評価し、日本に緊縮財政を強いたドッジ・プランについても、ドル中心の戦後世界経済体制に日本をリンクし、経済復興を助けた意義を強調している（二六七―二七〇頁）。確かに、経済政策面では連続性が見られる面があるが、他方、政治史の面では一九四八年一〇月に米国政府が国家安全保障会議の決定として、改革を停止し、経済復興を優先するという決定（NSC一三／二）を下し、公職追放者が続々と復帰してくる過程の理解が困難となると思われる。

6　おわりに——占領改革の総合的評価を求めて

以上、概観したように、占領期の評価をめぐる論争は活発に展開されてきたが、ジョン・ダワーによる『敗北を抱きしめて』の刊行（英語版一九九九年、日本語版二〇〇一年）は、この論争に一つの画期を与えることになった。この本では、様々な改革に対する一般民衆の反応に焦点を当て、敗戦後、「悲しみと苦しみのただ中にありながら、なんと多くの日本人が『平和』と『民主主義』の理想を真剣に考えていたことか」（上、xiv頁）を検証しようとしたものであった。また、「日本占領を『抱擁（embrace）』として考えること、いいかえれば、勝者たちとその計画に対して、敗者がどんな影響を与えたかを考えること」（上、八頁）という米国と日本の相互作用として占領期を再解釈しようとしたものであった。従来、占領改革を米国による「押し付け」とする解釈をとるものの研究では、占領期の政治家や官僚の日記や回想記に依拠して、改革への反発を立証してきたが、ダワーは、民衆の反応に焦点をあて、日本の民衆が改革を受容してゆく過程を解明したのであった。

占領改革は、憲法改正による天皇から国民への主権者の移動という「制度革命」を伴ったが、それはＧＨＱによって「外から上から」与えられた性格が強く、戦前からのエリートはそれに反発したが、戦争により悲惨な体験をした一般民衆のレベルでは非軍事化や民主化を歓迎し、占領終了後にもその成果を定着させていった過程をダワーは生き生きと叙述したのであった。このような占領期に対する民衆史的アプローチは、吉見義明の『焼跡からのデモクラシー』(二〇一四年)でも継承され、一般民衆の日記とか、雑誌論文、聞き取りなど多様な史料の発掘により、労働者、教員、女性などの一般日本人の間に平和と民主主義が定着してゆく過程を描き出すことに成功した。その上、在日朝鮮人の体験にも光を当てることにより、民主化などの恩恵から排除された人々の存在に気づかせる。ただし、反米的な民衆意識はほとんど示されておらず、それが検閲を受けていた雑誌などの制約からくるものかどうか、不明である点に疑問が残った。

また、ダワーは、マッカーサーが「東洋の精神」では「勝者へのへつらい」という特徴があると理解し、意識的に「帝王」的態度をとって、「上からの権威主義的革命」を推進した点を捉えて、日本の占領改革が「新植民地的革命」であったと主張している(上、二六二—二六三頁)。

この視点は、日本占領の限界を韓国やフィリピンでの米国による占領との共通性を抽出する研究につながる面であり、近年における米国での日本占領研究の新傾向と軌を一にするものである。ローラ・ハインの文献(“Revisiting America's Occupation of Japan”)によると、近年の米国では、ポスト・コロニアル研究の文脈やトランスナショナルな人的移動史から占領史を見直す研究が多出しているからである。

つまり、日本での占領改革は、日本人側の協力もあったが、基本的には占領軍によって制度が

『上から改革』されたという性格を否定できないのであり、民主主義の精神を血肉化してゆく「精神革命」の課題は占領終了後の日本人に託されたというべきであろう。

その点では、半藤一利が『昭和史・戦後編　1945–1989』(二〇〇九年)で、「財閥解体、農地改革、労働改革は戦後日本の基本的改革であった」「これがのちに、われわれ庶民の生活にいい影響をどんどんもたらしてくるわけです」(七〇頁)と述べているように、占領改革が、庶民の購買力を強化し、その後の高度経済成長を準備したといえるだろう。また、中村隆英が『昭和史 II 1945–89』(一九九三年)でのべているように、「新憲法は、現代にいたるまで、一度も改正も行われなかった。それは、新憲法が日本の風土に定着した証左とみてよい」(四〇四頁)と述べている点にも関連する。しかし、二〇一五年の安保法制の強行採決により、自衛隊の海外派兵を防止してきた憲法九条が一内閣の解釈変更で空洞化しようとしている状況を考えると、占領改革の成果を守り、発展させる課題はなお、日本人の双肩にかかっているといわざるをえないのである。

[参考文献]

浅井良夫『戦後改革と民主主義——経済復興から高度成長へ』吉川弘文堂、二〇〇一年。

雨宮昭一『占領と改革』岩波新書、二〇〇八年。

五百旗頭真『占領期——首相たちの新日本』読売新聞社、一九九七年。

井上寿一『終戦後史　1945–1955』講談社選書メチエ、二〇一五年。

上村千賀子『女性解放をめぐる占領政策』勁草書房、二〇〇七年。

江藤淳『閉ざされた言語空間――占領軍の検閲と戦後日本』文藝春秋社、一九八九年。

小熊英二『民主と愛国――戦後日本のナショナリズムと公共性』新曜社、二〇〇二年。

加藤典洋『戦後入門』ちくま新書、二〇一五年。

恵泉女学園大学平和文化研究所編『占領と性』インパクト出版会、二〇〇七年。

コーエン、セオドア、大前正臣訳『日本占領革命――GHQからの証言』上下、TBSブリタニカ、一九八三年。

ゴードン、アンドリュー編、中村政則監訳『歴史としての戦後日本』上下、みすず書房、二〇〇一年。

白井聡『永続敗戦論』太田出版、二〇一三年。

袖井林二郎、竹前栄治編『戦後日本の原点』上下、悠思社、一九九二年。

高橋史朗『日本が二度と立ち上がれないようにアメリカが占領期に行ったこと』致知出版社、二〇一四年。

ダワー、ジョン、三浦陽一ほか訳『敗北を抱きしめて』上下、岩波書店、二〇〇一年。

土屋由香『親米日本の構築――アメリカの対日情報・教育政策と日本占領』明石書店、二〇〇九年。

土屋由香、吉見俊哉編『占領する眼・占領する声――CIE/USIS映画とVOAラジオ』東京大学出版会、二〇一二年。

豊下楢彦『昭和天皇・マッカーサー会見』岩波現代文庫、二〇〇八年。

豊田真穂『占領下の女性労働改革』勁草書房、二〇〇七年。

中村隆英『昭和史　II　1945-89』東洋経済新報社、一九九三年。

中村政則『戦後史』岩波新書、二〇〇五年。

西尾幹二『同盟国アメリカに日本との戦争の意義を説く時がきた』ビジネス社、二〇一三年。

野口悠紀雄『1940年体制』東洋経済新報社、一九九五年。

半藤一利『昭和史・戦後編　1945–1989』平凡社、二〇〇九年。

福永文夫『日本占領史　1945–1952　東京・ワシントン・沖縄』中公新書、二〇一四年。

保坂正康『占領下日本の教訓』朝日新書、二〇〇九年。

孫崎享『戦後史の正体』創元社、二〇一二年。

増田弘『マッカーサー』中公新書、二〇〇九年。

道場親信『占領と平和——〈戦後〉という経験』青土社、二〇〇五年。

山之内靖、成田龍一、ヴィクター・コシュマン編『総力戦と現代化』柏書房、一九九五年。

山村明義『GHQの日本洗脳』光文社、二〇一五年。

山本武利『占領期メディア分析』法政大学出版局、一九九六年。

山本武利ほか編『占領期雑誌資料体系』I—V、岩波書店、二〇〇八—〇九年。

吉見俊哉『ポスト戦後社会』岩波新書、二〇〇九年。

吉見義明『焼跡からのデモクラシー』上下、岩波書店、二〇一四年。

Laura Hein, "Revisiting America's Occupation of Japan," *Cold War History*, January 1, 2011.

引用文献目録

引用文献は，非公刊資料と出版物に区別した上で，出版物については邦文・英文の区別なく，著者名のアルファベット順に配列した.

A　非公刊史料

a　太平洋問題調査会関係

i）ニューヨーク本部関係ファイル——Columbia University Library, The Rare Book and Manuscript Library 所蔵.

ii）ニューヨーク本部からの移管資料——University of British Columbia Library 所蔵.

iii）米国 IPR ハワイ支部関係・IPR 会議議事録関係ファイル——University of Hawaii Archives 所蔵.

iv）サンフランシスコ支部関係ファイル——Hoover Institution Library 所蔵.

v）同支部関係者（John Condliffe, Mrs. Alfred McLaughlin）マニュスクリプト——Bankroft Library, University of California, Berkeley 所蔵.

vi）日本 IPR 関係ファイル——高木八尺コレクション，東京大学教養学部アメリカ研究資料センター所蔵.

vii）連邦捜査局（FBI）IPR 関係公開ファイル（大窪愿二／ジョン・ダワーコレクション）——一橋大学図書館所蔵.

viii）William Holland, IPR Memoirs——一橋大学図書館及び東京大学教養学部アメリカ研究資料センター所蔵.

b　対日占領政策関係

ix）Makoto Iokibe ed., The Occupation of Japan: U. S. Planning Documents 1942-1945, Maruzen, 1987 (Microfiche).

x）Harry S. Truman Papers, Confidential File, Truman Library 所蔵.

xi）国務省，日本占領関係文書，Decimal File, RG 59, National Archives 所蔵.

xii）Council on Foreign Relations, Far Eastern Study Group Record, 1938-1941, CFR Library 所蔵.

xiii）Joseph C. Grew, Conversation, Houghton Library, Harvard University 所蔵.

xiv）"Leftist Infiltration Into SCAP", Charles A. Willoughby Papers, MacArthur Archives 所蔵.

B 出版物

American Council, Institute of Pacific Relations, *Window on the Pacific, Biennial Report of the Board of Trustees, 1944-1946*, N. Y., 1946.

——, *Annual Reports*, 1948～1958.

アデナウアー (Adenauer, Konrad), 佐瀬昌盛訳『アデナウアー回想録』I, II, 河出書房, 1968 年.

天川晃「占領政策と官僚の対応」思想の科学研究会編『日本占領軍：その光と影』上, 現代史出版会, 1978 年.

粟屋憲太郎編『資料日本現代史』2, 3, 大月書店, 1980～1981 年.

ベアワルド (Baerwald, Hans H.), *The Purge of Japanese Leaders under the Occupation*, Univ. of California Press, 1959, 袖井林二郎訳『指導者追放—占領下日本政治史の一断面—』勁草書房, 1970 年.

Benedict, Ruth, *Race: Science and Politics*, Viking Press, 1943.

ベネディクト, *The Chrysanthemum and the Sword: Pattern of Japanese Culture*, N. Y., 1946, 長谷川松治訳『菊と刀—日本文化の型—』社会思想社, 1967 年.

Bisson, Thomas A., "The Price of Peace for Japan", *Pacific Affairs*, XVII-1, March 1944.

——, *Prospects for Democracy in Japan*, N. Y., 1949.

ビッソン, トーマス A., 中村政則・三浦陽一訳『日本占領回想記』三省堂, 1983 年.

ボーグ (Borg, Dorothy), 斎藤真訳「極東政策史研究と二人の歴史家」細谷千博他編『日米関係史』4, 東京大学出版会, 1972 年.

ボートン (Borton, Hugh), 斎藤真訳「日本研究の開拓者たち」細谷千博・斎藤真編『ワシントン体制と日米関係』東京大学出版会, 1978 年.

Bowen, Roger, *Innocence is Not Enough: The Life and Death of Herbert Norman*, Vancouver/Toronto, 1986.

Cantril, Hadley, *Public Opinion 1935-1946*, Princeton, 1951.

コーエン (Cohen, Theodore), 大前正臣訳『日本占領革命』上, 下, TBS ブリタニカ, 1983 年.

コーエン (Cohen, Warren), 平井敦子訳「アジア問題とアメリカ民間団体」細谷千博他編『日米関係史』3, 東京大学出版会, 1971 年

ダワー (Dower, John W.), *War Without Mercy: Race & Power in the Pacific War*, N. Y., 1986, 斎藤元訳『人種偏見』TBS ブリタニカ, 1987 年

Embree, John F., "Military Occupation of Japan", *Far Eastern Survey*, September 20, 1944.

——, *The Japanese Nation: A Social Survey*, N. Y., 1945.

Emmerson, John K., *A View from Yenan*, Institute for the Study of

Diplomacy, Georgetown University, n. d.
エマーソン，ジョン，宮地健次郎訳『嵐の中の外交官：ジョン・エマーソン回想録』朝日新聞社，1979年
Fairbank, John K., *Chinabound : A Fifty-Year Memoir*, N. Y., 1982.
フェアバンク他，日本太平洋問題調査会訳『アジアにおける次の政策』東洋経済新報社，1950年
ファーレイ (Feary, Robert A.), *The Occupation of Japan: Second Phase, 1948-50*, N. Y., 1950, 太平洋問題調査会訳『日本占領』弘文堂，1951年.
Field, Frederick Vanderbilt, *From Right to Left : An Autobiography*, Westport, Conn., 1983.
Friedman, W., *The Allied Military Government of Germany*, London, 1947.
藤沢法瑛『ドイツ人の歴史意識』亜紀書房，1986年.
ゲイン (Gayn, Mark)，井本威夫訳『ニッポン日記』筑摩書房，1951年.
ガンサー (Gunther, John)，木下秀夫・安保長春訳『マッカーサーの謎』時事通信社，1951年.
原　覚天『現代アジア研究成立史論』勁草書房，1984年.
Haring, Douglas G., *Japan's Prospect*, Cambridge, Mass., 1946.
秦　郁彦『アメリカの対日占領政策』『昭和財政史』3，東洋経済新報社，1976年.
東久邇稔彦『一皇族の戦争日記』日本週報社，1957年.
Holtom, Daniel C., "The New Emperor", *Far Eastern Survey*, March 13, 1946.
細谷千博「歴史的発達」国際交流基金編『米国における日本研究』国際交流基金，1977年.
Hutchinson, E. P., *Legislative History of American Immigration Policy, 1798-1965*, Philadelphia, 1981.
五十嵐武士『対日講和と冷戦―戦後日米関係の形成―』東京大学出版会，1986年.
五百旗頭真『米国の日本占領政策』上，下，中央公論社，1985年.
Institute of Pacific Relations, *War and Peace in the Pacific : A Preliminary Report of the Eighth Conference*, N. Y., 1943.
——, *Security in the Pacific: A Preliminary Report of the Ninth Conference*, N. Y., 1945.
入江　昭『日米戦争』中央公論社，1978年.
石垣綾子『さらばわがアメリカ』三省堂，1972年.
Jaffe, Philip J., "Introduction", *Amerasia*, I, reprint, 1968.
Jenkins, Anthony, *Know Your Enemy: Japan*, N. Y., 1943.
片桐庸夫「太平洋問題調査会の軌跡」『群馬県立女子大学紀要』3，1983

年3月.
木畑洋一『支配の代償』東京大学出版会, 1987年.
コイデ, ジョー『ある在米日本人の記録』上, 下, 有信堂, 1967, 1970年.
Kluckhohn, Clyde, *Mirror for Man : The Relation of Anthropology to Modern Life*, N. Y., 1949.
La Barre, Weston, "Some Observations on Character Structure in the Orient: The Japanese", *Psychiatry*, 8, 1945.
ラティモア (Lattimore, Owen)「私の中国研究の歩み」『みすず』1966年9月, 11月.
——, *Solution in Asia*, Boston, 1945.
——, *The Situation in Asia*, Boston, 1949.
Louis, W. R., *Imperialism at Bay*, Oxford, 1977.
マッカーサー (MacArthur, Douglas), 津島一夫訳『マッカーサー回想記』上, 下, 朝日新聞社, 1964年.
Maki, John M., *Japanese Militarism: Its Cause and Cure*, N. Y., 1945.
真鍋俊二「第2次大戦後初期対独政策の一検討」『法政論集』71, 1977年.
Mayo, Marlene J., "American Economic Planning for Occupied Japan: the Issue of *Zaibatsu* Dissolution, 1942-1945", Lawrence H. Redford ed., *The Occupation of Japan: Economic Policy and Reform*, Norfolk, 1980.
——, "American War Time Planning for Occupied Japan: The Role of the Experts", Robert Wolfe ed., *Americans as Proconsuls: United States Military Government in Germany and Japan, 1944-1952*, Southern Illinois Univ. Press, 1984.
宮里政玄『アメリカの対外政策決定過程』三一書房, 1981年.
毛里和子「オウエン・ラティモア考 (一)」『お茶の水史学』22, 1979年.
長尾龍一『アメリカ知識人と極東』東京大学出版会, 1985年.
中見真理「太平洋問題調査会と日本の知識人」『思想』728, 1985年2月.
日本太平洋問題調査会訳編『アジアの民族主義―ラクノウ会議の成果と課題―』岩波書店, 1951年.
ノーマン (Norman, E. Herbert)『ハーバート・ノーマン全集』1～4, 岩波書店, 1977～1978年.
緒方貞子「国際主義団体の役割」細谷千博他編『日米関係史』3, 東京大学出版会, 1971年.
大窪愿二「覚書ハーバート・ノーマンの生涯」『ハーバート・ノーマン全集』4, 岩波書店, 1978年.
大谷　勲『ジャパン・ボーイ―日系アメリカ人たちの太平洋戦争―』角川書店, 1983年.

パッシン (Passin, Herbert), 加瀬英明訳『米陸軍日本語学校』TBS ブリタニカ, 1981 年.
Polenberg, Richard, *War and Society: The United States, 1941-1945*, Philadelphia, 1972.
Sansom, Sir George, "Liberalism in Japan", *Foreign Affairs*, April, 1941.
サルトル (Sartre, Jean-Paul)『サルトル全集 11, アメリカ論』人文書院, 1953 年.
Schonberger, Howard, "The Japan Lobby in American Diplomacy, 1947-1952", *Pacific Historical Review*, XLVI-3, August 1977.
ショーンバーガー, H.「ウィリアム・ドレーパー将軍, 第 80 議会, および日本の『逆コース』の起源」レイ・ムーア編『天皇がバイブルを読んだ日』講談社, 1982 年.
社会運動史的に記録する会編『獄中の昭和史』青木書店, 1986 年.
重光　葵『昭和の動乱』上, 下, 中央公論社, 1952 年.
白井　昇『カリフォルニア日系人強制収容所』河出書房新社, 1981 年.
Shoup, Laurence H. & William Minter, *Imperial Brain Trust: The Council on Foreign Relations & United States Foreign Policy*, N. Y., 1977.
Smith, Bradley F., *The Shadow Warriors*, N. Y., 1983.
袖井林二郎『占領した者された者』サイマル出版会, 1986 年.
Suzuki, Peter T., "A Retrospective Analysis of A Wartime National Character Study", *Dialectical Anthropology*, 5-1, May 1980.
タカキ (Takaki, Ronald), 富田虎男・白井洋子訳『パオ・ハナ』刀水書房, 1986 年.
高見　順『敗戦日記』文芸春秋社, 1981 年.
武田清子『天皇観の相剋』岩波書店, 1978 年.
竹前栄治『占領戦後史—対日管理政策の全容—』双柿舎, 1980 年.
——『証言日本占領史—GHQ 労働課の群像—』岩波書店, 1983 年.
——『GHQ』岩波書店, 1983 年.
——『日本占領—GHQ 高官の証言—』中央公論社, 1988 年.
竹内　好『竹内好評論集 3, 日本とアジア』筑摩書房, 1966 年.
テクスター (Textor, Robert B.), 下島連訳『日本における失敗』文芸春秋社, 1952 年.
Thomas, John N., *The Institute of Pacific Relations: Asian Scholars and American Politics*, Seattle, 1974.
Thorne, Christopher, *Allies of a Kind: The United States, Britain and the War Against Japan, 1941-1945*, London, 1978.
東京歴史科学研究会現代史部会『日本現代史の出発—戦後民主主義の形成—』青木書店, 1978 年.
嬉野満洲雄・赤羽龍夫編『ドキュメント現代史 3 ナチス』平凡社, 1973

年.
宇佐美承『さよなら日本―絵本作家・八島太郎と光子の亡命―』晶文社, 1981 年.
ホイットニー (Whitney, Courtney), 毎日新聞社外信部訳『日本におけるマッカーサー』毎日新聞社, 1957 年.
ワイルズ (Wildes, Harry Emerson), 井上勇訳『東京旋風―これが占領軍だった―』時事通信社, 1954 年.
Williams, Sr., Justin, *Japan's Political Revolution under MacArthur: A Participant's Account*, Athens, Georgia, 1979.
ウィロビー (Willoughby, Charles A.), 延禎監修『知られざる日本占領』番町書房, 1973年.
ウィルソン (Wilson, Robert A.)／William K. Hosokawa, 猿谷要監訳『ジャパニーズ・アメリカン』有斐閣, 1982 年.
Wittner, Lawrence S., *Rebels Against War: The American Peace Movement, 1933-1983*, Philadelphia, 1984.
ウッダード (Woodard, William P.), 阿部美哉訳『天皇と神道―GHQの宗教政策―』サイマル出版会, 1988 年.
吉田　茂『回想十年』1～3, 新潮社, 1957 年.
油井大三郎『戦後世界秩序の形成―アメリカ資本主義と東地中海地域, 1944-1947―』東京大学出版会, 1985 年.

図版典拠一覧

図 1　Paul Stillwell ed., *Air Raid : Pearl Harbor !*, Annapolis, 1981, p. 137.
図 2　新渡戸稲造編『太平洋問題―1929 年京都会議―』太平洋問題調査会, 1930 年より.
図 3　*Current Biography*, December 1945, p. 29.
図 4　Frank F. Chuman, *The Bamboo People: The Law and Japanese-Americans*, 1976 より.
図 5　*The New York Daily Mirror* 紙の Packer 作, *Amerasia*, 6-4, June 1942, p. 193.
図 6　Univ. of Hawaii, IPR Collection F-7 より.
図 7　B. Fellers Papers, Box 4, Hoover Institution, Stanford Univ. より.
図 8　*The Richmond Times-Dispatch* 紙の Seibel 作. *Amerasia*, 6-10, Nov. 1942, p. 410.
図 9　R. ベネディクト, 米山俊直訳『文化の型』社会思想社, 1973 年より.
図10　Robert J. Smith & Ella Lury Wiswell, *The Women of Sue-Mura 1935-36*, Univ. of Chicago Press, 1982 より.

図11　『同胞』1941年12月7日号（田村紀雄監修『同胞』復刻版，御茶の水書房，1988年）より．

図12　*Asia and the Americas*, Jan. 1945.

図13　Univ. of Hawaii, IPR Collection, F-7より．

図14　『朝日新聞』1945年2月19日号．

図15　D Clayton James, *The Years of MacArthur*, III, Boston, 1985より．

図16　Roger W. Bowen, *E. H. Norman: His Life and Scholarship*, Toronto, 1984より．

図17　トーマス・A・ビッソン，中村政則・三浦陽一訳『日本占領回想記』三省堂，1983年より．

著者略歴

1945年　鎌倉に生れる.

1968年　東京大学教養学部教養学科卒業.

一橋大学社会学部教授，東京大学大学院総合文化研究科教授，東京女子大学教授などを経て

現　在　東京大学・一橋大学名誉教授，社会学博士（一橋大学）

主要著書

「戦後世界秩序の形成」（1985年，東京大学出版会）

「日米 戦争観の相剋」（1995年／増補改題「なぜ戦争観は衝突するか」2007年，岩波書店）

「好戦の共和国 アメリカ」（2008年，岩波書店）

増補新装版　未完の占領改革　UPコレクション

1989年2月13日　初版　第1刷
2016年3月25日　増補新装版　第1刷

［検印廃止］

著　者　油井大三郎《ゆいだいざぶろう》

発行所　一般財団法人　東京大学出版会

代表者　古田元夫

153-0041 東京都目黒区駒場 4-5-29
http://www.utp.or.jp/
電話　03-6407-1069　Fax 03-6407-1991
振替　00160-6-59964

印刷所　株式会社理想社
製本所　誠製本株式会社

ISBN 978-4-13-006535-1　Printed in Japan

「UPコレクション」刊行にあたって

学問の最先端における変化のスピードは、現代においてさらに増すばかりです。日進月歩（あるいはそれ以上）のイメージが強い物理学や化学などの自然科学だけでなく、社会科学、人文科学に至るまで、次々と新たな知見が生み出され、数か月後にはそれまでとは違う地平が広がっていることもめずらしくありません。

その一方で、学問には変わらないものも確実に存在します。それは過去の人間が積み重ねてきた膨大な地層ともいうべきもの、「古典」という姿で私たちの前に現れる成果です。

日々、めまぐるしく情報が流通するなかで、なぜ人びとは古典を大切にするのか。それは、この変わらないものが、新たに変わるためのヒントをつねに提供し、まだ見ぬ世界へ私たちを誘ってくれるからではないでしょうか。このダイナミズムは、学問の場でもっとも顕著にみられるものだと思います。

このたび東京大学出版会は、「UPコレクション」と題し、学問の場から、新たなものの見方・考え方を呼び起こしてくれる、古典としての評価の高い著作を新装復刊いたします。

「UPコレクション」の一冊一冊が、読者の皆さまにとって、学問への導きの書となり、また、これまで当然のこととしていた世界への認識を揺さぶるものになるでしょう。そうした刺激的な書物を生み出しつづけること、それが大学出版の役割だと考えています。

一般財団法人　東京大学出版会